令和時代の内部統制とリスクコントロール

リモート環境に対応した
ローコストなアプローチ

打田昌行＝著

米国公認会計士／公認内部監査人

SE

SHOEISHA

本書内容に関するお問い合わせについて

このたびは翔泳社の書籍をお買い上げいただき、誠にありがとうございます。弊社では、読者の皆様からのお問い合わせに適切に対応させていただくため、以下のガイドラインへのご協力をお願い致しております。下記項目をお読みいただき、手順に従ってお問い合わせください。

●ご質問される前に

弊社Webサイトの「正誤表」をご参照ください。これまでに判明した正誤や追加情報を掲載しています。

正誤表　https://www.shoeisha.co.jp/book/errata/

●ご質問方法

弊社Webサイトの「刊行物Q&A」をご利用ください。

刊行物Q&A　https://www.shoeisha.co.jp/book/qa/

インターネットをご利用でない場合は、FAXまたは郵便にて、下記"翔泳社 愛読者サービスセンター"までお問い合わせください。
電話でのご質問は、お受けしておりません。

●回答について

回答は、ご質問いただいた手段によってご返事申し上げます。ご質問の内容によっては、回答に数日ないしはそれ以上の期間を要する場合があります。

●ご質問に際してのご注意

本書の対象を越えるもの、記述個所を特定されないもの、また読者固有の環境に起因するご質問等にはお答えできませんので、予めご了承ください。

●郵便物送付先およびFAX番号

送付先住所　〒160-0006　東京都新宿区舟町5
FAX番号　　 03-5362-3818
宛先　　　　（株）翔泳社 愛読者サービスセンター

はじめに

　みなさんは、内部統制報告書を読んだことはありますか。そこには、同じ過ちが、開示すべき重要な不備として繰り返し報告されています。その不備を裏返せば、内部統制制度を構築する上で、重要な論点となります。これらを丹念に拾い集めて学び直すことで、効率よく内部統制制度を構築し、評価する道が開けると考えられます。すなわち、先人の躓きから教訓を学び取るということです。上場を目指す中小規模の会社にも必ず役立つはずです。

　非接触・非対面を旨として、各国でテレワークが強力に推進されています。拠点間に距離や時差があったとしても、オンライン会議をはじめ情報交換の様々な試みを上手く活用すれば、円滑に制度を導入し、無駄なコストをかけない評価を実現できます。

　本書は、金融商品取引法、商法、金融庁の財務報告に係る内部統制の評価及び監査の基準ならびに同実施基準をはじめ、いわゆる日本版 J-SOX の各種法令に忠実に準拠します。それらに沿いながら、従来の内部統制の評価に新たな価値を与えることをねらいとします。

　本書には、内部統制報告制度の導入と評価に必要な事項だけでなく、数多くの豆知識をコラムとして掲載しています。それらは、導入や評価あるいは外部監査人との交渉の現場で、筆者が体験したことや見聞きしたことをベースにまとめたものです。また、制度をよりよく理解するために、基礎的な事項をQ&A 形式で掲載しています。ぜひ参考にしていただけければ幸いです。

打田昌行

本書の構成と使い方

　本書のねらいは、非対面・非接触の制約を逆手に取り、内部統制報告制度を国内外の拠点に円滑に導入し、できるだけコストをかけず評価を行い、有効性を確保することです。各章の論点を、以下に示します。

序章　「新たな時代に備えるために」
次の時代を迎える内部統制について、4 つの提案をします。
第 1 章　「新しい時代に応える内部統制」
本書の提案の概要を説明し、制度の円滑な導入と効率的な評価について考えます。
第 2 章　「内部統制の基礎をもう一度学び直す」
実務上知っておくべき内部統制の基礎事項を網羅し学びを確認します。
第 3 章　「内部統制を評価する」
基礎的な論点を使い、内部統制の評価を実務目線で整理します。
第 4 章　「内部統制報告書からあるべき姿を学び直す」
過去に実在した不備に焦点を当て、過ちを予防し繰り返さない制度づくりを提案します。
第 5 章　「新しい時代に求められる内部統制」
国内外の拠点に導入する内部統制の文書を検討し雛型を提案します。
第 6 章　「内部統制における不正な行為」
内部統制報告書で頻発する不正や不適切な会計処理に対する対策を考えます。
付録　内部統制文書の雛型
本書で紹介する内部統制文書の雛型の一部を掲載しています。これら雛型の全ては、Web サイトからダウンロードできます。詳しくは、vi ページの「会員特典データのご案内」をご覧ください。

1. 初学者のみなさんへ
　内部統制について初めて学ぶ方には、序章から順に読み進めてほしいと考え

ます。中でも第2章と第3章では、制度に関する知識と実務の基礎体力を養ってください。この2つの章では、できるだけ金融庁のいわゆる基準や実施基準の原文を引用しています。また、金融庁の内部統制報告制度に関する事例集やQ&Aを数多く引用し、解説を施しています。そのため、わざわざ原文を調べることなく、制度の趣旨を正確に理解できると思います。

2. 新たに内部統制の実務を担当するみなさまへ

　新たに内部統制の職場に赴任された方は、限られた時間の中ですぐ使える知識が求められていると思います。そのため、まず第2章と第3章を読んで実務的な体力をつけてください。制度の概要や基礎知識が把握できたら、第5章で実際の内部統制に係る文書の全体像に触れてほしいと思います。内部統制文書の雛型の一部は本書の付録に掲載していますが、全体を載せることはできないため、WebサイトからExcelファイルをダウンロード提供します。本書と併せてご覧ください。基礎知識と文書の実務を結びつけることができます。

3. 実務経験のあるみなさまへ

　内部監査室などで、すでに構築や評価を何年か経験されたベテランの方やコロナ禍の下で評価の方法についてよいアイデアや工夫を探されている方は、まず第4章と第6章をお読みいただき、最近の不備の動向を把握されたうえで、第5章に進むことをお勧めします。本書がダウンロード提供する内部統制の雛型は、全て実務上の事例を使い、リスクから評価手続の事例までを日本語と英語で作成しています。また、評価結果記録シートやサンプリング記録シートも備えていますので、ぜひご活用ください。

4. 内部統制に興味があり教養として学びたいみなさまへ

　各章には、コラムやQ&Aを多く掲載しています。内容は内部統制を学ぶ上で基礎的な事項であったり、身近な疑問とそれに対する答えを折り込んでいます。まずはこうしたコラムやQ&Aから始め、内部統制の教養を得て、あらためて興味のある箇所から読み始めるのもよいと思います。

会員特典データのご案内

　本書の読者の方に向けて、筆者が作成した内部統制文書の雛型を（日本語・英語）Excel ファイルで提供します。これらは実務で利用でき、連結グループのなかで効率的に活用することができます。会員特典データは、以下のサイトからダウンロードして入手いただけます。

https://www.shoeisha.co.jp/book/present/9784798171142

※画面の指示に従って進めると、アクセスキーの入力を求める画面が表示されますが、アクセスキーは本書の各章の最初のページ下端に記載されています。画面で指定された章の扉に掲載されたアクセスキーを半角英数字で、大文字、小文字を区別して入力してください。

※会員特典データのファイルは圧縮されています。ダウンロードしたファイルをダブルクリックすると、ファイルが解凍され、利用いただけます。

●注意
※会員特典データのダウンロードには、SHOEISHA iD（翔泳社が運営する無料の会員制度）への会員登録が必要です。詳しくは、Web サイトをご覧ください。

※会員特典データに関する権利は著者および株式会社翔泳社が所有しています。許可なく配布したり、Web サイトに転載することはできません。

※会員特典データの提供は予告なく終了することがあります。あらかじめご了承ください。

●免責事項
※会員特典データに記載された URL 等は予告なく変更される場合があります。

※会員特典データの提供にあたっては正確な記述につとめましたが、著者や出版社などのいずれも、その内容に対してなんらかの保証をするものではなく、内容やサンプルに基づくいかなる運用結果に関してもいっさいの責任を負いません。

Contents

はじめに・・・・・・・・・・・・・・・・・・・・・・・・・・・ iii

会員特典データのご案内・・・・・・・・・・・ vi

序 章　新たな時代に備えるために・・・・・・・・・・・・・・・・・・・・・001

1. 日常を襲った突然の変容・・・・・・・・・・・・・・・・・・・・・・・・・・・・・・・・・・・・・・ 002

2. 内部統制の運用に起きたパラダイムの転換・・・・・・・・・・・・・・・・・・・・・ 002

　　誰でも評価ができる内部統制をつくる　・・・・・・・・・・・・・・・・・・・・・・・・・ 003

　　内部統制報告書から不備を学び直す　・・・・・・・・・・・・・・・・・・・・・・・・・ 004

　　グループ全体に共通する内部統制文書をつくる・・・・・・・・・・・・・・・・・・・ 004

　　コストの削減を意識した内部統制をつくる・・・・・・・・・・・・・・・・・・・・・・・・ 005

　　不正を含む不適切な会計処理に対抗する・・・・・・・・・・・・・・・・・・・・・・・・ 006

第 1 章　新しい時代に応える内部統制・・・・・・・・・・・・・・・・・・007

1. パンデミック後に訪れる内部統制の姿・・・・・・・・・・・・・・・・・・・・・・・・・・・ 008

　　内部統制を正しく理解する・・・・・・・・・・・・・・・・・・・・・・・・・・・・・・・・・・・・ 008

　　国内外に共通する内部統制の雛型を持つ・・・・・・・・・・・・・・・・・・・・・・・ 011

2. 内部統制報告書からあるべき姿を学び直す・・・・・・・・・・・・・・・・・・・・・ 013

　　内部統制報告書は先人企業の躓きが溢れる宝箱・・・・・・・・・・・・・・・・・ 014

　　内部統制報告書からあるべき姿を学びとる・・・・・・・・・・・・・・・・・・・・・・ 016

3. 余計なコストを省いた内部統制を持つ・・・・・・・・・・・・・・・・・・・・・・・・・・ 019

　　キーコントロールの絞り込みがコストの大小を分ける・・・・・・・・・・・・・・ 020

　　評価や監査に潜むムダに気づく・・・・・・・・・・・・・・・・・・・・・・・・・・・・・・・ 022

4. 不正に対抗する内部統制のアプローチ・・・・・・・・・・・・・・・・・・・・・・・・・ 024

　　内部統制は不正に対抗する・・・・・・・・・・・・・・・・・・・・・・・・・・・・・・・・・・ 025

　　不正はいつでも起こり得る・・・・・・・・・・・・・・・・・・・・・・・・・・・・・・・・・・・ 025

　　内部統制のアプローチを使った不正予防の仕組みづくり・・・・・・・・・・・ 026

　　善意や無知によっても不正は起きる・・・・・・・・・・・・・・・・・・・・・・・・・・・ 026

第2章 内部統制の基礎をもう一度学び直す ········ 029

1. 内部統制報告制度の基礎知識 ···················· 030
  内部統制の知識のもと ························ 030
  内部統制とその目的とは ······················ 031
  なぜ内部統制には文書が必要なのか ················ 034

2. 内部統制文書は必ず自社でつくる ··············· 035
  筋肉体質の内部統制文書をつくり込む ··············· 035
  内部統制文書に余計なリスクはないか ··············· 035

3. 内部統制を表す文書について ···················· 038
  全社的な内部統制とは ························ 038
  決算・財務報告プロセスとは ···················· 044
  業務プロセスに係る内部統制とは ················· 045
  IT（情報技術）統制とは ······················ 048

4. 内部統制は誰がどのように評価するのか ········· 050
  内部統制は誰が評価するのか ···················· 050
  整備状況を評価するとは ······················ 052
  運用状況を評価するとは ······················ 052
  トップダウン型のリスクアプローチ ················ 053

5. 内部統制の評価範囲の決め方がコストを決める ···· 055
  全社的な内部統制の評価範囲を決める ··············· 055
  決算・財務報告プロセスの評価範囲を決める ·········· 058
  業務プロセスに係る内部統制の評価範囲を決める ······· 058
  IT（情報技術）統制の評価範囲を決める ············· 065
  子会社や関連会社の評価について ················· 067
  業務委託について ··························· 069

第3章 内部統制を評価する ························· 073

1. 整備状況評価を実施する ······················· 074
  内部統制を評価する3つのステップ ················ 074
  整備状況評価を実施する前提 ···················· 076
  全社的な内部統制の整備状況評価 ················· 080
  決算・財務報告プロセスの整備状況評価 ············· 082
  業務プロセスに係る内部統制の整備状況評価 ·········· 083
  IT（情報技術）統制の整備状況評価 ··············· 088

　　評価結果の記録と保管・・・ 090

2. 運用状況評価を実施する・・・・・・・・・・・・・・・・・・・・・・・・・・・・・・・・・・・・・・・ 092
　　運用状況評価の前提・・・ 092
　　全社的な内部統制の運用状況評価・・・・・・・・・・・・・・・・・・・・・・・・・・・・・・・・ 096
　　決算・財務報告プロセスの運用状況評価・・・・・・・・・・・・・・・・・・・・・・・・・ 097
　　業務プロセスに係る内部統制の運用状況評価・・・・・・・・・・・・・・・・・・・・・ 098
　　IT（情報技術）統制の運用状況評価・・・・・・・・・・・・・・・・・・・・・・・・・・・・・ 103
　　運用状況の評価を終える・・ 103

3. ロールフォワード手続・・ 103
　　ロールフォワード手続の評価期間・・・・・・・・・・・・・・・・・・・・・・・・・・・・・・・ 104
　　ロールフォワード手続の評価対象・・・・・・・・・・・・・・・・・・・・・・・・・・・・・・・ 104
　　ロールフォワード手続の実施者・・・・・・・・・・・・・・・・・・・・・・・・・・・・・・・・・ 104
　　どのようにロールフォワード手続を実施するか・・・・・・・・・・・・・・・・・・・ 105

4. 不備こそ業務改善に向けた絶好のチャンス・・・・・・・・・・・・・・・・ 107
　　整備上の不備を改善せよ・・・・・・・・・・・・・・・・・・・・・・・・・・・・・・・・・・・・・・・ 107
　　運用上の不備を改善せよ・・・・・・・・・・・・・・・・・・・・・・・・・・・・・・・・・・・・・・・ 108
　　全社的な内部統制の不備と改善・・・・・・・・・・・・・・・・・・・・・・・・・・・・・・・・ 108
　　決算・財務報告プロセスの不備と改善・・・・・・・・・・・・・・・・・・・・・・・・・・ 111
　　業務プロセスに係る内部統制の不備を考える・・・・・・・・・・・・・・・・・・・ 112
　　業務プロセスに係る不備改善のシナリオ・・・・・・・・・・・・・・・・・・・・・・・ 115
　　サンプリングを考える・・ 117
　　IT（情報技術）統制の不備と改善・・・・・・・・・・・・・・・・・・・・・・・・・・・・・ 120
　　不備の改善と報告・・ 122

第4章　内部統制報告書からあるべき姿を学び直す … 125

1. 内部統制を学び直す絶好のツールがある・・・・・・・・・・・・・・・・・・・・ 126
　　内部統制報告書は企業が犯した罪の告白書・・・・・・・・・・・・・・・・・・・・・ 126

2. 全社的な内部統制のあるべき姿を学び直す・・・・・・・・・・・・・・・・・ 126
　　全社的な内部統制が直接に問われる・・・・・・・・・・・・・・・・・・・・・・・・・・・ 127
　　全社的な内部統制の本質が間接に問われる・・・・・・・・・・・・・・・・・・・・ 132
　　全社的な内部統制のあるべき姿とは・・・・・・・・・・・・・・・・・・・・・・・・・・・ 134
　　密告と内部通報制度について考える・・・・・・・・・・・・・・・・・・・・・・・・・・・ 139

3. 決算・財務報告プロセスのあるべき姿を学び直す・・・・・・・・・ 142
　　不正を含む不適切な会計処理・・・・・・・・・・・・・・・・・・・・・・・・・・・・・・・・・ 143
　　経理部門の経理教育と人材の確保・・・・・・・・・・・・・・・・・・・・・・・・・・・・・ 144

　　　新型コロナウイルス感染症による決算遅延が教えること・・・・・・・・・・・・・・・・・・・・・ 146
　　　決算・財務報告プロセスのあるべき姿とは・・・・・・・・・・・・・・・・・・・・・・・・・ 148

4. 業務プロセスに係る内部統制のあるべき姿を学び直す・・・・・・・・・・・・・ 152
　　　売上、売掛金勘定につながる業務プロセス・・・・・・・・・・・・・・・・・・・・・・・・ 153
　　　業務プロセス（売上・売掛金）のあるべき姿とは・・・・・・・・・・・・・・・・・・・・ 157
　　　収益の適切な認識を確かめるカットオフテスト・・・・・・・・・・・・・・・・・・・・・ 159
　　　棚卸資産勘定に繋がる業務プロセス・・・・・・・・・・・・・・・・・・・・・・・・・・・ 162
　　　業務プロセス（棚卸資産）のあるべき姿とは・・・・・・・・・・・・・・・・・・・・・・ 164

5. IT（情報技術）統制のあるべき姿を学び直す・・・・・・・・・・・・・・・・・・・ 165
　　　IT（情報技術）統制の不備から学ぶ・・・・・・・・・・・・・・・・・・・・・・・・・・・ 165
　　　IT（情報技術）統制のあるべき姿とは・・・・・・・・・・・・・・・・・・・・・・・・・ 169

第5章　新しい時代に求められる内部統制・・・・・・・・・・ 171

1. 新しい時代の内部統制文書・・・・・・・・・・・・・・・・・・・・・・・・・・・・・・・・・・ 172
　　　国内外の拠点に共通する内部統制文書・・・・・・・・・・・・・・・・・・・・・・・・・・ 173
　　　誰がどこで評価しても同じ結果が得られる評価手続・・・・・・・・・・・・・・・・・ 173
　　　評価手続とエビデンスは1対1で対応する・・・・・・・・・・・・・・・・・・・・・・・ 173

2. 国内外に共通する全社的な内部統制・・・・・・・・・・・・・・・・・・・・・・・・・・・ 175
　　　国内外に共通する全社的な内部統制の雛型・・・・・・・・・・・・・・・・・・・・・・・ 175
　　　全社的な内部統制の評価項目を設計するポイント・・・・・・・・・・・・・・・・・・・ 178

3. 国内外に共通する決算・財務報告プロセス・・・・・・・・・・・・・・・・・・・・・・ 183
　　　国内外に共通する決算・財務報告プロセスの雛型・・・・・・・・・・・・・・・・・・・ 183
　　　決算・財務報告プロセスの評価項目を設計するポイント・・・・・・・・・・・・・・ 186

4. 国内外に共通する業務プロセスに係る内部統制・・・・・・・・・・・・・・・・・ 189
　　　国内外に共通する業務プロセスに係る内部統制の雛型・・・・・・・・・・・・・・・・ 189
　　　業務プロセスに係る内部統制の評価項目を設計するポイント・・・・・・・・・・・ 194

5. 国内外に共通するIT（情報技術）統制・・・・・・・・・・・・・・・・・・・・・・・・ 199
　　　IT（情報技術）統制に係る内部統制の評価項目を設計するポイント・・・・・・ 199
　　　国内外に共通するIT（情報技術）統制の雛型・・・・・・・・・・・・・・・・・・・・ 201

6. 評価を効率化してコストを削減する・・・・・・・・・・・・・・・・・・・・・・・・・・ 204
　　　キーコントロールを絞り込んだ筋肉体質の文書・・・・・・・・・・・・・・・・・・・・ 204
　　　統計的サンプリングを用いたサンプルの共有・・・・・・・・・・・・・・・・・・・・・ 206
　　　現場における評価の工夫とコスト削減・・・・・・・・・・・・・・・・・・・・・・・・・ 210
　　　実施基準を使って評価を効率化する・・・・・・・・・・・・・・・・・・・・・・・・・・・ 213

7. 内部統制の評価の現場は変わるのか ・・・・・・・・・・・・・・・・・・・・・・・・・・・・・・・・・ 216
　IT を用いた利便性の高い評価アプローチ ・・・・・・・・・・・・・・・・・・・・・・・・・・・・・ 216
　内部統制の新しい評価のアプローチの定着 ・・・・・・・・・・・・・・・・・・・・・・・・・・・・ 217

第6章　内部統制における不正な行為 ・・・・・・・・・・・・・・・・219

1. 財務報告の信頼性に対する脅威 ・・・・・・・・・・・・・・・・・・・・・・・・・・・・・・・・・・・・・・ 220
　不備や法令違反に備える ・・ 220
　不正に関するリスクを評価する ・・・・・・・・・・・・・・・・・・・・・・・・・・・・・・・・・・・・・・ 220
　不正のトライアングルを学ぶ ・・ 220

2. 善意や無知による不正に対抗する ・・・・・・・・・・・・・・・・・・・・・・・・・・・・・・・・・・ 224
　善意や無知が不正を導くこともある ・・・・・・・・・・・・・・・・・・・・・・・・・・・・・・・・・ 224
　内部統制の評価項目やキーコントロールが語ること ・・・・・・・・・・・・・・・・・・・・ 225

3. コンプライアンスを遵守する本当の意義 ・・・・・・・・・・・・・・・・・・・・・・・・・・・ 227
　再発防止の旗印はコンプライアンス ・・・・・・・・・・・・・・・・・・・・・・・・・・・・・・・・・ 227
　誰のためのコンプライアンスか ・・・・・・・・・・・・・・・・・・・・・・・・・・・・・・・・・・・・・・ 228
　従業員のためのコンプライアンスとは ・・・・・・・・・・・・・・・・・・・・・・・・・・・・・・・・ 228
　コンプライアンスの本来の意義とは ・・・・・・・・・・・・・・・・・・・・・・・・・・・・・・・・・・ 229

4. 内部統制報告制度に見る不正予防の仕組み ・・・・・・・・・・・・・・・・・・・・・・・ 230
　相互けん制を中心とした不正の予防 ・・・・・・・・・・・・・・・・・・・・・・・・・・・・・・・・・ 230
　多くの人の眼を通じ、異常を早期に察知する ・・・・・・・・・・・・・・・・・・・・・・・・・ 233
　立場や権限に応じた業務の禁止 ・・・・・・・・・・・・・・・・・・・・・・・・・・・・・・・・・・・・・ 234
　IT（情報技術）を活用した不正の予防 ・・・・・・・・・・・・・・・・・・・・・・・・・・・・・・ 235
　購買の三権分立（発注、検収、支払）に留意する ・・・・・・・・・・・・・・・・・・・・・ 236
　棚卸資産を適切に管理する ・・・ 237
　ブラインドカウントを実施する ・・・・・・・・・・・・・・・・・・・・・・・・・・・・・・・・・・・・・ 238

5. 内部統制報告制度の限界を考える ・・・・・・・・・・・・・・・・・・・・・・・・・・・・・・・・・ 242
　判断誤り、不注意および共謀 ・・・・・・・・・・・・・・・・・・・・・・・・・・・・・・・・・・・・・・・ 242
　想定しない組織内外の環境変化と非定型的取引 ・・・・・・・・・・・・・・・・・・・・・・・ 243
　費用と便益との比較衡量 ・・・ 244
　経営者が内部統制を無視、無効ならしめる ・・・・・・・・・・・・・・・・・・・・・・・・・・・ 244

付 録　内部統制文書の雛型 ・・・・・・・・・・・・・・・・・・247

Q&A ／ コラム一覧

Q & A

不備とは何か・・ 012

不備は株価に影響するか・・ 018

キーコントロールを選んでみる・・ 023

内部統制の担当者は性悪説をとるべき？・・・・・・・・・・・・・・・・・・・・・・・・・・・・・・ 028

リスク概念のいろいろ・・・ 033

ビジネスリスクを持ち込むな・・ 037

内部統制報告制度の原則と例外的取扱い・・・・・・・・・・・・・・・・・・・・・・・・・・・・・ 049

評価範囲の決定について・・・ 064

エビデンスの発生しないキーコントロールは評価できる？・・・・・・・・・・・・・ 101

長引く在宅勤務でどのように承認履歴を残すのか・・・・・・・・・・・・・・・・・・・・ 106

権限者の不在と承認の対応について・・・・・・・・・・・・・・・・・・・・・・・・・・・・・・・・・・・ 116

スイスチーズとコンプライアンス・・・・・・・・・・・・・・・・・・・・・・・・・・・・・・・・・・・・・・・ 131

プレッシャーは、どこからが過度になる・・・・・・・・・・・・・・・・・・・・・・・・・・・・・・・ 140

キャリアをデザインする・・ 229

第三者倉庫を活用する・・・ 240

コ ラ ム

J-SOX 誕生の契機は頻発する不正事件・・・・・・・・・・・・・・・・・・・・・・・・・・・・・・・・ 034

自社のリスクを把握している経営者がすべきこと・・・・・・・・・・・・・・・・・・・・・・・ 054

整備状況評価から多くの収穫を得る・・・・・・・・・・・・・・・・・・・・・・・・・・・・・・・・・・・ 071

内部統制評価の利益相反・・ 079

ウォークスルーは予演ともいう？・・・・・・・・・・・・・・・・・・・・・・・・・・・・・・・・・・・・・・ 088

内部統制の整備状況評価を終えたら、もうその年度で業務の変更が認められない？！ ・・・ 091

ロックダウン下の内部統制・・・ 095

常に身近にある相互けん制・・ 151

リスクのトレードオフ・・・ 161

リスクを俯瞰する文書の知恵・・ 174

国によって異なる制度のなりたち・・・・・・・・・・・・・・・・・・・・・・・・・・・・・・・・・・・・・・ 182

高価なスクラップを管理する・・・ 198

サイバーアタックの予防練習に取り組む・・・・・・・・・・・・・・・・・・・・・・・・・・・・・・・ 203

エイジングリストを有効に活用する ・・・・・・・・・・・・・・・・・・・・・・・・・・・・・・・・・・・・ 223

不正の予兆・・ 226

有形固定資産の実地棚卸・・ 245

序 章

新たな時代に
備えるために

1. 日常を襲った突然の変容

　ある時期を境に、私たちの生活様式や働き方が突然、それも大きく変わってしまいました。会議室に集まり、皆でワイワイと自由に議論ができなくなり、耳もとで囁く会話すら容易でなくなりました。上司から対面で書類に承認をもらうことが当たり前でなくなり、これまで近くで一緒に働いていた部下は管理者の下から姿を消しました。管理者や部下の居場所はこれまでのオフィスではなく、自宅の一室やサテライトオフィスに変わりつつあります。

　テレワークを、働き方の基本に据えることを決めた上場会社があります。本社を都内の一等地から地方に移転させた大企業が話題になりました。都心から郊外や地方へと、移住する人々も増えています。監査の分野では、リモート監査、オンライン監査という言葉が市民権を得つつあります。私たちはまさに大きな変化の中にいます。かつて人類がペストやスペイン風邪に打ち勝ったように、この状況を克服した時、ソーシャルディスタンス、三密そして不織布マスクなどという言葉が懐かしく響く日がやって来るに違いありません。

2. 内部統制の運用に起きたパラダイムの転換

　日常だけでなく仕事の仕方も大きく変わりました。それは、パラダイムの転換に相当するほどの激変です。そして、いったん激変を経験した私たちの仕事ぶりが、以前のように戻ることはないと考えられます。

　かつて、紙媒体が電子保存できなかった時代に、監査人が仕事を終えて出張先から帰る時、大型の旅行鞄には仕事のための文書や帳票のコピーが山のように詰め込まれていたものです。しかし、電子メールや紙媒体の電子保存が一般的となっている今、過去の不便に積極的に戻りたいと思う人はいません。

　行政改革が進めば、一万件以上の行政文書が脱ハンコ化されてオンライン化が浸透するといわれています。私たちは、もはや後戻りは許されないところに立っています。これからは、在宅勤務で使った通信費が所得控除できる時代です。テレワークの推進によってオフィスのフロアを削減した会社や、都心の一等地から郊外へ移転した企業は、大幅なコストの削減に成功しました。高額な地代や賃料、光熱水費、

従業員の通勤費に要した負担が、どれほど軽減されたことでしょう。もはや過去へ後戻りするシナリオは存在しません。

　これまでは、内部統制を遠方の工場や海外の子会社に導入する時、本社の責任者や担当者は交通機関を乗り継ぎ、何度も現場に通ったものです。長いフライトや時差に耐え、会議を重ね、多額の旅費と多くの時間を費やすのが当たり前でした。しかし、現地に行かずオンライン会議やビデオを用いることによっても、同等のことが可能になると実感した時、責任者や担当者は、時間とコストを費やしたあの日々に進んで戻ろうとするでしょうか。海外を見渡してみると、ロックダウンが繰り返される街の中で、すでに電子メールやサーバーを活用した帳票や文書の交換が進み、ビデオを活用して監査を円滑に進めている会社があります。

　現場に赴き、リアルの帳票や証憑を確認するという、これまでの内部統制の伝統的な評価の姿勢を否定するつもりは全くありません。また、一部の改訂を除き、内部統制報告制度が大きく改正されたわけでもありません。しかし、内部統制の対応や評価の現場は確実に変わることが求められています。たとえ実物の帳票や文書を手にせず、対面による意見を交えなくても、内部統制を構築して評価できる仕組みづくりが必要です。本書は、次の時代を迎える内部統制について以下の提案をします。

誰でも評価ができる内部統制をつくる

　内部統制を熟知した親会社の担当者や専門家が、オンライン会議でも十分指導ができるのであれば、余程のことがない限り国内外にある工場や子会社の評価にわざわざ出かけることはなくなります。しかし、内部統制を評価する手続が全て客観的に文書化されていれば、内部統制を熟知した親会社の担当者や専門家の手を借りなくても、評価手続に沿って評価をすることができます。

　さらに、評価手続を適用する対象となる帳票や文書などエビデンスを明確に示しておけば、取り違えることもなく、誰が評価しても同じ評価結果が得られます。こうして国内外の拠点の中で評価は完結します。評価に用いたエビデンスは評価手続に紐付いているので、あとは拠点から親会社へ評価結果のデータを送信するだけです。本書で紹介する内部統制文書の雛型には、評価に必要な帳票や証憑などのエビデンスに加え、評価手続まで全て例示しています。これらを参考にして、自社のよりよ

い評価体制を構築することができます。

内部統制報告書から不備を学び直す

　国内外傘下のグループ子会社では、監査人から開示すべき重要な不備を指摘され、対応に困ることがしばしば起きます。これまでは、親会社から経験豊富な担当者がやって来て、監査人の指摘や不備の解消のために対応してくれました。しかしこれからは、余程の事態が起きない限り、子会社への支援はオンラインによる指導や対応が主流となり、自社による解決が求められるようになると考えられます。

　親会社の経験者に助けを求めず、不備からあるべき内部統制の姿を学び直すことが対応の近道です。内部統制について定めた金融庁のいわゆる「基準」や「実施基準」を紐解くのではなく、内部統制報告書を学ぶことがなによりの近道です。実務の場では正しいことから学ぶより、むしろ誤ったことからあるべき姿を学び直す方が効率的です。

　上場企業が毎期公表する内部統制報告書は、自社の内部統制の評価結果を公表するものですが、そこには制度導入以来10年以上にわたり、数多くの不備が報告されています。誤りの山ともいえるこの報告書を使い、あるべき姿を逆算して学び直します。

　どのような不備があるかを学ぶことで、子会社だけでなく親会社も不備を予防する実践的な知識を社内に取り込むことができます。本書の内部統制文書の雛型では、不備から学び直して補強すべき評価項目やキーコントロールを数多く提案します。

グループ全体に共通する内部統制文書をつくる

　出張旅費などのコスト削減や時短に効果が上がり、非対面が常識化しています。限られた時間で効率的な検討を行うオンライン会議や電子メールによる情報交換も頻繁化しています。情報交換が効率化する中で、内部統制の議論をする時、同じ連結グループにいながら会社によって内部統制の文書様式が異なることがある、あるいはキーコントロールの考え方や選定の方法に違いがある、これでは円滑で効率的な情報交換は望めません。

　時間の限られる会議で、効率的な意見交換をするには、連結グループ全体に共通する内部統制文書が必要です。本書では、共通に求められる評価項目やキーコント

ロールを内部統制文書の雛型に集約して提案しています。

　方針として、グループ全体に共通する文書は、外部の監査人（監査法人）との協議のもとでつくります。そして、全てのグループ会社は共通の文書様式に従い、求められる評価項目やキーコントロールを整備します。整備すべき評価項目やキーコントロールが限定されたことで、文書作成や評価コストの削減に効果を上げることができます。さらに、国内外の新たな拠点に内部統制を導入する時にも、キーコントロールの過不足を巡って煩わしい議論を展開するムダも解消できるはずです。

コストの削減を意識した内部統制をつくる

　内部統制の文書を効率化した後は、運用の効率化にも眼を向けます。内部統制の運用はコストを要するばかりと指摘されることがあります。その理由の1つに評価や監査のためのコスト高が挙げられます。一般に外部の監査人は、経営者による内部統制の評価結果を踏まえて監査をします。もし外部の監査人が、経営者が評価に用いたサンプルの抽出方法を不適切と判断すれば、監査のために新たなサンプルの抽出が求められます。こうしたことが、評価や監査のコストを引き上げる一因となります。

　例えば、経営者が1つのキーコントロールについて最大25件のサンプルに基づき評価をしたとします。しかし、外部の監査人によって、サンプルの抽出方法が不適切と判断されれば、新たに同数のサンプルが求められます。そのため、現場の負担は倍増し、監査人の監査コストも増加します。コスト高となる内部統制の評価や監査の現場を見ても、監査人の要請だから、追加サンプルの採取はやむを得ないと諦める経営者を多く見かけます。

　しかし、諦める必要はありません。外部の監査人からサンプルを採取する方法が不適切と判断されないためには、信頼できるサンプリングの方法を見つけ出し、経営者と監査人が合意をすればよいことです。サンプリングの方法が同じで客観的ならば、誰が何度サンプルを採取しても同じ結果が得られます。そうなれば、抽出すべきサンプルは前述の25件に留められ、現場の負担や監査コストが削減できます。本書では、こうしたサンプリングの工夫に加え、評価のコストを削減するいろいろなアプローチについても紹介します。

不正を含む不適切な会計処理に対抗する

　内部統制報告書を概観すると、不正を含む不適切な会計処理による不備によって内部統制が非有効となる事例が多いことに気づきます。それに加えて、世界的な景気後退より企業の中で売上の増加を求めるプレッシャーが強くなり、不正が起きるリスクが増大すると数多くの専門家が指摘をしています。

　また、テレワークが恒常化するなか、管理の眼が行き届かないことが多くなり、不正の機会が増えているともいわれます。非対面、非接触のなか、不正を含む不適切な会計処理不正に対抗するために内部統制報告制度は何ができるのか、あらためて不正の予防と対策について考えます。

第 **1** 章

新しい時代に応える
内部統制

1. パンデミック後に訪れる内部統制の姿

　2020年に、ある会社は「内部統制上、重要な不備があるため、自社の内部統制は有効でない」旨を表明しました。パンデミックの影響で会社への出入りを禁じられ、決算が遅延したため監査に適切に対応できなかったことが主な理由です。

　しかし他方で、IT（情報技術）を駆使して、この危機を乗り切る会社も数多く存在しています。たとえ非接触、非対面であり、遠隔であったとしても効率的に意思疎通や情報交換ができる内部統制の運用を目指す必要があると考えられます。

内部統制を正しく理解する

　筆者は、内部統制の構築や評価に長く携わっています。その中で「内部統制の導入に苦労した、導入後もなかなかうまくいかない」という話をよく耳にします。詳しく聞いてみると、どうやら内部統制報告制度そのものを正しく理解していないと感じることがあります。

　そこで、まずは内部統制の正しい理解と認識を持ってほしいと思います。その上で、次に訪れる新しい内部統制の姿について検討することとします。ここでは、正しい理解と認識を得るため、あえて内部統制報告制度の導入に失敗しやすい会社の8つの特徴を見つめ直すことから始めます。

①制度を上場維持の体裁と考える

　上場企業の中には、内部統制を上場という目的を達成し維持するための体裁と考える人々がいます。しかし、形式だけあつらえ、体裁を整えておけば問題なかろうという後ろ向きの姿勢では、内部統制が持つ本来の役割や機能が十分に発揮できなくなってしまいます。整備と運用には、相応の時間とコストを要する制度です。形式や体裁に留まらず、制度を駆使して実質的なメリットを享受してほしいと思います。

②制度のねらいを誤解している

　内部統制は現実の売上や利益に直接に貢献せず、単にコストセンターに過ぎない。こうした不平や不満を聞くことがあります。しかし制度のねらいは、信頼のおける

財務諸表をつくるための仕組みづくりにあります。正確にいえば、財務諸表とそれを正しく読みこなすための開示事項の信頼性を確保する仕組みをつくることです。このねらいを正しく理解すれば、制度の活用によって市場から財務報告に対する信頼を勝ち取り、企業価値の向上に結び付けることができると思います。他方、理解を誤れば、粉飾や会計不正を未然に防ぐことができず、失墜した会社の信頼の回復を図るために膨大なコスト負担や損失を被ることにもなりかねません。

③制度をあたかも万能と考える

　数年前、国内外に子会社を持つ、あるグループ会社が内部統制を導入しました。それにもかかわらず、会計不正や不祥事が一向になくなりません。一体なぜなのだろうかと親会社の監査関係者は苛立ちを隠せません。関係者は内部統制に不正退治を期待していたのでしょうか。

　内部統制は財務報告の信頼性を実現することを目的としており、不正の炙り出しを直接の目的とする制度ではありません。不正退治を望むのならば、内部統制が果たす本来の役割に加え、不正会計や不祥事を予防するための教育訓練、内部監査や外部監査人による定期的な監査やモニタリング、社員による自主点検などのたくさんの部門があいまって機能しなければなりません。内部統制は不正に効く万能薬というわけにはいきません。

④制度の構築は監査法人だのみと考える

　内部統制の導入には、外部の監査人（監査法人）をたのみにしている。何かあれば、きっと監査人が対応してくれるはずだ。はじめて制度を導入する企業は、特にこうした考えを持っているように思えます。しかし、内部統制の構築はもちろんのこと、自ら評価をすることが、経営者に求められた責任です。監査人にアドバイスを求めることはよいのですが、制度の構築や評価を監査人が助けることはできません。監査人の仕事は経営者が構築、評価した内部統制を監査することだからです。監査人は、内部統制の構築や評価を経営者に代わって行う立場にはありません。

⑤内部統制文書の作成はコンサルティング会社に任せる

　内部統制の構築や評価を専門的な技量のあるコンサル会社に依頼することもでき

ますが、全面的なおまかせは禁物です。コンサル会社に依頼するなら、何をどこまで依頼すべきか明確なスキームを持ち、主導権は会社の内部統制の構築責任者や担当者に留保しておくことが大切です。さもないと、多額のコンサル料を支払いながら、必ずしも使い勝手がよくない文書が出来上がり、宝の持ち腐れとなるおそれがあります。その結果、やむなく自社で文書化をやり直すようになり、二度手間のコストを要するという展開もあり得るため、注意が必要です。

⑥ひとたび制度を構築すれば、それで終わりと考える

　企業の内部統制の歴史は、ステップ・バイ・ステップによる品質改善のプロセスです。内部統制の制度を構築し、上場が成ればそれで終わりではありません。内部統制が企業実務の中で適切にはたらいているかどうか、毎年自社の統制を点検し、その結果に基づき外部監査人の監査を受けます。毎期の評価と監査を通じ、制度の品質はよりよく改善されていきます。上場が続く限り、内部統制の評価と監査は毎年実施されます。これは上場企業に課された社会的責任の1つです。

⑦統制の不備を出してはいけないと考える

　毎年経営者が自社の内部統制を評価した後、外部の監査人が監査をして有効性を確かめます。時には経営者による評価や監査人の監査の過程で、不備が判明することがあります。不備とは、内部統制の有効性を損なうものです。例えば、「実際の内部統制が文書とは異なる」「設計した制度では目的を十分に果たしていない」「意図した通り内部統制が運用されていない」など、こうした状態を不備といいます。会社によっては、内部統制の有効性を損なう不備が検出されることをひどく嫌います。

　そしてひとたび不備が出ると、不備を出した部門、子会社の責任者や担当者を厳しく叱責し、責任を問う行動に出ることがあります。構築や評価に苦労したので、無理もないとも考えられます。しかしそもそも内部統制は人の手によって運用される制度です。不備が検出されることはむしろ自然であると考えた方がよいと思います。ステップ・バイ・ステップによる品質改善のプロセスの中で、不備は気づきや学びに当たります。改善することによって品質がさらに向上すると考え、建設的な姿勢で改善に取り組んでほしいと思います。

⑧初年度から自力で 100 点満点を取ろうとする

　内部統制報告制度は、経営者そしてそれを補助する部門や部署が中心となり、会社全体でつくり上げる仕組みです。自社だけで困難ならば、外部の知見や専門家の支援を求めることもできます。評価は初年度から 100 点満点を望む必要はありません。毎年の評価や監査で、たとえ不備が検出されても、それを改善のよい機会として捉えましょう。よりよい仕組みづくりに継続的に取り組むことで制度がさらに社内に定着します。制度の趣旨を社員の意識や行動に反映できれば、信頼される財務報告を通じ企業価値の向上が実現すると考えられます。

国内外に共通する内部統制の雛型を持つ

　序章でも示した通り、新たな内部統制の姿はこれまでとは大きく異なります。テレワークが普及し、長時間の移動が求められる国内外への出張は控えられ、コストの削減が進んでいます。また、インターネットやオンライン会議を活用した効率のよい情報交換が当たり前となっています。これまで親会社が子会社などの拠点を訪問して行っていた、直接の支援や対応は、オンラインに取って代わりつつあります。そのため国内外の子会社などの拠点では、自律して自社の内部統制を評価する仕組みが求められるようになります。

図 1.1　国内外に共通する内部統制の雛型を持つ

仕事のパラダイムが大きく転換すれば、親会社や各子会社では効率よく情報交換のできる内部統制文書が求められるようになります。物理的な空間を越え、効率よく情報交換を行い、各社が自律した評価のできる内部統制文書には、次の条件が求められます。

・国内外全ての拠点の文書が共通の内部統制文書の雛型に沿ってつくられること
・評価項目やキーコントロールを選定する考え方や視点が同じであること
・誰が内部統制の評価を実施しても同じ結果が得られる評価手続を持つこと
・外部監査人との協議に基づいた文書であり世界のどこでも通用すること

Q&A 不備とは何か

[Q] 不備は、内部統制の有効性を損なうと聞きますが、具体的にどのような状態を指しているのですか。また、経営者による評価や外部監査人の監査で、ひとたび不備が見つかると、その年の内部統制の有効性は損なわれたままになるのですか。

[A] 金融庁（企業会計審議会）の「財務報告に係る内部統制の評価及び監査に関する実施基準」（以後、実施基準という）によると、不備は整備上の不備と運用上の不備に分類して説明がされています。分かりやすくいえば、内部統制の仕組みに関する不備と仕組みを実際に運用した時に起きる不備を次の2通りに分けて説明しています。

1. 内部統制の仕組みに関わる不備（整備上の不備ともいいます）
   ・内部統制文書には示されているにもかかわらず、実際には内部統制がない
   ・内部統制文書で設計された仕組みにもかかわらず、リスクを適切に低減できていない
2. 内部統制の仕組みを実際に運用した時に起きる不備（運用上の不備ともいいます）
   ・内部統制が文書に示された通りに運用されていない

- ・内部統制の仕組みの運用に誤りが多い
- ・内部統制の目的や趣旨を正しく理解しないまま、仕組みの運用をしている

　このように不備は様々な形をとりますが、たとえ不備が見つかったとしても決算日までに改善を施し、あらためて評価や監査で確認ができれば不備は解消することができます。内部統制を評価すべき期間は1年間の会計期間であり、決算日を内部統制の有効性を最終的に評価する基準日として位置づけています。

　実施基準では不備を次のように説明しています。

> 　内部統制の不備は、内部統制が存在しない、又は規定されている内部統制では内部統制の目的を十分に果たすことができない等の整備上の不備と、整備段階で意図したように内部統制が運用されていない、又は運用上の誤りが多い、あるいは内部統制を実施する者が統制内容や目的を正しく理解していない等の運用の不備からなる。
> （実施基準Ⅱ.1②イ）

2. 内部統制報告書からあるべき姿を学び直す

　評価を実施し監査を受けてみると、「会社の実務が内部統制の文書通りでない」ことや「内部統制が文書通り適切にはたらいていない」ことが判明して、不備が見つかることがあります。見つかった不備が決算日（基準日）までに解消できず、さらに開示すべき重要な不備に当たる場合は、内部統制報告書に開示して広く利害関係者に報告しなければなりません。

　内部統制報告書は、毎年経営者が自社の内部統制を評価した結果を報告するもので、そこに不備を開示するとなれば経営者や会社にとっては、過去の忌々しい事実となるかもしれません。また、不備を避け内部統制の有効性を確保する責任者や担当者にとっては、ひとたび開示された不備は解消しなければなりません。関係者に

してみれば、きっと自社の不備を解消することで精一杯、他社の不備に関心を持って学びを得ようとする前向きな姿勢を持つほど心の余裕はないのかもしれません。

しかし、もう不備は繰り返すまいという思いからすれば、これまで多くの先輩企業が犯した誤りや躓きが記されている内部統制報告書こそ、学びの宝庫であるはずです。内部統制の経験が比較的浅い会社にとっては、まさに無償で入手できる転ばぬ先の杖に相当します。

図 1.2　内部統制報告書こそ学びの源泉

内部統制報告書は先人企業の躓きが溢れる宝箱

東証一部企業で、2020 年に開示すべき重要な不備があると表明したある企業の内部統制報告書の一部を紹介します。

下記に記載した財務報告に係る内部統制の不備は、財務報告に重要な影響を及ぼすこととなり、開示すべき重要な不備に該当すると判断しました。したがって、当事業年度末日時点において、当社の財務報告に係る内部統制は有効でないと判断しました。

記

当社は、2020 年 6 月（中略）、監査法人から（中略）不適切な会計処理（中略）への疑念があると申し入れを受け、その後、外部の専門家を含む特別調査委員会を設置し、調査を実施いたしました。特別調査委員会による調査報告書によると、（中略）当該疑念以外に経理部門による不適切な決算調整、（中略）中国における贈賄の疑義、売上前倒し計上の疑義、保守サー

ビス契約の収益認識、子会社における不適切な会計処理等を含む多種多様の不適切な会計処理を行っていたことが判明いたしました。また、調査の過程において（中略）会計処理等の誤謬が判明いたしました。（中略）

　特別調査委員会により認定された不適切な会計処理は、長年にわたり当社の経営陣が経営数値を過剰に意識し、その過剰な意識に基づいて行われた不適切な言動の蓄積により、経営数値はつくり出すもの・つくり出されるものというような誤った考えが醸成され、企画部門および経理部門の役職員に伝播することにより、信頼性のある財務報告を実現するための統制環境の構築が軽視され、広範囲にわたる全社的な内部統制の不備を引き起こした結果、生じたものと認識しております。

　特に経理部門および開発部門による不適切な決算調整（中略）が行われていたことは、適正な財務報告に関する意識の欠如や（中略）明確なルールの欠如等により、決算整理プロセスにおける（中略）内部統制の整備・運用状況に不備が生じていたことが原因と考えております。

　また、売上のスルー取引、売上前倒し計上が行われていたことは、（中略）売上計上に関する会計基準に対する認識の欠如や収益認識に係る明確なルールの欠如等により、販売プロセスにおける収益認識に関する内部統制の整備状況に不備が生じていたことが原因と考えております。このような財務報告に係る内部統制の不備は、財務報告に重要な影響を及ぼしており、全社的な内部統制および決算・財務報告プロセスならびに業務プロセスに関する内部統制の不備は開示すべき重要な不備に該当すると判断いたしました。上記事実の特定は当事業年度末日以降となったため、当該開示すべき重要な不備を当事業年度末日までに是正することができませんでした。なお、（中略）当社といたしましては、（中略）開示すべき重要な不備を是正するために、（中略）以下の再発防止策を実行し、内部統制の整備・運用を図ってまいります。

（1）経営陣の刷新およびガバナンス体制の再構築
（2）コンプライアンス意識向上・企業風土改革
（3）全社的な従業員へのコンプライアンスおよび会計教育

（4） グループ経営体制の強化

（5） 管理部門の適正化

（6） 人事ローテーションの実施

（7） 内部監査の強化

（8） 内部通報制度の強化

（9） 決算・財務報告プロセスおよび業務プロセス改革

　自社の内部統制を有効でないと結論づけた不備の主なポイントは、次の通り整理できます。

　・数値はつくり出すものという経営陣の誤った考え方
　・社内の意識環境に対する経営陣の言動の影響
　・信頼性のある財務報告を実現するための意識軽視
　・経理部門の不適切な経理操作
　・売上計上など会計基準に対する認識やルールの欠如

　これら、経営陣の意識や日常の言動が、内部統制に対し大きな影響を及ぼすことを教えてくれる好事例です。内部統制報告書には、こうした学び直しの事例を多く見つけることができます。ある意味、先人の企業の躓きから学ぶ機会をもたらす宝箱にも相当します。

内部統制報告書からあるべき姿を学びとる

　内部統制報告書に示された数々の不備から逆算すると、財務報告の信頼性を得るにはいかなる仕組みづくりが大切なのか、次の通り具体的に見ることができます。どこで不備が頻繁に起きるのか、どのように対策すべきか。それらをあらかじめ学べば、たとえ不備が検出されても、自律的に対策を講ずることができます。ここでは、前述の内部統制報告書の事例から読み解いてみます。

①社内の意識土壌にある問題点から学ぶ
（全社的な内部統制の視点）

　内部統制の導入は、仕組みよりもまずそれを使いこなすための意識づくりから始める必要があることが分かります。社内の規則やルールで財務報告の信頼性をいかに謳おうが、規則やルールを使いこなす者にその自覚や意識がなければ、実現性に欠けることになってしまいます。経営数値を過剰に意識し、数値は意図してつくり出されるもの、会社のためなら決算操作すら許されるという誤った考えに陥りやすくなります。

　そのため規則やルールが目指す目的をきちんと理解し、それを遵守するコンプライアンスの意識や姿勢を社内に定着させることが大切です。経営者は定期的に従業員に向けコンプライアンスの大切さを訴えるメッセージを発信する、あるいは教育訓練の機会を提供する必要があることが分かります。

②経理部門による不適切な決算操作から学ぶ
（決算・財務報告プロセスの視点）

　手段を問わず売上を確保しようとする売上至上主義や従業員に対する過度な売上のプレッシャーは、決算数値の不適切な操作、売上の早期計上など会計基準に反する不正行為を生み出しかねません。コンプライアンス教育はもちろんですが、何が適正であり、何をすれば不正となるのか、内部統制文書に具体的な評価項目として落とし込み、毎年の評価や監査に結び付け、未然の予防を図る仕組みづくりが必要であることが分かります。

③会計基準に対する意識やルールの欠如から学ぶ
（業務プロセスに係る内部統制の視点）

　会計基準などの規則、ルールや業務手順を示すマニュアルを文書で整備したうえ、常に従業員がアクセスできる環境を整えておく必要があることに気づきます。これら規則やルールの文書には、権限と責任を明確にした業務分担、相互けん制、権限の濫用を防ぐ定期的なローテーション、システムへのアクセス権限等をはじめとする仕組みを折り込み、財務報告の信頼性を実現できる内部統制づくりが求められていることが分かります。

Q&A 不備は株価に影響するか

[Q] 内部統制を評価し監査を受けた後で、不備が見つかると、その会社の株価に悪い影響が及ぶことはありますか。

[A] たとえ不備が見つかったとしても、決算日までにきちんと不備を改善することができれば、不備は解消でき、内部統制は有効と判断されます。しかし決算日（基準日）までに改善策を展開しても解消できず、その不備が開示すべき重要な不備に当たる場合は、自社の内部統制報告書に掲載して広く公開しなければなりません。では、不備が公開された場合、株価に悪い影響がもたらされるでしょうか。不備の態様や改善状況にもよりますが、一般的にいえば、不備を改善するための改善計画に対する株主はじめ利害関係者の判断しだいといえます。

　たとえ決算日までに不備を解消することができなくても、改善計画が合理的で適切であると判断されれば、一般的には株価に大きな影響が及ぶことはないと予想されます。それは不備そのものよりも、不備をどのように改善して解消するのかという点に株主をはじめ利害関係者の関心が集まるからです。企業が人によって運営されるものである以上、誤りや不足は常に起こります。したがって、それをどのように改善するのかを示す改善計画の合理性に焦点が当てられるのは、むしろ当然の考え方ではないでしょうか。

　不備を業務改善のための、新たな気づきとして積極的に捉え、改善のよりよい機会として活かすことが大切です。さて、開示すべき重要な不備とは、それ以外の不備とは性格が異なります。

> 　内部統制の開示すべき重要な不備とは、内部統制の不備のうち、一定の金額を上回る虚偽記載、又は質的に重要な虚偽記載をもたらす可能性が高いものをいう。経営者は、内部統制の不備が開示すべき重要な不備に該当するか判断する際には、金額的な面及び質的な面の双方について検討を行う。
>
> 　（実施基準Ⅱ.1②ロ）

一方で内部統制報告書において、自社の内部統制が有効である旨を表明するということは、自社の内部統制に開示すべき重要な不備はないということを意味しています。

3. 余計なコストを省いた内部統制を持つ

　上場企業にとっては、内部統制を整備し、毎年の評価を行った上で、外部の監査人による監査を受けることは、確かにコストを要します。しかし、そのコストの中には削減できる項目があるにもかかわらず、見過ごしたまま負担し続けている場合があるのではないでしょうか。上場企業が、内部統制に要する正当なコストを負担するということは、利害関係者に対して果たすべき社会的責任といえます。しかし、余計なコストまで負担するのは決して好ましいことではありません。早くそれに気づいて削減すべきです。例えば、次のような経験はありませんか。

- 外部の監査人に対する体面を繕い、安易に統制（一般的にコントロールといわれるため、以後コントロールという）を増やしてしまい、今になって、後悔をしている
- コントロールを設計したあと、どれも大切なコントロールに見えてしまい、安易にキーコントロールを増やして評価に要するコストが嵩む結果になってしまった
- 社内で帳票や証憑を無作為に選び内部統制の評価を行ったにもかかわらず、監査人からは監査のためのサンプルをもう一度とり直すように求められ、現場に対して二度手間による負担を強いる

　外部の監査人が示す通りにすれば、内部統制の有効性は保証してもらえるということには、決してなりません。安易に考えると、負担すべきコストと削減の余地のあるコストをきちんと見分けることができなくなってしまいます。

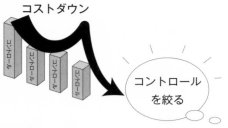

図 1.3　コントロールを絞り込む

キーコントロールの絞り込みがコストの大小を分ける

　内部統制の目的である財務報告の信頼性を得るためには、様々なリスクにコント
ロールを設けて、対応する必要があります。しかし、あれもこれもとコントロール
をやみくもに増やすのは、決して好ましいことではありません。万全を期す心構え
はよいのですが、会社の持つヒト、モノ、カネの経営資源にはおのずから限りがあ
ります。

　多くのコントロールの中でも、特に財務報告に重要な影響を与えるリスクに対応
するコントロールは、一般にキーコントロールといわれ、実施基準上では統制上の
要点と呼ばれます。そのキーコントロールの総数が、内部統制の運用コストの増減
を左右する重要な要因となります。したがって、不要なコストの発生を避け、限り
ある経営資源を有効活用するには、①財務報告の信頼性を脅かすリスクを選別し、
②キーコントロールを絞り込むことがとても大切になります。

①リスクを選別する

　リスクを選別するには、財務報告の信頼性を脅かすリスクが現実となる可能性と、
リスクが現実となった時の実害や損失の大小を考慮します。例えばリスクの発生可
能性が高く、かつそれが現実になった場合に被る実害や負担する損失が大きいと想
定される場合、当然のことながらコントロールを設計して対抗します。しかし発生
可能性が低く、かつ仮に現実になっても実害が少ないと考えられるリスクにわざわ
ざコストをかけてまで、対応する必要は、一般的にはないといえます。

　では、発生可能性が高く実害や損失が小さいリスクと、発生可能性は低いけれど
実害や損失の大きいリスクは、どちらを優先して対応すればよいのでしょうか。具

体的な状況に応じて判断は異なりますが、一般的には、発生可能性が高く実害や損失が小さいリスクを優先して対応すべきであると考えます。頻繁に現実化するリスクを放置しておくことは、リスク管理や社内モラル意識に悪影響をもたらすからです。それはリスクマネジメントの意識や社内モラルなどに関係します。図 1.4 の通り、リスクの発生可能性とリスクのもたらす実害や損失のマトリックスに基づいて、リスクを選別しコントロールによる手当の優先順位を合理的に決めていきます。

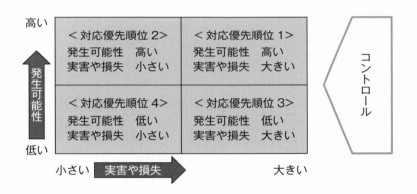

図 1.4　リスクの発生可能性と実害の程度に対応する

②リスクに対抗するキーコントロールを絞る

　財務報告の信頼性を脅かすリスクに対応するコントロールの中でも、特に重要と考えられるものがキーコントロールです。キーコントロールは、これまで監査人など多くの専門家や実務家の経験則に基づき、選定されていますが、実のところ正式な定義はありません。そのため本書では、キーコントロールを選定する時の条件を次のように示した上で、第 5 章でキーコントロールについて詳しく説明をしたいと思います。

　　キーコントロール選定の条件とは：
　　　以下に示す尺度を数多く満たすコントロールをキーコントロールとして
　　選定する。

・財務報告の信頼性に重要な影響を与えること
・財務報告の信頼性を損なうリスクの低減に直接かつ最も効果的にはたらくこと
・たとえ他のコントロールに誤りがあっても、最終的な検証がはたらくこと
・財務諸表の勘定科目に直接の影響をもたらすこと

評価や監査に潜むムダに気づく

　評価や監査に潜む余計なコストを省く必要性については、すでに序章で概要を紹介しました。内部統制報告制度では、経営者が自社の制度を評価した結果を踏まえ、外部の監査人が監査をします。その際、経営者が自社の内部統制を評価する際に用いた帳票、証憑や文書などのサンプルが、外部監査人による監査の際にも、同じように用いられるとは限りません。監査人にすれば、経営者は自社に好ましいサンプルを意図的に選んで評価しているのではないかと考えるのは、至極当然なことです。

　したがって、経営者が用いたサンプルの抽出の方法に妥当性が認められなければ、監査人は監査のために新たにサンプルを抽出します。このサンプルの抽出の重複はかなりのコストを要します。1つのキーコントロールを評価または監査する時に抽出するサンプルの数は最大で25件です。経営者が評価に用いた25件の他に、新たに外部監査人が監査のために25件のサンプルを選ぶということは、サンプルを準備する現場部門の負担は単純計算で2倍です。帳票や証憑の抽出、書類のコピー、評価に向けた整理だけでも、どれだけの時間とコストを要するか容易に想像できます。

　しかし、こうした現場の負担やコストの増加を軽減する方法があります。それは双方が互いに信頼のできるサンプル抽出について合意を図ることです。それができれば、誰が抽出をしようが、何度抽出を繰り返そうが、抽出結果は常に同じとなり、サンプルの重複抽出は解消できます。なお、双方合意のできる妥当なサンプル抽出の導入については、第5章で詳しく説明するため、ここでは、内部統制の運用に関するコスト意識を喚起するに留めたいと思います。

Q & A キーコントロールを選んでみる

[Q] 企業の財務報告の信頼性を損なうリスクに対抗するため、様々なコントロールがあります。それらの中で、具体的にどのようにしたらキーコントロールとそれ以外の一般のコントロールを区別することができるのですか。

[A] 請求書の作成と売上の計上を例に、キーコントロールとそれ以外の一般のコントロールとの違いや区別を考えてみましょう。次は、ある会社で請求書を発行する手続における例です。

> 手順1. 当社では製品の出荷に基づいて売上を認識し、請求書を作成、発行します。
>
> 手順2. 経理部門では出荷伝票を根拠に、システムに売上を入力して請求書を作成します。一人の担当者が請求書を作成し、他の担当者が請求書を確認します。
>
> 手順3. 経理部門の責任者は、出荷の事実や請求書に誤りがないことを確認して請求書を顧客あてに送ることを指示します。
>
> 　出荷の事実に基づき請求書を作成して売上を認識することは、財務報告の信頼性を実現する大切なルールです。そこでキーコントロールとしてふさわしいのは手順3になります。その理由は次の通りです。
>
> ・売上を認識するタイミングや金額に誤りがないかどうか確認することは、財務報告の信頼性に重要な影響を与える手続です。
> ・たとえ手順2で請求書の誤りが見過ごされても、手順3で最終的な検証ができます。
>
> 　手順2はキーコントロールではありませんが、相互けん制によるコントロールとして手続上欠くことはできません。

4. 不正に対抗する内部統制のアプローチ

　世間一般で取り上げられる不正とは、様々な意味で用いられますが、例えば次の
ように示すことができます。

> 　不正とは、財務諸表の意図的な虚偽の表示であって、不当又は違法な利
> 益を得るために他者を欺く行為を含み、経営者、取締役等、監査役等、従
> 業員又は第三者による意図的な行為をいう。
> （日本公認会計士協会広報委員会監修 会計・監査用語解説集）

　さらに、不当な利益を得るために他者を欺く不正行為は、以下のような動機・プ
レッシャー、機会、正当化の3条件が整うと起きやすくなると一般にいわれていま
す。

● 動機・プレッシャー
　不正を起こそうとする動機や動機を導くプレッシャーなどの要素
● 機会
　不正を行おうとすれば、いつでも着手できる環境
● 正当化
　不正者が自己を正当化すること

　今、監査などにかかわる世界の多くの専門家たちが、不正が起きやすくなる3条
件が整いつつある現状を指摘し、近い将来大きな不正が起きるのではないかと懸念
を表明しています。それは、3つの条件を満たす次のような図式が世界的に展開し
ていると考えられているからです。
　世界規模の景気後退のために、企業の従業員には売上アップに対する過度の「プ
レッシャー」がかかっています。そして、生活に対する先行きの不透明感を払拭し
ようと不正の「動機」が形成されやすくなります。動機とプレッシャーのもと、在
宅勤務の普及により管理者の眼が届かず、「機会」さえあればいつでも不正に着手

できる状態にあります。失業の増加によって社会の閉塞感が高まるなか、たとえ不正に手を染めても、救済の手を差し伸べようともしない社会や会社を非難し、自己の不正を「正当化」しようと試みることもあるでしょう。

　もちろん、こうした図式や不正の条件が整ったからといって、直ちに不正が起きることにはなりません。しかし、私たちの周囲に不正の危うい環境が整いつつあるのかどうか、リスクに対して敏感な視点を持つことを求められていることは確かです。

内部統制は不正に対抗する

　世界規模で不正リスクが増大することに注意が喚起されるなか、内部統制にはどのような対抗手段があるのでしょうか。制度は、不正の炙り出しを直接の目的とするものではありません。しかしひとたび不正が起きれば、財務報告の信頼性が損なわれるため、次のような不正に対応する仕組みを用意しています。

> 　監査人は、内部統制監査の実施において不正又は法令に違反する重大な事実を発見した場合には、経営者、取締役会及び監査役等に報告して適切な対応を求めるとともに、内部統制の有効性に及ぼす影響の程度について評価しなければならない。
>
> （実施基準Ⅲ.4（4））

　もちろんこうした対応は監査人に限ったことではありません。経営者が自社の内部統制を評価する過程で、不正や法令違反が判明した時も同様に、迅速で適切な対応が求められます。

不正はいつでも起こり得る

　不正や不祥事が社内で発覚し、経営者や幹部が記者会見をする場面をテレビなどでよく目にします。そして多くの経営者や幹部は、次のように会見します。「決して起きてはならない不正が起きました」「こうした不正が起きるとは予想もしませんでした」「今後は再発防止に全力を傾注します」。しかし、経営者や幹部の宣言通

り、実際に不正を抑え込み、再発を完全に防止することなどができるのか疑問に感じます。むしろ、不正はいつでも起こり得ると認識し、予防や早期発見の仕組みを整えて、たとえ起きたとしても損害を最小限度に留めるための備えを怠らないことが必要であると思えます。

　予防と早期発見を前提に不正の対応を考えるならば、どのような場合に不正や不祥事が起きやすく、どのように予防し、予兆を早期に感知できるかを知ることが重要です。それには、先人が陥った不正や法令違反の事例に学ぶことがなによりの近道です。不正を含む不適切な会計処理は、内部統制報告書によって毎年のように報告されています。なぜ先人は躓いたのか、どのような予防を怠り、早期に発見できなかったのかを学ぶことができます。その上で不正や不祥事が起きるポイントに先回りして、予防策や早期発見の仕組みを講ずることが現実的で有効な手段であると考えられます。

内部統制のアプローチを使った不正予防の仕組みづくり

　内部統制は財務報告の信頼性の確保を目的としていますが、他方で不正をはじめとした法令違反を予防する具体的な仕組みも整えています。それらは特別なシステムではありません。私たちが、日常の仕事の中で用いている身近な仕組みです。

　例えば、業務の分担を明確にして無制限な権限を与えないことです。また複数人の間で相互にけん制をはたらかせ、お互いの仕事を確認し合うことです。あるいはローテーションの実施により人事の滞留による慣れ合いや外部との癒着を起こさないようにすることなどです。

　これから内部統制の仕組みを学ぶ中で、コントロールを注意深く読み進めると、こうした知恵と仕組みが内蔵されていることに気づくことができます。

善意や無知によっても不正は起きる

　多くの人が不正は、悪意や意図を持って引き起こされると考えています。しかし、よくよく不正の現場を考えてみると、実はそれだけでなく善意や無知によっても、不正が引き起こされる場合があることに気づきます。会社のためによかれと思ってしたこと、知らず知らずのうちにしたことが、不正の引き金を引いてしまうことがあります。

①善意が不正を導く場合

　ある管理者は、印紙類の払出しと台帳による管理を担当者1人に任せれば、人手も要さず効率的だと判断しました。本心から会社のためによいと考え、善意によってしたことです。しかし、印紙類を管理した担当者は、印紙類を業務で使ったように装い換金して着服したうえ、払出しの記録を偽装して隠ぺいを図りました。払出しと台帳記録の担当を別々にして、相互けん制を図っていれば、この不正は防ぐことができたはずです。

②無知が不正を導く場合

　ある会社では、小切手帳と金融機関への登録印を経理の責任者が一人で保管し、小切手を発行していました。組織の代表者は、経理の責任者に全幅の信頼をおいており、不正を起こす引き金になるなどとは、考えすらしませんでした。また周囲もあの人ならば任せておけると考え、相互けん制を用いる必要があるなど考えも及びませんでした。しかし知らず知らずのうちに許したことが、小切手の恒常的な不正利用を招く結果となりました。

　悪意に留まらず、善意そして無知による不正や法令違反を未然に防ぐためには、リスクの所在とコントロールを文書で明確に示し、客観的な仕組みをつくって運用する必要があります。実はこれこそ内部統制報告制度に求められている大切な役割でもあります。

図 1.5　善意や無知によっても不正は起こる

Q&A 内部統制の担当者は性悪説をとるべき？

[Q] 監査を担当する監査員は、性悪説に基づき、監査を受ける側の説明を安易に信用してはいけないとよくいわれます。内部統制を担当する場合も、考え方や対応は同じにすべきですか？

[A] 監査員が、相手方の説明や発言について、それを裏付ける根拠もとらずに、安易に信用することは決して好ましいこととはいえません。監査で受けた説明や発言には、あらためて別のルートから根拠を入手して確かめるという慎重で正当な注意を払う姿勢が大切です。しかし、いたずらに相手の説明や発言に疑念を抱き、常に疑う姿勢や言動を示すことも賢明ではありません。もしこうしたことを性悪説に基づく監査員の対応というのであれば、適切な監査を行う監査員は性悪説に基づいて対応することは避けるべきです。もちろん内部統制の担当者も同様です。内部統制を評価する時、相手の発言や説明を常に疑えば、猜疑心を買ってしまい、結局自分自身も相手から疑われることになりかねません。そして相手の警戒心のあまり、本当のことは隠されて、伝えてもらえず、適切な評価を実施することはできなくなってしまいます。そこで、監査員には、次のような姿勢や素地が求められています。

1. 過ちや不正の兆候については、常に敏感であること
2. 相手の意見や出された証拠をその場で安易に鵜呑みにしないこと
3. 相手の発言について、常に客観的な裏付けに基づき自律的な判断ができる素養を養うこと

内部統制の基礎を
もう一度学び直す

1. 内部統制報告制度の基礎知識

内部統制は、経理部門で働く方々だけに関係する制度と勘違いをする方もいるようですが、決してそうではありません。上場企業で働くみなさんにとって、制度は程度の差こそあれ、必ず何らかの関連を持っています。総務、経理、財務、営業、人事部門などいずれも内部統制と深く関わり、財務報告の信頼性の確保に必要不可欠な部門ばかりです。

内部統制報告制度の導入以来、こうした社内の多くの部門の取り組みを支援するため、制度について解説を行う本が数多く出版されてきました。中には制度の全体にわたり詳細に説明を加えた書籍もあります。それを本書でもう一度繰り返す必要はないと考えています。本書は、内部統制の基礎をもう一度学び直すために、本当に知っておかなければならない重要なポイントに絞り込んで、基礎的な知識を効率よく解説することを目的にしたいと思います。

内部統制の知識のもと

内部統制報告制度は、金融商品取引法に定められ、上場企業に義務づけられた制度です。制度を具体的に実施するに当たり、金融庁（企業会計審議会）は「財務報告に係る内部統制の評価及び監査の基準」を定め、さらに「財務報告に係る内部統制の評価及び監査に関する実施基準」によって具体的な説明を施しています。

これらが、主に上場企業が実務上で拠りどころとする具体的な内部統制のルールです。本書でも、これらから必要な部分を引用して分かりやすく解説します。この他実務者の理解を得るために、金融庁は次の通り内部統制報告制度に関するQ&Aや事例集などを作成しており、ホームページから容易に入手することができます。

・内部統制報告制度に関するQ&A（以後、「金融庁Q&A」という）
・内部統制報告制度に関する11の誤解（以後、「11の誤解」という）
・内部統制報告制度に関する事例集（以後、「事例集」という）

内部統制とその目的とは

　一般的に「内部統制とは、基本的に、業務の有効性及び効率性、財務報告の信頼性、事業活動に関わる法令等の遵守並びに資産の保全の４つの目的」（実施基準Ⅰ.1）を達成するために、「（中略）業務に組み込まれ、組織内の全ての者によって遂行されるプロセス」（実施基準Ⅰ.1）をいいます。

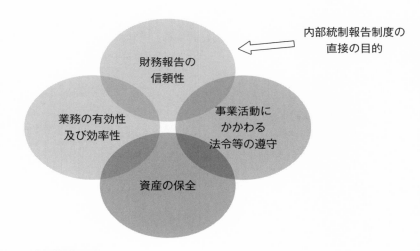

図 2.1　内部統制の目的

　さらに「金融商品取引法で導入された内部統制報告制度は、経営者による評価及び報告と監査人による監査を通じて財務報告に係る内部統制についての有効性を確保しようとするものであり、財務報告の信頼性以外の他の目的を達成するための内部統制の整備及び運用を直接的に求めるものではない」（実施基準Ⅰ.1（5））と定め、制度の直接の目的は財務報告の信頼性を得ることにあると明確に示しています。

①財務報告の信頼性を確保する

　財務報告とは、具体的にいえば会社の財務諸表（貸借対照表、損益計算書、キャッシュフロー計算書）と財務諸表の適切な理解を促す開示情報を指しています。これらについて会社の利害関係者の信頼を得るための仕組みをつくることが制度の目的です。

財務諸表や開示情報の信頼性を損なうおそれのある要因をリスクと呼び、リスクが現実とならぬように対応するためにコントロールを設定して対抗します。コントロールは、財務報告の信頼性を損なう可能性が現実のものとならぬよう手当することであり、リスク低減のために用いられる全ての手法やアプローチをいいます。

②内部統制を構成する最小単位

内部統制では、リスクに対抗するコントロールという関係を常に基礎としています。裏返せば、リスクのないところで内部統制を語る余地はなく、コントロールを構築する必要もありません。リスクがどこに潜在するかという点に焦点を合わせ、常にそれを前提として対策を検討する姿勢が貫かれています。したがって内部統制を構成する最小単位は、リスクとコントロールの関係です。

内部統制を考える時、信頼性のある財務報告を脅かすリスクがあるのか、あるならば、どのようなコントロールを構築して対抗すべきか常に念頭に置きます。上場企業の経営者は原則として毎期、自社の内部統制が適切に設計、運用されているかどうか評価しなければなりません。そしてその評価結果を踏まえ外部監査人の監査を受け、自社の内部統制の有効性を内部統制報告書によって広く表明することが求められます。

③金融商品取引法に基づく罰則

金融商品取引法は、上場企業によって内部統制報告書が提出されない場合や報告書の内容を偽って報告するなどの虚偽表示があった場合に、罰則を設けています。経営者には刑事罰として5年以下の懲役もしくは500万円以下の罰金刑が科され、または併科されます（金融商品取引法第197条の2第5号、6号）。法人は5億円以下の罰金刑となります（同法207条1項第2号）。

もし、こうした法令による処罰を受ければ、株価の下落など会社としての信頼失墜による価値の毀損も大きくなります。

Q & A リスク概念のいろいろ

[Q] リスクといえば、将来起きてほしくないこと、損失やマイナスの可能性だけを意味すると思ってきました。逆に、将来起きる好ましいこと、利益やプラスの可能性も同じようにリスクになると聞いたのですが、そうなのですか？

[A] 私たちが一般にリスクといえば、将来起きてほしくないことやマイナス要因だけを想像します。しかし、別の捉え方もあります。例えば、「先進企業から学ぶ事業リスクマネジメント　実践テキスト」（経済産業省）によれば、リスクを「組織の収益や損失に影響を与える不確実性」として広く捉え、将来の好ましいことやプラスの要素もリスクの概念に含まれるとする考え方をとっています。

　こうした考え方に立って考えると、例えば外貨建てで製品を海外から仕入れ、外貨で支払をする取引があります。支払うべき時になった際、自国の貨幣のレートが外国の貨幣よりも高くなり、仕入時よりも少ない額で精算でき、得をするということがあります。こうした外貨建て取引によって発生する外貨換算益は、組織の収益に影響するプラスの不確実性として、リスクの概念に含まれることになります。

　しかし内部統制報告制度では、リスクは企業の目標達成を妨げるマイナス要因としてだけ捉える考え方をとっています。実施基準によれば、「リスクとは、組織目標の達成を阻害する要因をいう。具体的には、天災、盗難、市場競争の激化、為替や資源相場の変動といった組織を取り巻く外部的要因と、情報システムの故障・不具合、会計処理の誤謬・不正行為の発生、個人情報及び高度な経営判断に関わる情報の流失又は漏えいといった組織の中で生ずる内部的要因など、様々なものが挙げられる。ここでのリスクは、組織に負の影響、すなわち損失を与えるリスクのみを指し、組織に正の影響、すなわち利益をもたらす可能性は、ここにいうリスクには含まない。」（実施基準Ⅰ.2（2）①）とされています。

　リスクの概念には様々な考え方があることが分かります。

なぜ内部統制には文書が必要なのか

　内部統制には文書が不可欠です。それは財務報告の信頼性を脅かすリスクがどこにあり、それがどのような内容で、どのようなコントロールによってリスクが低減されているかを明確に示すためです。例えば、売上プロセスの中で顧客から注文書を受領する時に、注文書が偽装されて架空売上につながるリスクを想定できます。このリスクに対応するには、責任者や権限者が、注文書は実在の顧客からのものであるかを確認し、承認するというコントロールが求められます。リスクが現実となることを未然に防ぐことを示すためには、必ず文書を用いてリスクを明らかにし、コントロールによって手当されていることを明確に記載しておく必要があります。

コラム

J-SOX 誕生の契機は頻発する不正事件

　2000 年初頭、米国では市場の信頼が大きく揺らぐ巨額の粉飾事件が起きていました。みなさんもまだ記憶にあるのではないでしょうか、エンロン事件、ワールドコム事件といった巨大企業における不正、粉飾事件の発生です。破たんによって従業員の企業年金はほぼゼロとなり、途方に暮れる従業員がテレビの映像に映し出されていたことを思い出します。

　ちょうど時期を同じくして、日本でも企業不正事件が頻発しました。ライブドア、西武鉄道やカネボウなど IT ベンチャー企業から伝統ある企業まで、粉飾や有価証券の虚偽記載などの不正が次々と発覚しました。株式市場の信頼失墜に直面する中で、2006 年に会社法や金融商品取引法に基づき、現在の内部統制報告制度が創設され、2008 年 4 月以降開始する事業年度から適用に至りました。この時すでに米国では、企業改革法に基づき内部統制が法制化されていました。法案を提出した上下両院議員の名前にちなんで SOX 法と呼称されていたため、日本の制度は一般に日本版 SOX 法、J-SOX などと呼ばれるようになりました。こうして J-SOX の創設には不正事件が 1 つの大きな引き金となりましたが、制度自体は不正を炙り出すことを目的とするものではありません。

2. 内部統制文書は必ず自社でつくる

内部統制文書を作成するために、専用のソフトウェアや、ライブラリーなどの出来合いの文書を購入したりする会社を見かけます。しかし一般的に専用のソフトウェアを使用するライセンス料は高く、ライブラリーによる出来合いの文書は自社独自のものでないために、使い勝手はあまりよいとはいえません。そこで、エクセルなどを用いてできる限り自社で文書をつくることを勧めます。

筋肉体質の内部統制文書をつくり込む

内部統制文書は、人にたとえれば筋肉体質であってほしいと思います。無駄がなく余計なコストを要しない文書であることが好ましいと考えられます。いわれるままに、あれもこれもと文書に、余分なリスクやコントロールを持ち込んで、後になって後悔する会社を見かけます。リスクを精査し、キーコントロールをできる限り絞り込んだ上で、監査人と十分協議して文書を築き上げることが大切です。本書では、無駄のない、内部統制の効率化を実現できる文書の雛型を提案していますが、それらは全てエクセルを使って作成していますので、余計なコストを要しません。

内部統制文書に余計なリスクはないか

無駄がなく効率的な内部統制文書をつくるためには、リスクの見極めが必要です。私たちの周囲にはたくさんのリスクがありますが、焦点を当てるべきは信頼のおける決算書であり、正しい財務諸表の作成を妨げるリスクがあるかどうかという点です。社会に存在する様々なリスクの中から、財務報告の信頼性を脅かすリスクのみを抽出、特定しなれば、適切な内部統制文書をつくることはできません。

リスク選別の眼を備えるために、次に挙げるリスクが財務報告の信頼性を脅かすものであるかどうか、考えてみてください。

①人が道を歩いていて、交通事故に遭うリスク
　　――財務報告の信頼性を脅かすリスクとは全く無関係です。
②災害によって会社が損害を被り、特別損失を計上するリスク
　　――事業には常にリスクが伴いますが、特別損失が正確に把握され、損益計算

書に反映されていれば、財務報告の信頼性を脅かすリスクとはなりません。

③他社から不良な部品を仕入れるリスク

——適切な取引先の選定を誤った結果なのか、あるいは検収が不適切であったのか分かりませんが、被った損失額が正しく財務諸表で把握されていれば、財務報告の信頼性を損なうリスクとはなりません。

④購買基準が未整備で、高い部材を購入してしまうリスク

——③と結果は同じですが、購買基準の未整備は内部統制上、解決すべき課題となります。

⑤会社が受注内容を誤り、顧客の発注内容と異なる製品を配送するリスク

——誤った配送は取引上の信頼関係に影響をもたらしますが、ビジネス上のリスクであり財務報告の信頼性に直接影響をもたらすものではありません。

⑥貸倒引当金の算定を誤り、金額が正確に算定されないリスク

——貸倒引当金の見積を適切に算定できなかったことは、損益計算書の作成を誤り、財務報告の信頼性を損なうことにつながります。

⑦出荷指示書の日程通りに製品／商品が出荷されないリスク

——配送遅延も取引上の信頼関係に影響をもたらしますが、ビジネス上のリスクであり財務報告の信頼性に直接影響をもたらすものではありません。

⑧繰延税金資産の資産性の判定を誤るリスク

——繰延税金資産の資産性の判定を誤ることは、正確な財務諸表の作成ができないことであり、財務報告の信頼性を損なうリスクに当たります。

⑨販売計画に基づく、売上実績が目標未達となるリスク

——売上未達により営業不振に陥ることもあり得ますが、たとえ経営状況が振るわなくとも、業績が正確に決算書に反映されているのであれば、財務報告の信頼性を損なうものではありません。

⑩共謀による売上高の粉飾が起きて会社の信用が失墜するリスク

——共謀による売上高の粉飾は、財務報告の信頼性に直接、深刻な影響をもたらします。財務報告の信頼性を損なうリスクに当たります。

　財務報告の信頼性を脅かすリスク選別するためには、次ページの「考えるヒント」の視点に留意しましょう。

［考えるヒント］

財務報告の信頼性：①財務諸表の作成に関係するかどうか

②財務諸表の正確性や信頼性を損なうかどうか

　リスクの適切な抽出とそれに対応するコントロールの設計ができれば、誰もが無駄のない効率的な内部統制文書に近づくことができます。

Q&A ビジネスリスクを持ち込むな

[Q] 市況の判断を誤って、製造した商／製品の売れ行きが芳しくなく、不良在庫となってしまいました。不良在庫は、会社の財務諸表にはよからぬ影響をもたらし、経営指標にも悪い影響を与えます。そのため、こうしたリスクは内部統制上のリスクとして扱うのが正しいと思いますが、いかがですか？

[A] 不良在庫を抱え込むリスクは内部統制が扱うリスクではありません。不良在庫を抱え込めば、財務諸表にはよからぬ影響をもたらすことになるでしょう。しかし、たとえそうであっても、よからぬ不良在庫の状況が偽りなく、正確に財務諸表に反映されていれば、内部統制として問題は起きません。

　それは、内部統制報告制度の目的が、財務報告の信頼性を実現することにあるからです。財務諸表の信頼性を損なう影響があれば、内部統制として対応しなければなりません。しかし、不良在庫を抱え込んで経営指標が悪化するリスクと、正確で信頼に値する財務諸表が損なわれるリスクとは、お互い別ものです。

　不良在庫を抱え込んでしまうリスクは、事業を行う上で発生するビジネスリスクと考えられ、内部統制が扱うべきリスクとは異なります。内部統制が扱うリスクを的確に把握しておかないと、余分なリスクに対応しようとするあまり、コントロールやキーコントロールがいつの間にか増えてしまい、コストの増加に頭を悩ますことになりかねません。

3. 内部統制を表す文書について

　内部統制を表す代表的な文書に、「全社的な内部統制」があります。企業全体を対象とし、全体が企業集団であれば、それら全てを対象とする内部統制です。また財務報告の信頼性を確保する上で、重要な位置づけとなる決算や開示など財務諸表の作成手続に関わる手続は、「決算・財務報告プロセス」として文書化されます。この他、業務のレベルにあっては「業務プロセスに係る内部統制」を文書で表し、業務プロセスの適切な運営を支援する「IT（情報技術）統制」も同様に文書化されます。いずれの文書も自社の内部統制を表し、評価の対象となるものです。

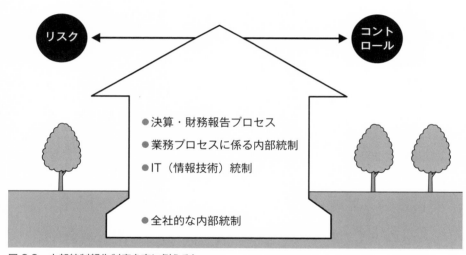

図 2.2　内部統制報告制度を家に例えると

全社的な内部統制とは

　全社的な内部統制は、「（中略）企業全体に広く影響を及ぼし、企業全体を対象とする内部統制であり、基本的には企業集団全体を対象とする内部統制を意味する。」（実施基準Ⅱ.3（2）①）　とされており、具体的に示せば「（中略）全社的な会計方針及び財務方針、組織の構築及び運用等に関する経営判断、経営レベルにおける意思決定のプロセス等がこれに該当する。」（実施基準Ⅱ.3（2））　つまり全社的な内部統制とは、単体企業はもちろんのこと、連結グループの場合には企業集団全体を

対象とする内部統制を意味します。グループ全社にわたる会計方針や財務方針、組織の構築や運用等に関する経営判断、経営レベルにおける意思決定プロセスなど重要な点を含み、内部統制報告制度の基礎をなす文書になります。

実施基準の参考例によれば、全社的な内部統制は、6 つの基本的要素による分類に基づき、42 件の評価項目として示されています。全社的な内部統制を構成する 6 つの基本的要素は次の通りです。これらの要素の下に 42 件の評価項目が分類され、展開されています。

①統制環境

統制環境は、組織の気風を決定し、組織内の全ての者の統制に対する意識に影響を与えます。他の基本的要素の基礎をなし、リスクの評価と対応、統制活動、情報と伝達、モニタリングおよび IT への対応に影響を及ぼす基盤となります。近年の内部統制報告書によれば、組織の気風にかかわるコンプライアンスやガバナンス関連の項目について、開示すべき重要な不備が検出され、内部統制が非有効であると表明する会社の事例が多くなっています（1〜13 評価項目）。

②リスクの評価と対応

組織目標の達成を阻害する要因をリスクとして識別して、分析あるいは評価し適切な対応をとる必要があります。

前述の通り、内部統制で取り扱うリスクは、組織に負の影響をもたらし、会社に損失をもたらすリスクです。組織に正の影響や利益をもたらす可能性は、内部統制の検討対象から除かれます。あらためてリスクの要因を整理します（14〜17 評価項目）。

表 2.1　リスク要因の整理

組織を取り巻く 外部的要因	自然環境	地震、火災など天災
	社会・経済環境	盗難　市場競争の激化　為替や資源相場の変動
組織内で生ずる 内部的要因	システム管理	情報システムの障害や不具合
	個人情報管理	個人情報や高度な経営判断に関わる情報流出、漏えい
	会計管理	会計処理の誤謬　不正行為

③統制活動

　経営者の命令及び指示を適切に実行するために定める方針や手続が統制活動の基礎です。組織の目的を阻害する不正または誤謬が発生するリスクを減らすためには、担当者の権限および職責を明確にすることや、担当者が権限や職責の範囲で適切に業務を遂行する体制を整えることが大切です。職務を複数の者の間で適切に分担または分離させ、相互にけん制を利かせることが求められています（18～24 評価項目）。

④情報と伝達

　必要な情報は識別、把握そして処理され、組織内外や関係者に正しく伝えられ共有される必要があります。組織内では、経営者の方針は組織内の全ての者に適切に伝達されます。そのため不正または誤謬等に関する情報など、内部統制に関わる重要な情報が経営者や組織の管理者に、適時かつ適切に伝わる仕組みづくりが大切です。

　一方、情報は組織外に対しても適切に報告される必要があります。例えば株主、利害関係者、監督機関その他の外部の関係者に対する開示などでは、誤りのない正確な情報を提供し、会社の信頼を確保する必要があります（25～30 評価項目）。

⑤モニタリング

　モニタリングとは、内部統制が有効に機能していることを継続的に評価するプロセスをいいます。モニタリングによって、内部統制は常に監視、評価および是正されます。モニタリングには、日常の業務に組み込まれる日常的モニタリングと業務から独立した、中立的な視点で実施される独立的評価があります。両者は個別にあるいは組み合わせて行われる場合があります（31～37 評価項目）。

● 日常的モニタリング

　通常の業務に組み込まれた一連の手続で、内部統制の有効性を継続的して検討、評価することをいいます。業務活動を遂行する部門で、実施される内部統制の自己点検や自己評価も日常的モニタリングに含まれています。コントロールに改善が必要と認められる場合は、評価項目やプロセスに責任を持つプロセスオーナーなどが進んで改善を施します。問題点や対応策については、上位の管理者に報告されるか、または必要に応じ経営者、取締役会、監査役等に報告することが求められます。

● 独立的評価

　日常的モニタリングでは発見できないような経営上の問題がないかどうか、別の視点から評価するために、定期的または随時に行われるのが独立的評価です。経営者、取締役会、監査役そして内部監査部門が、業務を離れた中立的な立場から実施します。

　経営者自らモニタリングを実施する他、経営者が内部監査部門にモニタリングの実施を指示することもできます。取締役は経営者を管理、監督して、モニタリングの方針づけを行い、監査役は独立的な立場に基づいてモニタリングを実施します。

● モニタリングの結果報告

　内部監査部門や内部監査人は、モニタリングの結果を経営者に報告します。そして必要に応じ、取締役会、監査役等に報告することが求められます。取締役会、監査役による独立的評価の結果は、取締役会に報告され、経営者による適切な対応を求めていくことが大切です。近年、親会社の海外子会社に対する管理、監督機能が問われ、開示すべき重要な不備の事例が増していることを踏まえると、統制環境と併せ注意を要する大切な論点になります（31～37 評価項目）。

⑥ IT（情報技術）への対応

　IT（情報技術）への対応とは、組織目標を達成する方針や手続に沿って、組織の内外のITに対し適切な対応をとることです。業務内容がITに大きく依存し、組織の情報システムがITを高度に取り入れる現代社会では、多くの会社がIT抜きでは業務を遂行することができなくなっています。

　そのためITへの対応は、内部統制の目的を達成するために不可欠の要素であり、内部統制の有効性に関わる判断の基準となります。とりわけ最近の在宅勤務の普及によって、これまでクローズアップされてこなかった個人のパソコンを用いた業務に対するウイルスメールによる感染のリスクの脅威や情報漏えいに対する対応が新たに求められています（38～42評価項目）。

　なお、全社的な内部統制を作成するに当たり、文書形式や様式に特段の定めはありません。そのため、多くの上場企業が実施基準に基づく監査法人の推奨のもと、6つの基本的要素と42件の評価項目を基礎にして全社的な内部統制を文書として作成しています。基本的要素の詳細は、（実施基準Ⅰ.2）に、評価項目の詳細については（実施基準Ⅱ.3（2）①参考1）にそれぞれ詳細に記されていますが、それに基づき6つの基本的要素と42件の評価項目を、以下の一覧で概要を示します。

表 2.2　6 つの基本的要素と 42 件の評価項目

財務報告に係る全社的な内部統制に関する評価項目の例
統制環境
1. 経営者は、信頼性のある財務報告を重視し、財務報告に係る内部統制の役割を含め、財務報告の基本方針を明確に示しているか。
2. 適切な経営理念や倫理規程に基づき、社内の制度が設計・運用され、原則を逸脱した行動が発見された場合には、適切に是正が行われるようになっているか。
3. 経営者は、適切な会計処理の原則を選択し、会計上の見積り等を決定する際の客観的な実施過程を保持しているか。
4. 取締役会及び監査役等は、財務報告とその内部統制に関し経営者を適切に監督・監視する責任を理解し、実行しているか。
5. 監査役等は内部監査人及び監査人と適切な連携を図っているか。
6. 経営者は、問題があっても指摘しにくい等の組織構造や慣行があると認められる事実が存在する場合に、適切な改善を図っているか。
7. 経営者は、企業内の個々の職能（生産、販売、情報、会計等）及び活動単位に対して、適切な役割分担を定めているか。
8. 経営者は、信頼性のある財務報告の作成を支えるのに必要な能力を識別し、所要の能力を有する人材を確保・配置しているか。

9. 信頼性のある財務報告の作成に必要とされる能力の内容は、定期的に見直され、常に適切なものとなっているか。

10. 責任の割当てと権限の委任が全ての従業員に対して明確になされているか。

11. 従業員等に対する権限と責任の委任は、無制限ではなく、適切な範囲に限定されているか。

12. 経営者は、従業員等に職務の遂行に必要となる手段や訓練等を提供し、従業員等の能力を引き出すことを支援しているか。

13. 従業員等の勤務評価は、公平で適切なものとなっているか。

リスクの評価と対応

14. 信頼性のある財務報告の作成のため、適切な階層の経営者、管理者を関与させる有効なリスク評価の仕組みが存在しているか。

15. リスクを識別する作業において、企業の内外の諸要因及び当該要因が信頼性のある財務報告の作成に及ぼす影響が適切に考慮されているか。

16. 経営者は、組織の変更やITの開発など、信頼性のある財務報告の作成に重要な影響を及ぼす可能性のある変化が発生する都度、リスクを再評価する仕組みを設定し、適切な対応を図っているか。

17. 経営者は、不正に関するリスクを検討する際に、単に不正に関する表面的な事実だけでなく、不正を犯させるに至る動機、原因、背景等を踏まえ、適切にリスクを評価し、対応しているか。

統制活動

18. 信頼性のある財務報告の作成に対するリスクに対処して、これを十分に軽減する統制活動を確保するための方針と手続を定めているか。

19. 経営者は、信頼性のある財務報告の作成に関し、職務の分掌を明確化し、権限や職責を担当者に適切に分担させているか。

20. 統制活動に係る責任と説明義務を、リスクが存在する業務単位又は業務プロセスの管理者に適切に帰属させているか。

21. 全社的な職務規程や、個々の業務手順を適切に作成しているか。

22. 統制活動は業務全体にわたって誠実に実施されているか。

23. 統制活動を実施することにより検出された誤謬等は適切に調査され、必要な対応が取られているか。

24. 統制活動は、その実行状況を踏まえて、その妥当性が定期的に検証され、必要な改善が行われているか。

情報と伝達

25. 信頼性のある財務報告の作成に関する経営者の方針や指示が、企業内の全ての者、特に財務報告の作成に関連する者に適切に伝達される体制が整備されているか。

26. 会計及び財務に関する情報が、関連する業務プロセスから適切に情報システムに伝達され、適切に利用可能となるような体制が整備されているか。

27. 内部統制に関する重要な情報が円滑に経営者及び組織内の適切な管理者に伝達される体制が整備されているか。

28. 経営者、取締役会、監査役等及びその他の関係者の間で、情報が適切に伝達・共有されているか。

29. 内部通報の仕組みなど、通常の報告経路から独立した伝達経路が利用できるように設定されているか。

30.	内部統制に関する企業外部からの情報を適切に利用し、経営者、取締役会、監査役等に適切に伝達する仕組みとなっているか。

モニタリング

31.	日常的モニタリングが、企業の業務活動に適切に組み込まれているか。
32.	経営者は、独立的評価の範囲と頻度を、リスクの重要性、内部統制の重要性及び日常的モニタリングの有効性に応じて適切に調整しているか。
33.	モニタリングの実施責任者には、業務遂行を行うに足る十分な知識や能力を有する者が指名されているか。
34.	経営者は、モニタリングの結果を適時に受領し、適切な検討を行っているか。
35.	企業の内外から伝達された内部統制に関する重要な情報は適切に検討され、必要な是正措置が取られているか。
36.	モニタリングによって得られた内部統制の不備に関する情報は、当該実施過程に係る上位の管理者並びに当該実施過程及び関連する内部統制を管理し是正措置を実施すべき地位にある者に適切に報告されているか。
37.	内部統制に係る開示すべき重要な不備等に関する情報は、経営者、取締役会、監査役等に適切に伝達されているか。

ITへの対応

38.	経営者は、ITに関する適切な戦略、計画等を定めているか。
39.	経営者は、内部統制を整備する際に、IT環境を適切に理解し、これを踏まえた方針を明確に示しているか。
40.	経営者は、信頼性のある財務報告の作成という目的の達成に対するリスクを低減するため、手作業及びITを用いた統制の利用領域について、適切に判断しているか。
41.	ITを用いて統制活動を整備する際には、ITを利用することにより生じる新たなリスクが考慮されているか。
42.	経営者は、ITに係る全般統制及びITに係る業務処理統制についての方針及び手続を適切に定めているか。

決算・財務報告プロセスとは

　決算・財務報告プロセスとは、主として経理部門で行われる一連の決算や開示に係るプロセスです。そしてプロセス全体の構成は2つに分類されます。1つは全社的な観点から評価の求められるプロセスであり、もう1つは業務プロセスに分類される固有のプロセスになります。

①全社的な観点で評価される決算・財務報告プロセス

　会計方針、開示や決算手続など全社的な内部統制に準じて評価すべきプロセスであり、実施基準によれば、具体的には次の項目が含まれます。

- 総勘定元帳から財務諸表を作成する手続
- 連結修正、報告書の結合及び組替など連結財務諸表作成のための仕訳とその内容を記録する手続
- 財務諸表に関連する開示事項を記載するための手続
  （実施基準Ⅱ.2（2））

②業務プロセスとして評価される決算・財務報告プロセス

　もう1つは各種引当金、在庫評価や減損など個別の経理業務で、決算・財務報告プロセスの中でも、業務プロセスに分類され、固有の業務プロセスとして評価されます。

③決算・財務報告プロセスの文書作成上の留意点

　全社的な内部統制に準じて評価するプロセスではありますが、実施基準により評価項目が参考例として示されているわけではありません。業務プロセスとして評価される決算・財務報告プロセスにおいても同様です。自社の経理部門で行われる財務諸表作成の手続、連結手続や開示の評価にふさわしい項目を選定して作成します。

　業務プロセスとして評価されるプロセスの中で、自社が直接実施するプロセスに加え、税金計算や退職給付など外部の専門家に業務委託をしている場合があれば、委託先の成果を検証する統制を評価項目の中に組み込んで評価することが必要です。なお、業務委託の取り扱いについては後述します。

業務プロセスに係る内部統制とは

　実施基準では、「経営者は、全社的な内部統制の評価結果を踏まえ、業務プロセスに係る内部統制を評価する（中略）」（実施Ⅱ.3（2）③）と述べられています。業務プロセスとは、企業の事業目的に大きく関わる勘定科目につながる全てのプロセスのことをいいます。企業の事業目的に大きく関わる勘定科目とは、一般的な事業会社でいえば売上、売掛金及び棚卸資産の3つの勘定科目です。これらの勘定につながる全てのプロセスを業務プロセスといいます。企業が複数の事業拠点を持つ

場合には、売上高等を指標に選び出した上位 2/3 に属する拠点を重要な事業拠点として位置づけ、それらの重要な事業拠点が持つ業務プロセスが、内部統制評価の対象となります。

①業務プロセスに係る内部統制文書の参考例

実施基準では、業務プロセスに係る内部統制の文書の参考例として、業務の流れ図、業務記述書およびリスクと統制の対応のいわゆる三点セットを例示しています。

表 2.3　いわゆる三点セットといわれる文書

業務の流れ図	業務の取引の開始から終了までの流れを記載し、リスクとコントロールの所在を図にして示します。一般にフローチャートと呼称されることがあります。
業務記述書	業務の取引の開始から終了までの流れに沿って、それぞれの業務の内容を時点ごとに具体的に説明します。
リスクと統制の対応	リスクとコントロールの内容をそれぞれ具体的に説明し、対応関係を明らかにします。

これらの文書については、「（中略）ただし、これは、必要に応じて作成するとした場合の参考例として掲載したものであり、また、企業において別途、作成しているものがあれば、それを利用し、必要に応じそれに補足を行っていくことで足り、必ずしもこの様式による必要はないことに留意する。」（実施基準Ⅱ.3 (3) ①(注)）、さらに（金融庁Q&A 問 9）【フローチャート等の作成】では「(注) 実施基準においては、必ずしもフローチャート等の作成を求めているものではなく、会社の独自の記録等により内部統制の評価を行うことができるのであれば、それで足りるとしている」と示されています。

このため、本書ではいわゆる 3 点セットの全てのはたらきを 1 つの文書にまとめ上げ、効率的に管理できる雛型を設計しました。

②業務プロセス作成に当たり留意すべき点について

業務プロセスを文書に表す時は、自社が現在持っているコントロールを文書に書きます。背伸びしてあるべき姿を書く必要はありません。それはかえって不備を招く結果となります。またリスクの精査を怠って内部統制が焦点を当てるべきリスク

を読み違えないようにします。安易にコントロールやキーコントロールを増やしてしまうことはせず、文書は無駄なく効率性を考慮して作成します。

●安易にコントロールを増やさない

　業務の態様は会社ごとに異なるために、全社的な内部統制のように、実施基準で評価項目として限定的に挙げることは困難です。そのため、コントロールの数を安易に増やしてしまうことには注意しましょう。初めて文書をつくる会社はつい油断をしてしまうおそれがあります。

　余分なコントロールを盛り込んだ結果、キーコントロールが増えれば、評価の際により多くのサンプルを選ばなければなりません。評価に要するコストに直接影響が及びます。もちろんコントロール不足があってはなりませんが、原則として必要最低限度のリスクとコントロールの関係を見出すことを心がけましょう。

●自社のあるべき姿は書かない

　内部統制文書を書く際に、このようにありたい、このようにあるべきという視点で文書を作成することは禁物です。文書化の担当者の気持ちは分からないこともないのですが、つい部門の将来像やこうあってほしいという希望を、コントロールの中に織り込んでしまうことがあります。将来にはこうあるべきという視点ではなく、いま現在はこうであるというコントロールを文書にしてください。

　なぜかといえば、現状とかけ離れたコントロールを記載してしまうと、文書に記載されたコントロールが実施されておらず、評価の際に文書と実務の間で食い違いが起きるおそれがあります。それは不備の一因ともなり得ます。内部統制は原則として、毎期の評価の繰り返しです。最初から背伸びをしたコントロールを設計せず、自社が現在できるところからはじめて、徐々に品質の向上に努める方が、制度の趣旨に合致しています。

●業務の変更等が想定される場合の対応

　期中に組織改編、新システムの導入などが想定される場合、新たな文書の作成はラフスケッチ程度に止めておく。想定されるリスクとコントロールを書き留めておき、実際の情報が入りしだい、文書を書き始める方が効率的です。

●部門間の類似した業務の流れは1つの文書で済ませる

　部門が異なっていたとしても、業務の手順やコントロールが共通する場合があります。例えばA部門とB部門の間で共通の手続やコントロールを有していた場合、まずA部門の文書を作成します。その上でB部門の文書には、A部門と共通する手続やコントロールは文書とせずに、A部門の文書を参照する旨記載して済ませます。こうすることで、重複する文書を作成する必要はなくなり、効率化が図られます。

IT（情報技術）統制とは

　実施基準によると、「（中略）ITの統制は、全般統制と業務処理統制に分けられるが、経営者はこの両者を評価する必要がある。」（実施基準Ⅱ.3（3）⑤イ）とあります。ITを用いた統制活動は、2種類に分類されます。1つは、システムの開発や運用、アクセス管理や外部委託に関するIT全般統制です。もう1つは、社内で適切に承認された業務を正確に処理、記録するため業務プロセスに組み込まれたIT業務処理統制です。

① IT 全般統制

　IT全般統制は、IT業務処理統制が有効に機能する環境を保証し、支援するための統制活動です。そのためIT全般統制の有効性がIT業務処理統制のはたらきや有効性を左右することになります。IT全般統制とは、以下の業務を対象としています。

　・システムの開発を行い、保守を管理すること
　・システムの運用を管理すること
　・内外からのアクセス管理などシステムの安全性を確保すること
　・業務を外部に委託した場合の契約を管理すること

② IT 業務処理統制

　IT業務処理統制とは、承認された業務が全て正確に処理、記録されることを確保するために業務プロセスに組み込まれた統制活動です。具体的に以下の項目が挙

げられます。

- ・入力情報の完全性、正確性、正当性等を確保する統制
- ・例外処理（エラー）の修正と再処理
- ・マスタ・データの維持管理
- ・システムの利用に関する認証、操作範囲の限定などアクセスの管理

　IT業務処理統制はいったん業務に組み込めば、反復継続してはたらく自動による統制が多いですが、中にはシステムによる統制と人の手によるマニュアル統制の複合型の統制も存在しています。

　例えば、売掛金を管理する売掛金の年齢表（残高や回収期限を管理できるリストで、一般にはエイジングリストと称されます）が自動統制によって作成され、それに基づき人の手によって適切に回収業務が管理される統制が複合型の統制に当たります。本書の雛型では、IT業務処理統制は業務プロセスに係る内部統制の中に織り込んで示しています。

> **Q & A** 内部統制報告制度の原則と例外的取扱い
>
> [Q]　当社は、国内外にいくつかの子会社を展開するサービス業です。今回上場を目指しています。そのため、上場に際しては、内部統制文書を準備しなければなりません。
>
> しかし社内の陣容が整わず、リソースが不足しています。にもかかわらず、上場時には内部統制報告制度の導入を踏まえ、外部の監査人による監査が求められることになるのでしょうか。
>
> [A]　金融商品取引法によれば、規模の大小に限らず上場企業の全ては内部統制報告制度を導入して対応することが求められています。したがって経営者は上場を果たした後、最初にやってくる事業年度末に、自社の内部統制の評価結果を内部統制報告書に基づき表明しなければなりません。ただし、新規の上場企業には一定の条件のもと、3年間は外部監査人による監査の免除が認められています。

ここで誤解をしてはならないことがあります。それは、監査は免除となりますが、内部統制報告制度の導入と経営者による評価の実施まで免除となるわけではないという点です。3年間の監査の免除が認められるのは、上場日以後3年間自社の内部統制を評価して、その結果について内部統制報告書を提出することが条件です（金融商品取引法 第193条の2第2項4号）。

　　つまり監査は3年間免除とはなりますが、内部統制報告制度の導入と評価は免除にはならないということになります。また、もう1つ注意すべき点があります。上場日の直前の事業年度に資本金が100億以上の企業、または負債が1,000億円以上の会社は監査が免除とはなりません。新規上場企業とはいえ、経済社会に与える影響の大きさを考慮しての対応であると考えられます。

4. 内部統制は誰がどのように評価するのか

　　内部統制は原則として毎年評価する必要がありますが、大きく分けて二段階のステップを踏みます。第一段階は、整備状況評価であり、第二段階が運用状況評価です。それぞれのステップで経営者が評価を行い、その結果を踏まえ外部の監査人が監査をして、有効性を確認します。

内部統制は誰が評価するのか

　　経営者自らが内部統制を評価し、その結果を表明します。「経営者は、組織の全ての活動について最終的な責任を有しており、その一環として、取締役会が決定した基本方針に基づき内部統制を整備及び運用する役割と責任がある。経営者は、その責任を果たすための手段として、社内組織を通じて内部統制の整備及び運用（モニタリングを含む。）を行う。」（実施基準Ⅰ.4 (1)）とあります。

　　しかし、全てを経営者が評価することは困難です。そこで、経営者の指揮の下で評価を補助する部門や部署を設けることができます。ただし、それらの部門や部署は評価の対象となる業務から独立して客観性を保つことが求められます。自部門を評価することにならない範囲で、経理部門、内部監査部門あるいは各部門から選抜

により評価チームを構成することもあり得ます。

　さらに補助する部門や要員の独立性、客観性に加え、求められる能力についても、実施基準は次のように定めています。「経営者を補助して評価を実施する部署及び機関並びにその要員は、（中略）客観性を保つことが求められる。また、評価に必要な能力を有していること、すなわち、内部統制の整備及びその評価業務に精通していること、評価の方法及び手続を十分に理解し適切な判断力を有することが必要である。」（実施基準Ⅱ.3（1）①）

　経営者は、内部統制に精通し、適切な判断力を持つ部門や部署の部員を指揮することができます。そして、独立かつ客観的な立場から内部統制を評価し、その結果を表明する役割と責任を持つことになります。

①専門家の活用

　財務報告に係る内部統制の評価の一部を、社外の専門家を利用して実施できます。ただし、専門家による評価の結果を証拠として利用するかどうかについては、経営者が自らの責任において判断する必要があり、評価結果の最終的な責任は経営者が負います。

　したがって、専門家の選定には、次のことに注意が必要です。

　イ．専門家が、単に業務の専門的知識のみならず、内部統制の評価について経営者の依頼内容を達成するのに必要な知識と経験を有していること

　ロ．専門家に業務を依頼するにあたり、評価手続の具体的内容、評価対象期間、評価範囲、サンプル件数等の基本的要件を明確にすること

　ハ．評価手続や業務の内容を明確にするため、専門家から経営者に提出される報告に盛り込まれるべき事項を明確にすること

　ニ．専門家が実施する業務の進捗状況を定期的に検証すること

　ホ．専門家が実施した業務結果が、依頼した基本的内容を満たしているか確認すること

　（実施基準Ⅱ.3（1）②）

整備状況を評価するとは

　整備状況の評価では、自社の内部統制を示した内部統制文書が、実際の実務を適切に反映し、リスクを低減できているかどうかを確認します。まず、1つの取引に用いた実際の帳票、証憑や文書などのサンプルを任意に1件抽出します。次に、内部統制の実際の仕組みが文書の示す通り整備され、リスクを低減する設計になっているかどうか、プロセスの業務の開始から終了までの流れに沿って、全てのコントロールを対象に検証します。

　例えば、業務プロセスを構成する、受注に関わるサブプロセスを評価するのであれば、1つの受注取引に関連する全てのエビデンスを任意に1件抽出します。エビデンスは任意の抽出ですが、なるべく最近のものを選ぶようにします。次に受注の開始から承認による終了まで、業務手順の流れに沿って、全てのコントロール（キーコントロールを含む）を検証していくのが整備状況評価です。

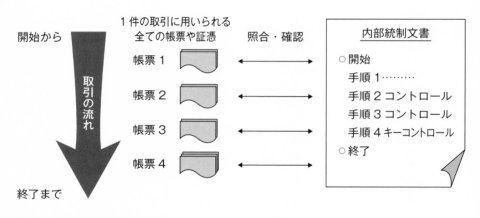

図 2.3　整備状況評価とは

運用状況を評価するとは

　任意に選んだ1つの取引を使い、内部統制の仕組みが適切に整備されているかどうか、全てのコントロールを確認するのが整備状況評価です。これに対し、運用状況の評価はキーコントロールが設計者の意図した通り、適切にはたらいているかどうかを確認します。すなわちキーコントロールの具体的な運用面に焦点を当てて、

評価をするのが運用状況評価になります。評価のために抽出される実際の帳票、証憑や文書などのサンプルの数は、1件ではなくキーコントロールがはたらく頻度に応じて定められています。

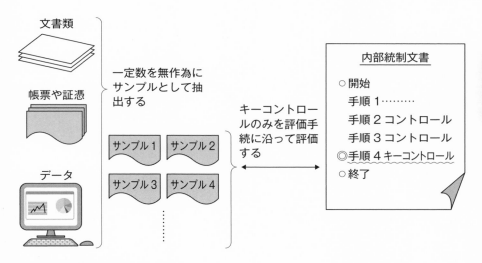

図2.4　運用状況評価とは

トップダウン型のリスクアプローチ

　内部統制を評価する手順として、まず企業のグループ全体に関わる全社的な内部統制を評価します。その評価の状況や結果を把握した上で、各業務プロセスに関わる内部統制を評価します。つまり、企業の基礎となる統制の有効性を見極めた上、必要と認められる範囲で、各業務プロセスを評価するというアプローチをとります。これをトップダウン型のリスクアプローチといいます。実施基準では、このトップダウン型のリスクアプローチを次のように述べています。

　　経営者は、全社的な内部統制の評価結果を踏まえて、業務プロセスに係る内部統制の評価の範囲、方法等を決定する。例えば、全社的な内部統制の評価結果が有効でない場合には、当該内部統制の影響を受ける業務プロ

セスに係る内部統制の評価について、評価範囲の拡大や評価手続を追加するなどの措置が必要となる。

　一方、全社的な内部統制の評価結果が有効である場合については、業務プロセスに係る内部統制の評価に際して、サンプリングの範囲を縮小するなど簡易な評価手続を取り、又は重要性等を勘案し、評価範囲の一部について、一定の複数会計期間ごとに評価の対象とすることが考えられる。

（実施基準Ⅱ.3（2）③）

　こうしてトップダウン型のリスクアプローチに従った場合、概ね次のような順序で評価が進められることが想定できます。

①全社的な内部統制の評価
②全社的な内部統制に準じて評価すべき決算・財務報告プロセス
③重要な事業拠点における業務プロセスに係る内部統制
④業務プロセスに組み込まれたIT業務処理統制とそれを支援するIT全般統制
⑤固有の業務プロセスとして評価する決算・財務報告プロセス
⑥その他個別に評価対象に追加する重要性の大きい業務プロセス

コラム

自社のリスクを把握している経営者がすべきこと

　整備や評価に当たり、経営者が外部の監査人やコンサルタントにアドバイスを求めれば、有意義な意見を得ることができると思います。しかし、監査人やコンサルタントのいう通りに、整備や評価を行う必要があるかといえば、その必要はありません。「監査人等の指摘には必ず従うべきか」（11の誤解6）では、経営者が陥りやすい誤解の解消に努めています。

　自社の内部統制の整備と評価の責任は、経営者にあります。それは、会社のリスクを最も熟知しているのは経営者だからです。経営者は自ら自社の内部統制を整備して評価するため、必要なマニュアルやツールを自由に

活用し、システムを開発することができます。したがって、監査法人やコンサルティング会社の開発したマニュアル、内部統制のツールやシステムなどを使用しなければならないということはありません。

しかし、評価や監査の過程で、外部の監査人とは、必要に応じその都度協議をする場面も少なくありません。また内部統制の最新情報や法令の改廃などの情報も外部の監査人からもたらされることが多いと考えられます。こうしたことを考慮すると、それぞれお互いのすべきことを踏まえ、良好な関係に基づいて内部統制の運用ができればよいと考えられます。

5. 内部統制の評価範囲の決め方がコストを決める

　内部統制の評価範囲を決めることは、会社にとって非常に大切な判断です。それは範囲の決定によっては、その後会社が負担するコストに大きく影響するからです。そのため内部統制の評価範囲を決める際は、慎重な対応が求められます。また、実施基準は「財務報告に係る内部統制の有効性の評価は、原則として連結ベースで行うものとする」（実施基準Ⅱ.2（1）①）、と定めているため、評価の範囲は常に連結ベースで考える必要があります。

全社的な内部統制の評価範囲を決める

　原則として全ての事業拠点が、全社的な内部統制の評価範囲となります。連結グループであれば子会社、持分法が適用される関連会社もその対象に含まれます。ただし、売上高で全体の上位95％に入らない連結子会社は、財務報告に対する影響の重要性が僅少である事業拠点として評価の範囲から除くことができます。

　本社を含む各事業拠点の売上高等が多い拠点から順に、合算累計した時（内部取引は原則として消去）、連結売上高の95％に達する事業拠点までが評価の範囲であり、残りの5％は評価の枠外とすることができます。ただし残り5％について、「（中略）その判断は、経営者において、必要に応じて監査人と協議して行われるべきものであり、特定の比率を機械的に適用すべきものではないことに留意する。」（実施基準Ⅱ.2（2）（注1））ことが必要になります。

実施基準は、重要性の観点から5%については評価の対象外とすることを認めながら、機械的な適用をすべきではないとしています。他方で、5%の枠にかかわらず、拠点の特性から重要性が認められる場合は、個別に評価対象となり得ることにも注意をしておく必要があります。例えば、ものづくりの会社でいえば、工場などがこれに当たる場合があります。

| 連結グループ売上高 | 連結売上高の上位95%に含まれる事業拠点 | 5% |

全社的な内部統制、全社的な観点で評価する
決算・財務報告プロセスの評価対象範囲　　　　　　　(*)対象外

(*)事業拠点の重要性に応じて対象とすることもあります。

拠点	連結売上高	全体に占める比率	累計比率	
親会社	40,000 千円	40%	40%	連結売上高95%までが評価対象の事業拠点です
子会社1	30,000 千円	30%	70%	
子会社2	15,000 千円	15%	85%	
子会社3	11,000 千円	11%	96%	
子会社4	3,000 千円	3%	99%	95%に入らない5%は評価対象外とできます
子会社5	1,000 千円	1%	100%	
連結売上高	100,000 千円	100%	—	

図2.5　全体的な内部統制等の評価の範囲を決める

①事業拠点の認識

　全社的な内部統制において評価の対象となる事業拠点は、「必ずしも地理的な概念にとらわれるものではなく、企業の実態に応じ、本社、子会社、支社、支店の他、事業部等として識別されることがある。」（実施基準Ⅱ.2（2）①（注1））　内部統制上の事業拠点とは本社、子会社、支社、支店や事業部などであり、必ずしも地理的な概念にとらわれる必要はありません。

　例えば、ある連結グループで親会社の傘下に複数の子会社を持ち、各子会社では複数の事業を展開するために、国内外のエリアに支店を配置していたとします。事業拠点を、各法人格を単位に親会社、各子会社というように認識することもできますが、法人格の枠にとらわれず、事業を単位に分類することもできます。支店単位の分類でもよし、地理的な概念にとらわれず、国内外の地域エリアに基づく単位で事業拠点を括ることも可能です。

②内部統制の効率化を意識して事業拠点を括る

　事業拠点の選び方によっては、売上高など上位95%の範囲に収まる企業集団の数が変動します。法人格を事業拠点の単位として考え、親会社に続く子会社を上位から順に一社ずつ個別に加算していく場合と、事業部という大きな単位を事業拠点として扱って加算した場合、双方を比べると売上高の大小によって、文書化すべき対象範囲が大きく異なることが起き得ます。

　例えば、会社や支店や地理的な場所が異なっていたとしても、同一の事業に取り組む中で、共通のルール、似通った業務手順を持ち、共通のシステムを使っている場合があれば、1つの事業拠点として考えることを検討します（次ページの図2.6を参照）。

　複数の会社や支店を1つの事業部として括れば、内部統制文書を作成する対象範囲は大幅に異なってきます。共通のルール、手順やシステムといった文書作成の効率化の視点で事業拠点を捉えられれば、その後の内部統制の文書管理や評価コストに、大きく差が出ます。こうして評価範囲の決定は、はじめから慎重に進める必要があります。

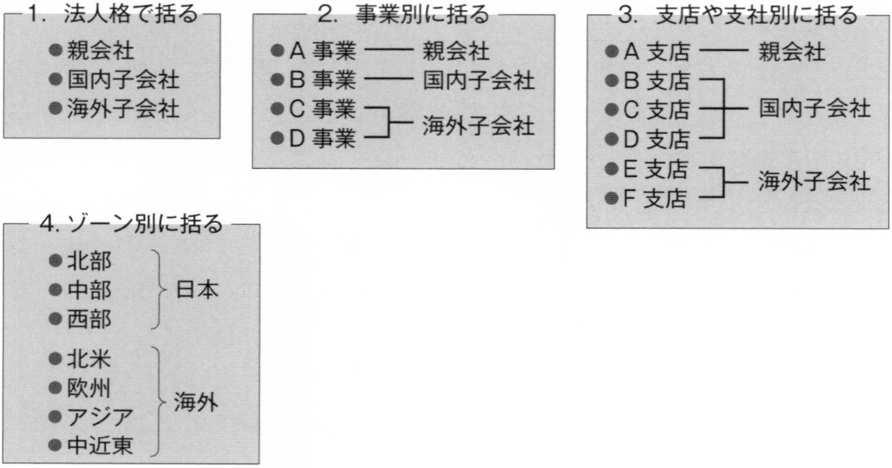

図 2.6　内部統制の事業拠点を括る

決算・財務報告プロセスの評価範囲を決める

　主として経理部門が担当する決算・財務報告プロセスのうち、全社的な観点で評価されるプロセスは、全社的な内部統制に準じて、評価の範囲に含まれる事業拠点について全社的な観点で評価します。そのため、自社の総勘定元帳から財務諸表を作成する手続に加え、連結決算手続、開示事項記載の手続を評価の範囲として把握します。

　さらに、引当金の計算、製品評価や減損など個別の経理業務で、固有の業務プロセスとして評価すべきプロセスを選定して決算・財務報告プロセス全体の評価範囲とします。

業務プロセスに係る内部統制の評価範囲を決める

　業務プロセスにかかる内部統制の評価範囲を決める場合、最初に連結ベースにおける売上高の上位に属する事業拠点を重要な事業拠点として位置づけます。そして重要な事業拠点の事業目的に大きくかかわる勘定科目に至る業務プロセスが原則として、内部統制の評価の対象となります。

①重要な事業拠点を評価の対象として選ぶ

　全社的な内部統制の評価結果が良好であることを前提に、本社を含む各事業拠点の売上高等の金額の高い拠点から合算して、連結ベースの売上高等の概ね 2/3 程度（上位 67%）に達した事業拠点を重要な事業拠点として位置づけ、評価の対象とします。

　実施基準は、この評価範囲の線引きについて、企業によって事業や業務の特性等が異なることから、一律に示すことは困難であるとしながらも、「（中略）全社的な内部統制の評価が良好であれば、例えば、連結ベースの売上高等の一定割合を概ね 2／3 程度（中略）」（実施基準Ⅱ.2（2）①（注2））として範囲決定の目安としています。

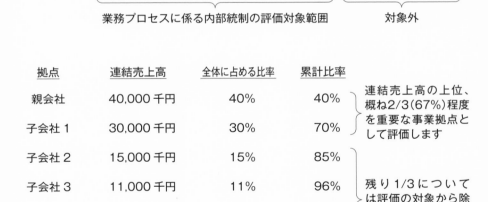

拠点	連結売上高	全体に占める比率	累計比率	
親会社	40,000 千円	40%	40%	連結売上高の上位、概ね2/3（67%）程度を重要な事業拠点として評価します
子会社 1	30,000 千円	30%	70%	
子会社 2	15,000 千円	15%	85%	残り 1/3 については評価の対象から除外できます
子会社 3	11,000 千円	11%	96%	
子会社 4	3,000 千円	3%	99%	
子会社 5	1,000 千円	1%	100%	
連結売上高	100,000 千円	100%	—	

図 2.7　業務プロセスに係る内部統制の評価の範囲を決める

②効率化を踏まえた重要な事業拠点の捉え方

　親会社の定める同じルールに服し、親会社が統轄するシステムの下で、同一の製品を販売する子会社が複数あるとします。異なる地域や国で業務をしていても、業務プロセスが類似することで同一事業を営む拠点として扱うことができれば、文書管理や評価コストを相当程度削減することにつながります。

　事業拠点の選定に当たっては、全社的な内部統制と同じように、法人格、会社、支社、支店、事業部という認識の単位に加え、共通のルール、システムや業務手順に着目し、事業拠点を括ることが、内部統制の効率化や省力化に貢献します。

③重要な事業拠点が持つ業務プロセス

　重要な事業拠点において、企業の事業目的に大きく関わる勘定科目に至る業務プロセスは、原則として全てが評価の対象となります。一般的な事業会社の場合、企業の事業目的に大きく関わる勘定科目は原則として売上、売掛金及び棚卸資産であり、そこに至る全ての業務プロセスは評価の対象です。

　しかし、たとえ企業の事業目的に大きく関わる勘定科目に至る業務プロセスであっても、評価の是非を個別に検討し、財務報告に対する影響の重要性が僅少である業務プロセスについては、それらを評価対象から除くことができます。例えば次のような例が考えられます。

●企業特性や虚偽発生のリスクに基づく個別判断

　棚卸資産に至る業務プロセスに関連する在庫管理、期末棚卸、資産の購入や原価計算プロセスを評価する際は、「（中略）これらのうち、どこまでを評価対象とするかについては、企業の特性等を踏まえて、虚偽記載の発生するリスクが的確に把えられるよう、適切に判断される必要がある。」（実施基準Ⅱ.2（2）②イ）として、評価対象とするかどうかについて、企業の特性とリスクに考慮して個別の判断に委ねられています。

●全工程が評価対象とならない原価計算プロセス

　原価計算プロセスについては、「（中略）期末の在庫評価に必要な範囲を評価対象とすれば足りると考えられるので、必ずしも原価計算プロセスの全工程にわたる評

価を実施する必要はないことに留意する。」（実施基準Ⅱ.2（2）②イ）としており、在庫の評価を評価対象とすることから全工程は評価の対象にならないと考えられます。

● 連結合計額の概ね5％程度は評価の対象外

　企業の事業目的に大きく関わる勘定科目に至る業務プロセスの合算額が、その勘定科目の連結合計額の概ね5％程度以下となる時は、評価の対象から除くことができます。重要な事業または業務との関連性が低く、財務報告に対する影響の重要性も僅少なものとして考えられるからです。

　例えば、ある子会社で新規事業を立ち上げ、一定の売上高を計上したとします。売上は企業の事業目的に大きく関わる勘定科目ですが、その新規事業の売上高が連結合計売上高の概ね5％程度以下となる時は、評価対象から除くことができます。

　評価の効率化の一環とも考えられますが、他方で実施基準は「なお、この「概ね5％程度」については機械的に適用すべきでないことに留意する。」（実施基準Ⅱ.2（2）②イ（注2））と定め、一律的な適用に注意を喚起しています。評価範囲の除外については、後々問題とならぬように外部の監査人と十分な協議を行い、適切に決定してほしいと思います。

④個別に評価対象に追加する重要な業務プロセス

　重要な事業拠点の業務プロセスの他にも、財務報告への影響を勘案し、重要性の大きさを個別に評価した結果、評価対象に加える業務プロセスがあります。具体的には次のようなプロセスがそれに当たります。それらの多くは決算・財務報告プロセスの中で取り扱われ、個別に評価されることが多いと考えられます。

---

　a．リスクが大きい取引を行っている事業又は業務に係る業務プロセス

　　たとえば、財務報告の重要な事項の虚偽記載に結びつきやすい事業上のリスクを有する事業又は業務（たとえば、金融取引やデリバティブ取引を行っている事業又は業務や価格変動の激しい棚卸資産を抱えている事業又は業務など）や、複雑な会計処理が必要な取引を行っている事業又は業務

を行っている場合（中略）。

b. 見積りや経営者による予測を伴う重要な勘定科目に係る業務プロセス

　たとえば、引当金や固定資産の減損損失、繰延税金資産（負債）など見積りや経営者による予測を伴う重要な勘定科目に係る業務プロセスで、財務報告に及ぼす影響が最終的に大きくなる可能性があるもの（中略）。

c. 非定型・不規則な取引など虚偽記載が発生するリスクが高いものとして、特に留意すべき業務プロセス

　たとえば、通常の契約条件や決済方法と異なる取引、期末に集中しての取引や過年度の趨勢から見て突出した取引等非定型・不規則な取引を行っていることなどから虚偽記載の発生するリスクが高いものとして、特に留意すべき業務プロセス（中略）。

d. 上記その他の理由により追加的に評価対象に含める場合において、財務報告への影響の重要性を勘案して、事業又は業務の全体ではなく、特定の取引又は事象（あるいは、その中の特定の主要な業務プロセス）のみを評価対象に含めれば足りる場合には、その部分だけを評価対象に含める（中略）。（実施基準Ⅱ.2（2）②ロ）

⑤重要な事業拠点の関連会社

　関連会社の売上高は、会計上親会社の持分が変動するだけで連結売上高には反映されません。重要な事業拠点を選定する場合について、実施基準には「関連会社については、連結ベースの売上高に関連会社の売上高が含まれておらず、当該関連会社の売上高等をそのまま一定割合の算出に当てはめることはできないことから、別途、各関連会社が有する財務諸表に対する影響の重要性を勘案して評価対象を決定する。」（実施基準Ⅱ.2（2）①（注3））と定めただけに留まり、具体的な算定方法については触れていません。

　これについては、以下の（金融庁 Q&A 問5）【重要な事業拠点の選定（関連会社）】に具体的な方法が示されています。必要に応じて監査人と協議し、経営者が適切に判断すべき評価方法をとるようにと答えながら、次の方法を認めています。

・関連会社の利益に持分割合を乗じた金額と連結税引前利益とを比較する方法

・関連会社の売上高に持分割合を掛けた金額と連結売上高とを比較する方法

以下に、質疑応答の全てを引用します。

問）実施基準において、「関連会社については、連結ベースの売上高に関連会社の売上高が含まれておらず、当該関連会社の売上高等をそのまま一定割合の算出に当てはめることはできないことから、別途、各関連会社が有する財務諸表に対する影響の重要性を勘案して評価対象を決定する。」（実施基準Ⅱ2（2）①（注3））とあるが、たとえば、関連会社の利益に持分割合をかけたものと連結税引前利益とを比較する方法のほか、関連会社の売上高に持分割合を掛けたものと連結ベースの売上高とを比較する方法を採用することで問題はないか。

答）実施基準に記載のとおり、評価対象とする関連会社の範囲については、財務報告に対する各関連会社の影響の重要性を勘案して、必要に応じて監査人と協議して、経営者において適切に判断されるべきものと考えるが、御指摘のような方法も一法としてあり得ると考えられる。

（Q&A問5）【重要な事業拠点の選定（関連会社）】

---

⑥重要な事業拠点はいつも同じとは限らない

　グループの重要な事業拠点の売上高は常に変動します。そして買収や売却、統廃合などによって重要な事業拠点自体もまた同じように変わります。このため、業務プロセスに係る内部統制の対象となる重要な事業拠点は、常に同じ顔ぶれになるとは限りません。新たな事業拠点が評価の範囲に入るかたわら、これまで評価対象であった事業拠点が枠外となることも起こり得ます。

　これまで評価の対象であった事業拠点が評価の枠外になった時、評価から解放されたとばかり、これまで実施してきた、せっかくの内部統制活動による評価を中断してしまうことがあります。確かに、評価の対象外となって整備、運用状況評価の

義務づけはなくなりますが、全く評価を止めてしまわず、サンプル数を縮小するなど簡易な方法をとり、自己点検の一環として評価を継続して実施することを勧めます。

Q&A 評価範囲の決定について

[Q] わが社では、期首に前期の売上高実績と今期予算をベースにして、概ね2/3程度の範囲を踏まえて、業務プロセスに係る内部統制を整備する重要な事業拠点を決めています。しかし、期中になって事業拠点の売上高が変動し、期首に考えていた範囲では、求められる評価範囲をカバーできないことが起こることも考えられます。こうした場合はどうしたらよいでしょうか。

[A] 事業拠点の売上高は前期実績や今期予算にかかわらず変動します。業務プロセスに係る内部統制について、決算が近づくにつれ、連結売上高の概ね2/3程度で想定した評価範囲では間に合わず、対応に慌てるといったケースを耳にすることがあります。実施基準では、全社的な内部統制が良好であることを前提に、連結売上高などの一定割合（概ね2/3程度）の範囲に収まる重要な事業拠点を評価すべきとしています。

　しかし、もしもこれを著しく下回り、求められる評価範囲をカバーできなければ、それは内部統制が整備されていないと判断され、開示すべき重要な不備になることが懸念されます。評価範囲を決定する際には、連結売上高の概ね2/3程度（67%）という基準に対し、変動を想定して余裕を持たせることを勧めます。（Q&A 問26）【連結ベースの売上高等の一定割合】では、評価範囲を前もって80%にまで拡大させておく必要があるかどうかと質問をしています。80%までとはいわないながら、自社のこれまでの売上実績に基づく伸び率や趨勢を踏まえ、合理的な範囲内で余裕を持って評価の範囲を想定しておく必要があります。

IT（情報技術）統制の評価範囲を決める

IT（情報技術）統制のうち IT 全般統制の評価範囲は、全てのシステムに及ぶわけではありません。そもそも IT 全般統制は、IT 業務処理統制が有効に機能することを支援することが目的です。したがって、まず IT 業務処理統制が組み込まれたシステムを特定し、システムを支える IT 基盤を把握します。IT 全般統制は IT 基盤をもとにしてつくられるため、IT 基盤を把握すれば評価の範囲を定めることができます。

① IT 業務処理統制が組み込まれたシステムを特定する

実施基準には「財務報告に係る IT の評価では、まず、財務報告に係る内部統制に関連するシステムの対象範囲を明確にする必要がある。」（実施基準Ⅱ.3（3）⑤ロ a）とあります。そのため、第一に業務プロセスの取引の発生から集計、記帳という会計処理過程の中で、会計システムのような財務報告に関連するシステムを把握し、関連のないシステムは評価の対象から除外します。次に評価の対象として把握したシステムの中で IT 業務処理統制を特定します。そして、IT 業務処理統制を持たないシステムは、評価の対象から除外します。

② IT 基盤を把握する

こうしてシステムが明確になったら、システムを支援する IT 基盤を把握します。IT 基盤の概要を把握するには、例えば、以下のような項目について注目します。

- ・IT に関与する組織の構成
- ・IT に関する規程、手順書等
- ・ハードウェアの構成
- ・基本ソフトウェアの構成
- ・ネットワークの構成
- ・外部委託の状況
  （実施基準実施基準Ⅱ.3（3）⑤ロ b）

---

③ IT 全般統制の評価範囲を定める

　一般的にいえば「IT に係る全般統制は、IT 基盤の概要をもとに評価単位を識別し、評価を行う。」（実施基準Ⅱ.3（3）⑤ハ）ことになります。

　通常、IT 全般統制は IT 基盤を単位としてつくられるため、IT 基盤が把握できれば、それ自体を IT 全般統制の評価範囲として認識することができ、同時に評価すべき IT 業務処理統制も識別することができます。中には IT 基盤を横断して統制が構築される場合もあり、その時は IT 基盤に沿って IT 全般統制を整理し直して評価範囲を定めます。

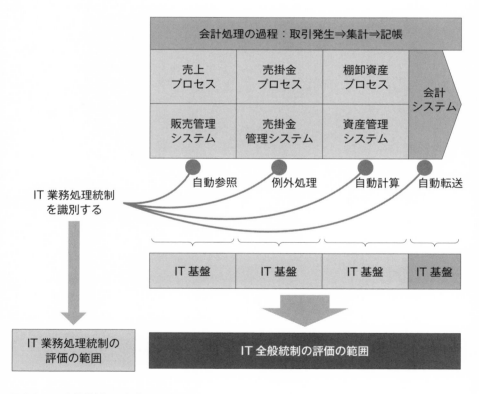

図 2.8　IT 全般統制の評価範囲を定める

子会社や関連会社の評価について

　連結子会社や関連会社は、ともに内部統制の評価範囲に含まれます。中には上場している子会社や関連会社でありながら、他の会社の子会社であり、その親会社が上場していることもあり得ます。在外子会社の評価を含め実施基準は次のように対応しています。

①上場子会社の評価について

　内部統制の有効性は子会社を含む連結ベースで評価されます。ところで評価範囲に含まれる子会社が上場している場合、実施基準に従って自社の内部統制の有効性を評価し、監査を受けていることが考えられます。こうした場合の対応として、実施基準は次のように示しています。

　「（中略）。なお、子会社が上場しており、当該子会社が本基準に基づき内部統制報告書を作成し監査を受けている場合、親会社は、当該子会社の財務報告に係る内部統制の有効性の評価に当たって、当該子会社の財務報告に係る内部統制報告書（内部統制報告書が作成途上である場合における当該子会社からの報告等を含む）を利用することができる。」（実施基準Ⅱ.2（1）①イ）

　つまり、親会社は、自社グループの評価に当たり、傘下の子会社が内部統制について評価をしていれば、その財務報告に係る内部統制報告書を利用するか、あるいは内部統制報告書に代わる子会社からの報告を以て評価に代えることができます。

②在外子会社の評価について

　在外子会社も、日本の内部統制報告制度の対象となります。そして、海外子会社の所在地国に内部統制の制度がある場合、弾力的な運用が認められています。実施基準では「（中略）当該在外子会社等について、所在地国に適切な内部統制報告制度がある場合には、当該制度を適宜活用することが可能である。」（実施基準Ⅱ.2（1）①ハ）として海外の制度の適用も是認しています。

　さらに所在地国に内部統制報告制度がない場合であっても、「（中略）歴史的、地理的な沿革等から我が国以外の第三国の適切な内部統制報告制度が利用できることが考えられ、そのような場合には、これを適宜活用することが可能である。」（実施基準Ⅱ.2（1）①ハ）として、第三国の仕組みを活用できる余地も残しています。

③関連会社の評価について

　持分法が適用される関連会社も内部統制の評価の範囲に含まれます。関連会社の中には、自社が内部統制の評価を行っている場合があります。またそれ以外にも、関連会社が他の会社の子会社であって、その親会社が関連会社の内部統制を評価していることも考えられます。こうした場合について、実施基準は次のように定めています。

● 関連会社が自社の内部統制を評価している場合

　「当該関連会社が本基準に基づき内部統制報告書を作成し監査を受けている場合（以下略）」（実施基準Ⅱ.2（1）①ロ）は、親会社は関連会社による内部統制報告書を用いて、自グループの内部統制の有効性に関する評価結果として利用できます。

　親会社は、傘下の関連会社が内部統制について評価をしていれば、その財務報告に係る内部統制報告書を利用することで、評価に代えることができます。

● 関連会社が他の会社の子会社で、その親会社が自社の内部統制を評価している場合

　実施基準では、次の2通りの対応を認めています。「（中略）①当該親会社の内部統制報告書又は②当該親会社が当該関連会社の財務報告に係る内部統制の有効性に関して確認を行っている旨の書面を利用することができる。」（実施基準Ⅱ.2（1）①ロ（注1））

　つまり、関連会社の属する親会社の内部統制報告書を入手するか、あるいは関連会社の属する親会社が当該関連会社の内部統制の有効性に関して確認を行った旨が示された書面を求めるか、いずれかの方法により、自グループの内部統制の有効性に関する評価結果として利用することができます。

● 関連会社の状況に応じた評価

　子会社と異なり関連会社の場合は、他の支配株主、投資持分や持分法損益の状況、役員（取締役、監査役等）の派遣や兼任の状況などによって、親会社が子会社と同様の評価を行えないことも考えられます。

　「（中略）そうした場合には、全社的な内部統制を中心として、当該関連会社への質問書の送付、聞き取りあるいは当該関連会社で作成している報告等の閲覧、当該

関連会社に係る管理プロセスの確認等適切な方法により評価を行う必要がある。」（実施基準Ⅱ.2（1）①ロ）こうした具体的な対応は、関連会社の実情を踏まえた適切な処置が必要であると考えられます。

さらに、それでも「（中略）当該評価が行えないなど、特段の事情がある場合には、当該関連会社に対する投資損益の把握などの管理プロセスの確認等の適切な方法により評価を行うことができることに留意する。」（実施基準Ⅱ.2（1）①ロ（注2））と定めています。特別な状況下でも、投資損益算定のための手続について分析を行うなど、工夫して評価をすることを求めています。

表2.4　子会社・関連会社の評価について

	子会社・関連会社の状況	評価の方法
子会社の評価	子会社は上場している	・子会社の内部統制報告書を利用する ・子会社からの報告等を利用する
	子会社は上場していない	・子会社の内部統制を評価する
関連会社の評価	関連会社は上場している	・関連会社の内部統制報告書を利用する
	関連会社は他の会社の子会社でその親会社が上場している	・親会社の内部統制報告書を利用する ・親会社が内部統制の有効性を確認した書面
	上記以外の場合	・関連会社の内部統制を評価する ＊ただし、関連会社の状況に応じ、質問書、聞き取り、報告書の閲覧、管理プロセスの確認、投資損益の把握など、評価を工夫して実施する。

業務委託について

会社によって、決算書の作成の基礎になる取引の承認、実行、計算、集計、記録又は開示事項の作成などの業務を外部の専門会社に委託することがあると思います。

「委託業務に関しては、委託者が責任を有しており、委託業務に係る内部統制についても評価の範囲に含まれる。委託業務が、企業の重要な業務プロセスの一部を構成している場合には、経営者は、当該業務を提供している外部の受託会社の業務に関し、その内部統制の有効性を評価しなければならない。」（実施基準Ⅱ.2（1）②イ）

したがって、委託業務に関する内部統制も当該委託業務が重要な業務プロセスの一部である場合は、評価の範囲に含まれることになります。委託業務に係る内部統

第2章　内部統制の基礎をもう一度学び直す

制の具体的な評価の方法として、次のような具体的な方法が挙げられます。

①サンプリング等による検証

　委託業務がある場合は、「委託業務結果の報告書と基礎資料との整合性を検証するとともに、委託業務の結果について、一部の項目を企業内で実施して検証する。」（実施基準Ⅱ.2（1）②ロ a）とされています。例えば給与計算の業務を委託した場合、検証の方法として受託会社による給与計算結果から無作為に複数のサンプルを抽出して、委託した給与計算の正確性を確かめます。あるいは委託した給与計算の対象人数を受託会社から受領した業務委託結果報告書の件数と比較し、網羅性を検証します。さらに前月、前年同月実績と比較を試み、あらかじめ定めた閾値を超える変動があった場合は原因分析の検証を施すことも可能です。

　このような検証作業を評価項目やキーコントロールに織り込み、毎期評価の対象とします。給与計算に限らず、税金計算や固定資産の管理に伴う減価償却費計算、退職給付の算定なども委託することがあります。こうした場合は、業務プロセスとして評価するか、あるいは決算・財務報告プロセスにおいて評価することも考えられます。

②受託会社の評価結果を用いる

　委託業務に関わる内部統制の評価結果を示す報告書を受託会社から入手し、それを自社の評価に代替することができます。報告書は、「受託業務に係る内部統制の保証報告書」といわれ、日本公認会計士協会の監査・保証実務委員会実務指針第86号に基づいて作成されます。入手した報告書についても検討が必要になります。「（中略）経営者は、当該報告書等が十分な証拠を提供しているかどうかを検討しなければならない。」（実施基準Ⅱ.2（1）②ロ b）と示されており、保証報告書といえども適切な検証をすることが求められています。

　専門家による保証報告書は有償でコストを要します。なるべくなら、自社の評価項目やキーコントロールを設定し、その評価を実施することで受託業務を検証する方向を勧めます。

③受託会社を評価する

　また、上記の方法以外にも、委託先に赴き、直接、委託先の内部統制の評価を実施するということも考えられます。しかし、これは筆者に経験がありますが、かなり困難といわざるを得ません。例えば委託先の内部統制文書を入手する必要があるうえ、現地への立ち入りや委託先従業員へのインタビューに加えてサンプルの抽出など、想像するだけでも様々な制約や困難を伴うために、あまり現実的な対応ではないように考えられます。

> ### コラム
>
> **整備状況評価から多くの収穫を得る**
>
> 　整備状況評価の目的の1つは、財務報告の信頼性を阻害するリスクが適切に低減する仕組みがあるかどうか検証することです。実際に整備状況評価やそのための事前準備に取り組んでみると、実はそれ以上の収穫があることを実感します。
>
> 　第1の収穫として、これまで気づかなかったリスクが浮き彫りにできることが挙げられます。例えば、経理部門のある担当者は、内部統制文書を作成している時に、請求書の発行に漏れがあるかどうか検証していますかと同僚に問われ、これまで意識すらしていなかった「請求書の作成が漏れるリスク」に気づいたといいます。内部統制文書をつくることは、リスクの落穂ひろいをすることです。
>
> 　第2の収穫は、漠然と捉えていたリスクが文書によって明確になることです。内部統制文書には具体的なリスクの内容を記載する必要があるため、これまで頭の中にしかなかったリスクのイメージを文字にして書き出すと、その内容がより具体的に実感できるようになります。例えば、「請求書の処理を誤るリスク」という曖昧なイメージでしか意識していなかったことが、「適切なタイミングで請求書を作成し売上を計上できないリスク」として明確に認識できます。
>
> 　第3に、文書化を進めていくと業務の可視化が進み、重複した業務に気づくことができます。その結果、ムダ取りをする機会が得られます。場合によっては業務改善が進むことさえあります。

内部統制を評価する

1. 整備状況評価を実施する

　さあ整備状況評価を始めます。しかし、その前に必ず確認しておいてほしいことがあります。それは、評価を適切で円滑に進めるための準備に関わる事項です。次のような事前の準備を万全にした上で、整備状況評価を開始します。

　Q）1. 全ての内部統制の文書は整っているでしょうか？
　　未整備のまま評価を始めることは、手戻りなどのムダが発生しますので、
　　必ず一応の完成をみてから評価を開始します。
　Q）2. 文書におとされた実務が、実際の場で運用されているでしょうか？
　　文書にしただけでは、評価をすることはできません。必ず実務の中で文
　　書が運用されていることが必要です。さもないと、実際の帳票、証憑や
　　文書などの根拠に基づいて文書を評価することができません。
　Q）3. 文書に責任を持つプロセスオーナーは決定しているでしょうか？
　　文書に記されたプロセスの管理や改善について責任を持つ者がプロセス
　　オーナーです。プロセスオーナーが不在では、不備などの発生時、対応
　　に混乱を生じてしまいかねません。
　Q）4. 評価者は決定しているでしょうか？
　　誰が評価を実施するのか分担を定め、きちんと評価結果まで記録を留め
　　るようにします。
　Q）5. 評価を受ける側になる各部門の責任者や担当者が決まっていますか？
　　評価者の質問や要請に応える対応者がいなければ、評価を始めることは
　　できません。

内部統制を評価する3つのステップ

　内部統制は原則として毎期、経営者が評価し、それを踏まえ外部の監査人が監査を行います。評価の過程は正確にいうと3つのステージに分かれます。整備状況評価、運用状況評価に加えロールフォワード手続による確認があります。一年間の長

丁場のため、評価の実施計画を効率よくデザインします。3つのステージは次のように整理できます。

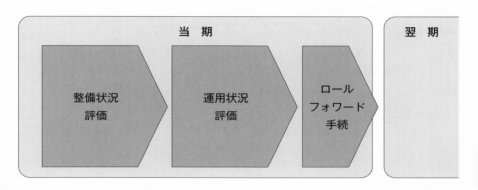

図 3.1　内部統制を評価する 3 つのステージ

①整備状況評価の実施

　　経営者は期中に整備状況評価を行い、その結果を踏まえて外部監査人が監査を行い、有効性を確認することができれば、次に運用状況評価のステージへと進みます。

②運用状況評価の実施

　　経営者が運用状況評価を行い、その結果を外部監査人が監査して有効性の是非を確認します。整備状況評価と同様、運用状況評価も期中に行われます。

③ロールフォワード手続の実施

　　整備、運用ともに期中に評価を行うために、全ての期間をカバーすることができません。そのために、評価の結果は暫定的なものに留まります。いずれの評価からも外れてしまう期間（運用状況評価を開始した日から決算日までの期間）について、有効性を最終的に確認するのがロールフォワード手続の役割になります。このロールフォワード手続の後に、外部監査人による最終的な監査があります。

整備状況評価を実施する前提

　内部統制文書が、実務を適切に反映し、リスクを適切に低減できているかどうかを判断するため、取引を示すサンプルを無作為に1件抽出して評価します。

　整備状況評価は、運用状況評価に比べると、抽出すべきサンプルが1件と少ない上に、任意に選べることから評価を安易に考えがちです。

　しかし、実務で用いたサンプルを使って、手続の流れや仕組みが文書と整合しているかどうかを検証することは、運用状況評価を前提に考えると、とても大切なことです。ここで安易に対応し、十分な評価ができていないと、その後の努力をいくら積み上げても無駄な努力となりかねません。仕組みをしっかり検証しておかないと、不十分な整備状況評価のツケが次のステップにまわり、運用状況評価で多くの不備を出するおそれがあります。整備状況評価こそ、じっくりと腰を据えて慎重に評価しておく必要があります。そうすることで内部統制の土台が堅固なものとなり、運用状況評価をスムーズに乗り越えられるようになると考えられます。

①誰が整備状況を評価するのか

　経営者やその指揮の下、中立性を保てる内部監査室や業務に精通した経理部、あるいは外部の専門家も評価を行うことができます。ただし、自部門の評価はできません。また、自社の内部統制を監査する監査人に評価を依頼することもできません。利害関係を持ち、中立性を損なうおそれがあるからです。評価者は、適切に評価のできる資質や実務知識を備える必要があることは前述した通りです。

②（金融庁Q&A）にみる各社の評価体制の工夫

　（金融庁Q&A）をみると、上場企業が評価体制に頭を悩ませながらも、対応を工夫する姿がうかがえます。

●評価体制の工夫について

　（金融庁Q&A問29）【内部統制の評価体制】では、評価体制の具体的な構築について次のような問いかけがされています。「経営者を補助して評価を実施する部署及び機関並びにその要員の独立性を確保するためには、同じ部内で評価チームを分ける程度では足りず、必ず別の部署や機関を設置しなければならないのか。」

これに対し「（中略）内部統制評価のために必ず別の部署や機関を設置しなければならないわけではなく、評価を実施する者が評価の対象となる業務から独立し、客観性を保っていれば、例えば、同じ部内の別のチームが経営者を補助して評価を実施することは可能であるものと考えられる。」と回答し、会社内での評価の陣容が限られる中でも、中立性を損なわない工夫を示しています。

●専門家の評価に関する検証

　さらに（金融庁Q&A 問42）【外部の専門家の利用】では、専門家の利用についての懸念が示されています。「中小規模の企業においては、経理部門の人材が乏しく、例えば、連結財務諸表の作成などについて、監査人以外の公認会計士など外部の専門家を利用することも考えられるが、このような場合、開示すべき重要な不備に該当するのか。」

　不備に対する懸念を表明する中小規模の会社に対し「（中略）この場合、信頼性ある財務報告の作成を支えるのに必要な能力を評価する際には、外部の専門家の能力を含めて評価することが可能である。したがって、経理の人材が乏しく、外部の専門家を利用することをもって、直ちに全社的な内部統制の不備に該当するわけではなく、開示すべき重要な不備に当たるものではない。」と答えて懸念の解消に努めながら、「（中略）ただし、企業において、専門家が実施した業務結果について、依頼した基本的内容を満たしているかを確認することが求められることに留意する必要がある。」とも述べて、評価自体を専門家に任せたままにせず、必ず経営者が内容を吟味することを求めています。

③いつ整備状況評価を行うのか

　実施基準では特に定めはありません。しかし、運用状況評価の実施期間も踏まえると、期首から4〜5ケ月程度経過した頃が評価開始の目安です。

　初めて制度を導入する会社にとっては、まず文書を作成することがなにより先決です。文書化を終わらせた後、文書が実務に定着するのを待たなければ、評価の対象となる帳票、証票や文書（エビデンスともいわれます）は得られません。

　また、すでに制度を導入し、一度評価を経験した会社にとっても、前年に解消のできていない不備があれば、その解消に努めなければなりません。あるいは新たな

業務の導入や変更などにより文書に変更や修正を施して新しく年度を迎える必要が生ずることも考えられます。したがって、こうした状況を踏まえれば、期首から一定程度の期間の経過が求められるものと考えられます。

④どのように評価を実施するのか

評価の一般的なアプローチは、次のように再実施、観察、閲覧、質問に分類されます。内部統制の評価に限らず、監査の手法としても広く用いられる手法です。

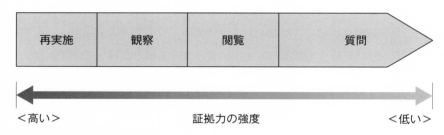

図 3.2　内部統制の評価アプローチ

● 再実施

内部統制上のコントロールなどを再度実施して、有効性に関する証拠を得ようとするアプローチです。例えばコンピュータによる IT（情報技術）統制について検証する際に、ダミーの情報を意図的に入力し、コントロールの結果を検証するといったことが挙げられます。コントロールが文書通りにはたらいているかどうかについて状況を再現することであり、一般には最も高い証拠力を持つといわれます。

● 観察

評価者が、実際にコントロールを実施しているところを注意深く見て、その有効性を確認することです。観察時についての有効性は確認できます。しかし、観察がされない他の評価期間全てにわたって適切にコントロールが実施されているかどうか検証はできないため、他のアプローチと併せて行われます。

● 閲覧

　評価対象となる帳票、証憑や文書を全てにわたって眼を通すことはできません。そのため、その中から一定数を抽出して閲覧します。評価に必要なエビデンスは多岐にわたります。例えば、取引を示す証憑や帳票、承認の経緯や結果を示す文書や資料、顧客や取引先と交わした契約書や連絡文書などがそれに当たります。

● 質問

　内部統制の有効性を確認するため、相手に対して行われる口頭による問いかけやインタビューをすることです。質問に対する回答の真実性を確かめるために、質問以外に再実施、観察や閲覧を行うことで、入手した情報の補強を図る必要があります。質問は一般的な手法ではありますが、他のアプローチの補完的な位置づけとなり、証拠力は最低位となります。とはいえ、コントロールの実施状況に関しても有効性の心証を形成する、最も使いやすいアプローチといえます。

> ### コラム
>
> ### 内部統制評価の利益相反
>
> 　なぜ、部門の責任者や担当者は、自部門の内部統制を評価することができないのでしょうか。それは、利益相反となるからです。例えば、自部門の内部統制を部門の責任者や担当者が行い、不十分な箇所や不備を見つけたとしても、自部門の利益のために偽った評価をする可能性があります。偽りの評価結果は、自部門の利益のために行ったことですが、会社の利益には反することになります。これを利益相反といいます。
>
> 　したがって自分の行った行為を自分自身で確認や承認をすることは、最も身近な利益相反であり、こうした確認や承認をコントロールとして位置づけることはできません。
>
> 　利益相反を避けるために、中立的な立場にある部門が評価を行うことが必要です。
>
> 　さらに評価の陣容が限られる会社では、中立性や客観性にやや欠けますが、クロスチェックを行うところもあります。これは異なる部門の間で交互に評価をし合う方法です。クロスチェックによる評価は、部門どうしが互い

に知識や経験を持ち合わせていれば、円滑に進みます。しかし、そうでない場合に頼りとなるのは評価手続です。クロスチェックをする担当者が、たとえ評価対象の業務について知識や経験が不足していたとしても、評価手続が分かりやすく成文化されていれば、評価ができると考えられます。いずれにせよ、評価に際しては、利益相反に十分配慮した仕組みづくりをして臨むことを心がけましょう。

全社的な内部統制の整備状況評価

　経営者は、6つの基本的要素に基づく42の評価項目に沿って評価をします。文書に示された帳票、証憑や文書などのエビデンスを参照し、定められた評価手続に沿って進めます。全社的な内部統制はトップダウン型のリスクアプローチを実践するために、他の文書よりも、早い時期に評価を実施することが肝要です。

①実施基準による整備状況評価の位置づけ

　全社的な内部統制の評価では、「（中略）経営者は、組織の内外で発生するリスク等を十分に評価するとともに、財務報告全体に重要な影響を及ぼす事項を十分に検討する」（実施基準Ⅱ.3（2））としています。つまり、全社レベルの視点に立って、広く財務報告全体の重要性に関わる事項の検討することが求められています。

　整備状況の評価対象となる具体的な評価項目の特徴は、基本的要素ごとに次のようにまとめることができます。

●統制環境（13項目）

　連結ベースに基づく会計方針や経理に関わる規程づくり、業務の分担と権限の配分について明記することが求められる

●リスクの評価と対応（5項目）

　財務報告の信頼性を脅かすリスクを的確に把握し、事業環境の変貌によるリスクにも柔軟に対応できる管理体制をつくることが必要

● 統制活動（7項目）

　信頼性のある財務報告を確保する統制活動を構築するとともに、定期な検証と誤謬に備える仕組みづくりを行う

● 情報と伝達（6項目）

　経営層を頂点とする情報の伝達と共有体制を構築する。中でも内部統制の評価に関する情報共有や内部通報制度の創設が求められる

● モニタリング（7項目）

　モニタリングの実施と社内体制の管理・監督機能を発揮できる仕組みを構築する

● IT（情報技術）への対応（4項目）

　IT戦略やIT環境の整備計画の構築が求められる一方で、新たなリスクへの具体的な対応ができる柔軟な組織づくりが必要

②全社的な内部統制の評価に用いる評価手続

　評価を客観的に行うためには、あらかじめ評価手続が明確に示されていることが必要です。さらに評価手続を適用する具体的なエビデンスも表示して特定します。エビデンスが示され、評価手続が分かりやすく記載されていれば、知識や経験が不足する者も評価を実施することができ、誰が評価を行っても同じ結果を得ることが期待できます。なお、会社によっては、整備状況評価と運用状況評価を併せ同時に実施するところも見かけますが、基本的には評価手続は整備と運用それぞれに分けて設計します。

③全社的な内部統制を評価する

　評価者は「全社的な内部統制を評価するときは、評価対象となる内部統制全体を適切に理解及び分析した上で」（実施基準Ⅱ.3（2）②）評価に臨みます。評価項目はカバーする範囲が広いうえ、時には経営陣に直接のインタビューを実施しなければならない場面も想定されます。そのため、評価者には入念な準備が求められます。さらに評価には、「（中略）必要に応じて関係者への質問や記録の検証などの手続を実施する。」（実施基準Ⅱ.3（2）②）ことが求められ、再実施、観察、閲覧、質問などあらゆるアプローチを駆使して評価を実施します。

④全社的な内部統制と業務プロセスの間の密接な関係

　経営者は、トップダウン型のリスクアプローチに基づき全社的な内部統制の評価結果を踏まえた上で、業務プロセスに係る内部統制の評価の範囲、方法等を決定します。したがって、全社的な内部統制の評価結果に応じて、業務プロセスの評価範囲が拡大または縮小されるケースが出てきます。

・全社的な内部統制の評価結果が有効でない場合、業務プロセスに係る内部統制の評価時に、評価範囲の拡大や評価手続を追加する
・全社的な内部統制の評価結果が有効な場合、業務プロセスに係る内部統制の評価時に、サンプリングの範囲を縮小する簡易な評価手続を取ることができる

　つまり、全体的な内部統制と業務プロセスに係る内部統制は、互いに評価を通じて密接的な関係にあります。

決算・財務報告プロセスの整備状況評価

　決算・財務報告プロセスでは、必要な帳票、証憑や文書などのエビデンスを参照し、定められた評価手続に基づいて評価を行います。なお、会社によっては整備と運用状況評価を併せて同時に行うところも見かけます。しかし、評価手続は整備と運用それぞれに分けて設計する必要があることは全社的な内部統制の場合と同じです。

①早期評価の実施

　（金融庁 Q&A 問 11）【決算・財務報告プロセスの評価時期】には、不備を想定し早期の評価実地が効果的であると述べられています。

　「（中略）決算・財務報告プロセスに係る内部統制については、仮に不備があるとした場合、当該期において適切な決算・財務報告プロセスが確保されるためには、早期に是正されることが適切であり、（期末日までに内部統制に関する重要な変更があった場合には適切な追加手続が実施されることを前提に、）前年度の運用状況や四半期決算の作業等を通じ、むしろ年度の早い時期に評価を実施することが効率的・効果的である。」

　決算・財務報告プロセスは月次、四半期あるいは年次のサイクルで実施、運用さ

れることが多く、重要な変更や不備の発生に備えるために一定の時間を要することが、早期実施の理由として考えられます。

②分類の異なる2つのプロセスの評価

　決算・財務報告プロセスは、異なる2つのプロセスによって構成されており、それぞれにおいて評価が実施されます。つまり、実施基準では「（中略）決算・財務報告に係る業務プロセスのうち、全社的な観点で評価することが適切と考えられるものについては、全社的な内部統制に準じて、全社的な観点で評価が行われることとなるが、それ以外の決算・財務報告プロセスについては、それ自体を固有の業務プロセスとして評価することとなる。」（実施基準Ⅱ.3（3）④ニb）と述べています。

　プロセスの性格が異なるとはいえ、評価の際にはあらかじめ評価手続が明確に示され、評価手続を適用する具体的なエビデンスが特定されるべきであることは、どちらも変わりはありません。

業務プロセスに係る内部統制の整備状況評価

　業務プロセスに係る内部統制の評価は、文書と実務の整合性やリスクの低減の是非が焦点です。必要な帳票、証憑や文書などのエビデンスを参照し、定められた評価手続を適用し、有効性を確認していくという過程は他と同じです。

①実施基準による整備状況評価の位置づけ

　整備状況評価においては、特に次のような事項に留意して実施をする必要があります。

●評価対象となる実務を理解する

　実施基準では「経営者は、評価対象となる業務プロセスにおける取引の開始、承認、記録、処理、報告を含め、取引の流れを把握し、取引の発生から集計、記帳といった会計処理の過程を理解する。」（実施基準Ⅱ.3（3）①）　と述べ、まずプロセスの実態を理解することから始めます。そしてプロセスを理解した上で、無作為に抽出した1つのサンプルを使って文書と実務の整合性を検証します。なお、サンプルの抽出は評価者が任意に抽出することができます。

● 統制上の要点の整備を確認する

　さらに実施基準では「経営者は、（中略）個々の統制上の要点（キーコントロール：筆者追記）が適切に整備され、（中略）適切な財務情報を作成するための要件を確保する合理的な保証を提供できているかについて、関連文書の閲覧、従業員等への質問、観察等を通じて判断する。」（実施基準Ⅱ.3（3）③）と示し、運用状況の評価に向けてキーコントロールが適切に整備されているかどうかについても確認することが求められます。

● リスクの低減に関して判断する

　最後に「経営者は、（中略）内部統制が規程や方針に従って運用された場合に、財務報告の重要な事項に虚偽記載が発生するリスクを十分に低減できるものとなっているかにより、当該内部統制の整備状況の有効性を評価する。」（実施基準Ⅱ.3（3）③）と示し、整備した内部統制によって十分なリスクの低減が図られているかどうか検証します。

②業務プロセスに係る内部統制の具体的な評価手順

　実施基準による整備状況評価の位置づけを踏まえ、業務プロセスに係る内部統制の整備状況評価はどのように行うのか、具体的な手順について次のように整理しました。

・対象のプロセスから帳票、証憑や文書などのエビデンスを無作為に1件抽出する
・1つの取引に関して、業務手続の開始から終了までの流れに従い、実際の帳票、証憑や文書などのエビデンスと業務プロセスの流れを比較し、文書と実務が整合するかどうかを一つひとつ確認する
・手続の流れに加え、全てのコントロールが文書と一致しているか、特にキーコントロールについては財務報告に虚偽記載が発生するリスクを十分に低減する設計となっているかどうか検証する
・エビデンスが十分でないと判断される場合は、対応者やプロセスオーナーに質問をして、必要な情報を補う

・評価実施時にはまだエビデンスが発生していないこともあり得る。その場合は評価をいったん保留し、今後のエビデンス発生のタイミングなどの状況を踏まえた上で、新たな評価時期について検討する

　評価の途中で、評価者は対応者やプロセスオーナーに対して、「コントロールがうまくいかない時がありませんか？」あるいは「これまでコントロールが想定していない例外的な事例が起きたことはありませんか？」「もしそうしたことが起きた場合には、どのように対応したのですか？」などと、あえて想定していない事態を仮定して、質問を投げかけてみるのがよいと思います。現場の回答によって実務をより深く理解することができ、時には思わぬリスクに気づくことがあります。

③ウォークスルーによる整備状況の評価
　プロセスの取引の開始から終了まで、全ての流れを把握する評価方法をウォークスルーといいます。それは、整備状況評価の一手法です。ウォークスルーの実施者は、内部統制文書を手にして、文書が示す業務手順に従い、各部門や担当者を巡り、インタビューを踏まえて文書と実務を照らし合わせていきます。しかし実際には、それを行うと現場の業務に支障をきたすことにもなりかねず、現場に赴かず書面のみで行うことが多いのが現状です。

キーコントロール

コントロール

業務の流れ

コントロール

開始

終了

図3.3　ウォークスルー

④ウォークスルーで遭遇することが多い不備

　業務の流れをエビデンスに基づいて照合、検証していくとよく見つかるのが、承認権限者による押印漏れ、海外の場合はサイン漏れです。手続上承認が求められている帳票や証憑に承認を示す証跡がなければ、それは一般的には不備を検討しなければなりません。こうした押印の漏れについて承認権限者にその理由を訊ねると「いちいち帳票や証憑に押印していたら一日の仕事が終わってしまう。権限者は押印をすることが仕事ではないはずです。」と不満げな回答が返ってくることがあります。そこで、承認の証跡を求めるコントロールには、検討すべき次の問題が含まれています。

●全て承認権限者が承認すればよいのか

　業務の管理者や責任者は、業務上の重要な判断や分析をすることが本来の仕事であり、押印すること自体が仕事でないという承認権限者の意見は理解できます。そのため、必ずしも管理者や責任者に任せず、下位の権限者や複数名による担当者で対応できる事項があるのならば、それらは権限を委譲して効率化していくことを検討してみてはどうでしょうか。内部統制の有効性を得るために、承認権限者に形だけの押印を求めるならば、それは、制度本来の趣旨とは異なります。加えて承認権限者でなければ、キーコントロールを実施する立場にないということもありません。

●内部統制が求めているものは何か

　内部統制が求めていることは、形だけの押印をすることではありません。制度本来の趣旨が実現できているかどうか、言い換えればリスクを低減するコントロールが適切にはたらいているかどうかという点が、なによりの関心事です。帳票や証憑に押印がされていても内容に誤りがあったのでは、内部統制の目的は達成できません。押印することではなく、なぜ押印をしたのかが問われ、それに対し説得力ある説明ができなければ、コントロールを実施していることにはなりません。

　（金融庁 Q&A 問 47）【関連書類への印鑑の押印等】では、業務文書への押印の必要性を問われ、押印という形式よりも内部統制が有効に整備及び運用されていることを確認することが重要であると答えています。

問）内部統制の整備及び運用の状況に係る記録として、業務の実施者はすべての関連書類に印鑑を押印しなければならないのか。（中略）
答）（中略）内部統制の整備及び運用状況に係る記録（実施基準Ⅱ3（7）①ホ）については、経営者による評価や監査人による監査が実施できる記録が保存されていればよく、必ずしも、業務の実施者がすべての関連書類に印鑑を押印することは求められてはいない。経営者による評価や監査人による監査においては、業務の実施者がすべての関連書類に印鑑を押印しているという形式が重要なのではなく、内部統制が有効に整備及び運用されていることを確認できることが重要であると考えられる。

評価の際に日本では印鑑の印影から、誰が承認したのかは一目瞭然です。しかし海外では押印ではなく、サインのために誰が承認をしたのかがすぐ明らかにできないことがあります。こうした場合に備えて、サインの筆跡をあらかじめサンプルとして入手し、把握しておくと利便性が高まります。

⑤その他留意すべき事項
なお、文書と実務が整合し、十分なリスクの低減が図られているかどうか検証する際には、次の通りいくつか留意事項が示されています。

例えば、以下のような事項に留意する。
・内部統制は、不正又は誤謬を防止又は適時に発見できるよう適切に実施されているか。
・適切な職務の分掌が導入されているか。
・担当者は、内部統制の実施に必要な知識及び経験を有しているか。
・内部統制に関する情報が、適切に伝達され、分析・利用されているか。
・内部統制によって発見された不正又は誤謬に適時に対処する手続が設定されているか。（実施基準Ⅱ.3（3）③）

ウォークスルーは予演ともいう？

　1つの取引を示すサンプルを用いて、業務の開始から終了までを文書に沿って検証することがウォークスルーです。もう何年も前のことになりますが、筆者が中国のある工場でウォークスルーを紹介した時のことでした。一人の責任者の方が、ウォークスルーは、中国語で表すと「予演」に当たると言い出しました。もちろん正式な呼称ではありません、それは、筆者がウォークスルーを説明する際に、役者が立ち回りの練習のために台本を持ち、通しで全ての舞台を演ずるところにウォークスルーの名称の由来があるらしいといったことを受けての発言でした。筆者は誤解をさせてしまったことを謝り、名称の由来は別にしてウォークスルー自体は、決して予行練習ではないことを強調しました。

　ウォークスルーを実施すると、文書が示すコントロールがなかったり、文書に記載された手順が実際と異なっていたり、手続に用いるエビデンスの名称があやふやで特定できないなど、様々な不備が見つかります。特に初年度はその傾向が顕著です。しかし、初年度は、当面それでもよいと考えます。コントロールがうまくいかないのは、むしろ当然かもしれません。それは、初めて自転車に乗れるようになって、必死にペダルをこぐ子供の姿とよく似ています。整備状況評価は、誤りを正し、不足を見つけ出すことであり、過去の常識を覆して新しい仕組みを構築するには、とても有益な手続となります。

IT（情報技術）統制の整備状況評価

　IT全般統制、IT業務処理統制のいずれも、帳票、証憑や文書などのエビデンスに基づき、客観的に定められた評価手続によって評価します。評価手続は、整備状況と運用状況のそれぞれの場合に応じて、あらかじめ設計し、それぞれの場面で用います。

　IT（情報技術）統制に係る整備状況評価に当たり、入念な準備を怠らないことは、

他の評価の場合と同じです。「内部統制の整備及び運用に当たっては、ＩＴを利用した情報システムの特性を十分に理解し、予め計画的に準備を進めるとともに、適切な事後の検証方法等について検討しておく必要がある。」（実施基準Ⅰ.2（6）②ホ）評価者は評価に当たり、システム連絡図やシステム設計図をあらかじめ参照し概要を理解して臨みます。

① IT 全般統制の評価

IT 全般統制は、IT 業務処理統制の機能と環境を保証し支援をするため、次のような項目を具体的な評価項目として挙げることができます。

● システムの開発や保守管理

開発プロジェクトの承認、変更プログラムの環境管理、プログラムの変更手続遵守と変更の承認

● システムの運用管理

システム障害への対応、サーバーの保守管理、データの保全と管理

● セキュリティ管理

従業員の ID・パスワード管理、外部からの不正アクセス対策、アクセス制限や特権 ID の管理

● 外部委託管理

委託先が提供するサービスの定期的な審査と改善対応

② IT 業務処理統制の評価

業務プロセスに関わるシステムの中で識別した IT に係る業務処理統制が、適切に業務プロセスに組み込まれ、有効に整備されているかを評価します。評価の手順はエビデンスに評価手続を適用して行います。ダミーデータを流してシステムの対応を検証する、いわゆる再実施を行うことで評価をすることができます。それ以外にも手作業によってシステムの対応結果を検算などで事後的に確かめることも可能です。

IT 業務処理統制のうち、一度内部統制が設定されると、変更やエラーが発生しない限り一貫して機能する自動化された統制があります。それらは、IT 全般統制

第 **3** 章

内部統制を評価する

の評価が有効であることを前提に、システム上代表的なサンプルを任意に1件抽出して有効性を検証できれば、評価として足りると考えられています。

IT（情報技術）統制を考える場合、会社によってIT（情報技術）への依存の度合いは異なります。財務報告に関してシステム化による対応を進める会社もあれば、他方でマニュアル（手作業）による対応を図っている会社もあります。その場合に、システム化の度合いによって内部統制の不備が議論されることはありません。

「（中略）内部統制にITを利用せず、専ら手作業によって内部統制が運用されている場合には、例えば、手作業による誤謬等を防止するための内部統制を、別途構築する必要等が生じ得ると考えられるが、そのことが直ちに内部統制の不備となるわけではないことに留意する。」（実施基準Ⅰ.2（6）②ホ）手作業による誤謬等を防止するため、新たな内部統制の仕組みとして、システム化を検討するにせよ新たな投資が求められます。その投資の是非にかかる経営判断まで、内部統制が入り込み、不備を論ずることはありません。

評価結果の記録と保管

経営者は、内部統制の実際の仕組みが文書の示す通り適切に整備され、リスクを低減できていることを確認して整備状況評価を完了させます。さらに、外部監査人による監査において有効性が得られれば、整備状況評価及び監査が終了します。

実施基準は「経営者は、財務報告に係る内部統制の有効性の評価手続及びその評価結果、並びに発見した不備及びその是正措置に関して、記録し保存しなければならない。」（実施基準Ⅱ.3（7））と定め、評価に係る記録の保管を定めています。評価日、評価者、評価結果を文書に記録し、評価に用いた帳票、証憑や文書の原本または写しをまとめて保管します。

保管期間や保管方法については、次のように定められています。「金融商品取引法上は、有価証券報告書及びその添付書類の縦覧期間（5年）を勘案して、それと同程度の期間、適切な範囲及び方法（磁気媒体、紙又はフィルム等のほか必要に応じて適時に可視化することができる方法）により保存することが考えられる。」（実施基準Ⅱ.3（7）②）記録の形式、方法などは、一律の定めはありません。会社で作成・使用している記録等を適宜利用して、必要に応じた補足を行うようにします。

内部統制の整備状況評価を終えたら、
もうその年度で業務の変更が認められない ?!

　内部統制の整備状況評価を終えてしまったら、もうその年度の業務手順の変更が認められないと考えている方が少なからずおられるようです。よく質問を受けますが、決してそうではなく、むしろ逆のことが求められています。

　真摯に文書づくりに取り組み、適切に評価を終えたにもかかわらず、突然業務の手順が変わってしまう、新しいシステムが導入される、せっかく評価したプロセスや手順であるにもかかわらず、キーコントロールさえも変わってしまう、といった経験を持つ人は、少なくないと思います。

　こうした場合は、評価に必要なエビデンスやルールが出来上がるのを待ち、文書を書き換えた上で、あらためて評価をし直します。ある意味、外部環境の変化に絶えず、柔軟な対応が求められる事業会社の自然な姿でもあります。しかし、中にはもう整備状況評価を完了してしまったのだから、業務の手順やキーコントロールは変えることができないと誤解している方がいたり、あるいは、実際の業務の変更を先延ばしにしようと考える人もいます。しかしこれでは何のための内部統制なのか分からなくなってしまいます。ビジネスあっての内部統制であり、内部統制がビジネスに優先して評価されることはありません。

　こうした綱引きは、社内だけでなく会社と外部の監査人との間でも起きたようです。（金融庁 Q&A 問 16）【期末日前のシステム変更】では、「内部統制監査が受けられなくなるため、期末前 3 ケ月間はシステムを凍結するなど、内部統制の変更を行ってはならないとの議論があるが、どのように考えるべきか。」という質問がされています。これに対して「（中略）企業が業務の改善等の観点からシステム変更等を行うことは当該企業の判断であり、内部統制監査を実施しにくくなることをもって、期末日前の一定の期間においてシステム変更等を行うべきでないと監査人が結論づけることは適切でない。」と答えています。あくまで推察ですが応対の脈絡からし

て、外部の監査人は内部統制に係る監査がやりにくくなるので、システム導入を少し待ってほしいという意向を会社に伝えたのでしょう。とはいえ、ビジネスあっての内部統制ということになります。

2. 運用状況評価を実施する

　内部統制を表す文書が実務に定着し、有効にはたらくことが、整備状況評価を実施するための前提でした。経営者による整備状況評価の完了を踏まえ、外部の監査人が有効性を認めることで、次の運用状況評価に歩みを進めることができます。運用状況評価に進む前に、念のため以下に評価に進むための条件を示しておきます。

①文書の定着
　　自社の内部統制文書が実務に定着している
②リスク低減
　　財務報告の信頼性を危うくするリスクがコントロールによって低減されている
③キーコントロールの創設
　　財務報告の信頼性を確保するためにキーコントロールが適切に設計されている
④整備状況監査の終了
　　経営者による整備状況評価を踏まえ、外部監査人の監査においても有効性が確認されている

運用状況評価の前提

　運用状況評価は、整備状況評価とは異なり、内部統制が実際に運用されている場面を評価します。そのため、評価に求められる帳票や証憑などのサンプルは、整備状況評価の時より多くなります。評価を円滑かつ効率的に進めるために、整備状況評価と同じようにその前提を確認します。

①誰が運用状況評価を行うのか

　整備状況評価と同じになります。経営者やその指揮の下で、中立性を保てる部門

や社内の選抜チーム、あるいは外部の専門家が評価を行うことができます。

②いつ運用状況評価を行うのか

　運用状況評価の実施時期に特段の定めはありません。整備状況評価とその監査の後に実施しますが、時期としては決算日（基準日）から逆算し、3ケ月程度前が適切と考えられます。

　運用状況評価と監査になぜ3ケ月も要するのかと疑問に感じるかもしれません。しかし、もし監査の時に不備が検出されたとしたら、解消するためにはどれだけのことをしなければならないか、評価の準備から監査終了までの期間を不備の発生を前提に次の通り見積って考えてみましょう。

　・運用状況評価に必要なサンプルの抽出と準備（約1週間）
　・運用状況評価を実施する（約1.5週間）
　・外部の監査人による運用状況監査と不備の指摘（約1.5週間）
　・不備のあったキーコントロールの改善対応（約1.5週間）
　・新たなサンプルの発生に必要な待機時間（例えば月次統制なら少なくとも1ケ月）
　・新たなサンプルに基づく再評価の実施（約1週間）
　・外部の監査人による再監査（約1週間）

　これらの期間を合算すると、概ね3ケ月を要することになります（次ページの図3.4を参照）。

　運用状況評価の際は、すんなりと評価や監査が終わるとは考えず、不備が検出され、解消することになることを前提にスケジュールを立てることを勧めます。さもないと不備が実際に検出された時、改善のための時間的余裕がなく、不備の態様によっては内部統制が非有効となるおそれがあります。

　内部統制の評価は、期末日を評価時点として実施します。そのため、決算日（基準日）から逆算し、不備とそれを解消する時間的余裕を想定したスケジュールを心がけましょう。もちろん不備が検出されなければ、それに越したことはありません。

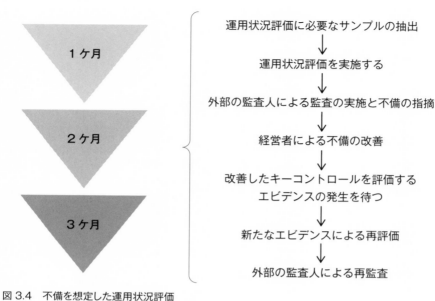

図 3.4　不備を想定した運用状況評価

③どのように運用状況評価を行うのか

　運用状況評価の対象は、各文書に示された評価項目と業務プロセスに係る内部統制のキーコントロールです。評価の目的は、内部統制文書が設計者の意図通りに運用されているかどうかを判断することです。そのため整備状況と異なり、運用の結果得られる帳票、証憑または文書などのエビデンスは、一定数のサンプルとして抽出し、評価する必要があります。評価のために抽出するサンプル数は、統制のはたらく頻度や回数に応じ次のように定められています。

	サンプル発生の頻度						
	年次 （年1回）	半期次 （年2回）	四半期次 （年4回）	週次 （週1回）	月次 （月1回）	日次 （日1回）	日に複数回 （随時）
サンプル件数	1	1	2	5	2	最大25	最大25[*]

（*）統計的サンプリングを前提とし、信頼水準90% 許容逸脱率9% 予想逸脱率0% の場合
システム管理基準追補版（経済産業省平成9年3月30日）から引用、一部追記および変更
図 3.5　統制の頻度とサンプル件数

④第三者に委託した業務の整備・運用状況評価

　給与計算、退職給付、税金の計算、減価償却費の算定やクラウドを用いたデータ管理など社内の業務を第三者に委託した場合に、整備・運用状況評価を実施します。委託業務による成果内容ですので、全てをあらためて検証する必要はありません。母集団の中から複数のサンプルを抽出して再計算する、あるいは報告内容の趨勢を総合的に分析、検証する統制を設けることで対応します。

　なお、業務委託の詳細は、第2章の「5.内部統制の評価範囲の決め方がコストを決める　業務委託について」を参照ください。

コラム

ロックダウン下の内部統制

　筆者が執筆をしている今でも、依然として多くの企業が業務上の拠点への移動を著しく制限しています。そして世界中の多くの国や地域では国境を閉ざす状況が続いています。こうした状況下にありながら、どのようにすれば国内外の事業を継続する拠点で、内部統制の評価を適切に進めることができるのでしょうか。今はピンチかもしれませんが、ピンチを切り抜ける実務上の工夫やアイデアを用いることが、その先のチャンスにつながってくるかもしれません。次にいくつかの工夫やアイデアを挙げてみます。

●評価や監査にもドローンが活躍する時代がくる

　少し奇異に感じるかもしれませんが、廃棄物処理施設、港湾施設や化学工場施設など、危険を伴う施設の監査にドローンが活躍する時代がやってくると考えられます。すでに今ビデオリンクが内部統制の監査に持ち込まれ、大活躍をしています。現場を撮影した映像は世界各国に送信され、在宅で監査人が監査を実施する状況が展開されています。

●リモートによるインタビューが常識化する時代

　直接の対面に代わり、オンライン会議が常識化しているのはみなさんもご存じの通りです。Teams、Skype、Zoomなどを用いたリモートによるインタビューや情報交換が活発化しています。

第 **3** 章

内部統制を評価する

オンライン会議は、時間が限られるため、あらかじめ周到な準備が必要です。しかし現地に赴くわけではないので、相手の都合に応じ、これまでより頻繁に会議の機会を持つことができる点は利便性が高くなったと考えられます。他方で通信状況が必ずしもよくない場合があります。こうした時は、映像を画面に映さない、打ち合わせ資料はそれぞれが手元で閲覧することでデータ量を制限する、あるいは会議には音声以外は用いず、通信が混雑する時間帯を避けるといった工夫も必要です。

●電子データをフル活用する時代

対面によって資料などの現物に直接手を触れることはできませんが、スマホなどによる動画撮影、写真、現物資料の電子化（PDF）を駆使することはできます。製品、工場や事務所の設備、内部統制に係る資料やエビデンスなどは、これらを用いることで対応できます。しかし、他方で製造現場や倉庫内の明暗、臭いや社内の雰囲気を正確に知ることは困難です。こうした限界はあるものの、内部統制に従事する私たちは、これまで苦労して構築してきた従来型の手法に加え、新たなテクノロジーを積極的に活用すべき段階に入っています。

全社的な内部統制の運用状況評価

整備状況評価の場合と同じように、運用状況評価の場合も、評価の対象となるエビデンスは、主に方針、規程、規則、議事録やマニュアルであることが比較的多くなります。そのため初年度に、評価に用いる方針や規程類の整備を完了させてしまうと、改正や改訂のある場合は別にして、毎年の運用評価が同じことの繰り返しのように感じられることがあるかもしれません。

①運用面も疎かにできない全社的な内部統制

しかし、内部統制報告制度の文書の中で基礎をなす全社的な内部統制においては、運用面でも油断することはできません。たとえ規定類が整い、万全であるとしても、運用を疎かにすれば、不備に直結するおそれが大きくなります。特に統制環境にお

けるコンプライアンスをどのように実践して定着させるか、あるいは親会社による子会社に対するガバナンスの構築をどのようにしたらよいか、このようなことが運用面での大きな課題となっています。全社的な内部統制の評価項目は、重要な項目が数多く、ひとたび不備が検出されれば、開示すべき重要な不備につながる確率が高くなります。不備の開示を回避するためにも、整備状況評価と同じように運用状況評価に対する準備や対応を疎かにすることはできません。

決算・財務報告プロセスの運用状況評価

　整備状況評価とは異なり、運用状況評価で留意すべき点は、主に固有の業務プロセスを評価する際に抽出すべきサンプルの数です。固有の業務プロセスを評価する際には、前述の通り統制がはたらく頻度や回数に応じて抽出すべきサンプルの数が異なるため、所定のサンプルを無作為に抽出して評価することに留意しましょう。評価の手順は、整備状況評価と同じように、所定のエビデンスを選び出し、運用状況評価に関する評価手続に沿って行います。

①少ないサンプルで求められる慎重な評価

　決算プロセスは性格上、発生するサンプルの数が他の業務プロセスに比べて少ないために、評価を慎重に行うことが大切です。不備が発生した場合にそれを解消するためには、新たなサンプルを抽出して再評価をする必要があります。しかし決算関係のプロセスでは、統制のはたらく頻度が月次、四半期、年次で、統制実施の間隔が比較的長いことが特徴です。このため、ひとたび評価事項の趣旨に反する不備が見つかると、改善のために新たなサンプルを入手することがなかなか容易ではありません。つまり、一定の期間を待たなければ、再評価に用いるためのエビデンスを入手することができません。そのため少ないサンプルを的確かつ慎重に評価することが必要になります。実施基準においても、次のように注意を喚起しています。

　「（中略）決算・財務報告プロセスに係る内部統制は、財務報告の信頼性に関して非常に重要な業務プロセスであることに加え、その実施頻度が日常的な取引に関連する業務プロセスなどに比して低いことから評価できる実例の数は少ないものとなる。したがって、決算・財務報告プロセスに係る内部統制に対しては、一般に、他の内部統制よりも慎重に運用状況の評価を行う必要がある。」（実施基準Ⅱ.3（3）

④ニ b）日頃から、内部統制の慎重な運用と限られたエビデンスに基づく丁寧な評価が求められます。

②不備の発生等に備える

　少ないサンプルを的確に評価し、仮に不備が発生したとしても期末日までに適切に解消することができるようにするために、評価には時間的な余裕を持って臨む必要があります。「なお、決算・財務報告プロセスに係る内部統制の運用状況の評価については、当該期において適切な決算・財務報告プロセスが確保されるよう、仮に不備があるとすれば早期に是正が図られるべきであり、（中略）早期に実施されることが効率的・効果的である。」（実施基準Ⅱ.3（3）④ハ）評価を早期に実施すれば、たとえ不備が検出されたとしても、期末日までに改善を施すための十分な期間を持つことができます。結果として、評価が効率的かつ効果的になることが期待できます。

　なお不備については、後述の「4. 不備こそ業務改善に向けた絶好のチャンス」で詳しく説明します。また期中の内部統制上の重要な変更に対する対応については、次に示す「業務プロセスに係る内部統制の運用状況評価　③評価後の内部統制上の重要な変更」を参照ください。

業務プロセスに係る内部統制の運用状況評価

　整備状況評価とは異なり評価の対象は、キーコントロールです。キーコントロールのはたらく頻度や回数に応じ、所定のサンプルを無作為に抽出し、評価手続に沿ってキーコントロールが適切に運用されているかどうかを評価します。実施基準では、次の通り評価の進め方を示しています。

　「経営者は、全社的な内部統制の評価結果を踏まえ、評価対象となる内部統制の範囲内にある業務プロセスを分析した上で、財務報告の信頼性に重要な影響を及ぼす統制上の要点（以下「統制上の要点」という。）を選定し、当該統制上の要点について内部統制の基本的要素が機能しているかを評価する。」（実施基準Ⅱ.3（3））

　こうしてキーコントロールの評価が業務プロセスに係る内部統制の最終的な有効性を決定づけます。実施基準には次のように示されています。「（中略）経営者は、各々の統制上の要点の整備及び運用の状況を評価することによって、当該業務プロ

セスに係る内部統制の有効性に関する評価の基礎とする。」（実施基準Ⅱ.3（3））キーコントロールは、仕組み（整備）とはたらき（運用）の両面から検討され、有効性の是非が定まります。

①運用状況評価の実施時期

　前述した通り、運用状況評価の実施時期に定めはありません。実施基準は「評価時点（期末日）における内部統制の有効性を判断するには、適切な時期に運用状況の評価を実施することが必要となる。」（実施基準Ⅱ.3（3）④ハ）と定めていますが、特に導入の初年度は、要領が分からず余計な時間を要することが多いと思います。そのため不備の対応を含む、余裕を持った評価計画を策定するようにします。

　前述の通り、評価開始の一応の目安は決算日の3ケ月程度前になります。

②運用状況評価の実施方法

　運用状況の評価のためには、十分かつ適切なエビデンスを入手します。その上で、定められた評価手続を適用して次のように評価を行います。「（中略）関連文書の閲覧、当該内部統制に関係する適切な担当者への質問、業務の観察、内部統制の実施記録の検証、各現場における内部統制の運用状況に関する自己点検の状況の検討等により、業務プロセスに係る内部統制の運用状況を確認する。」（実施基準Ⅱ.3（3）④イ）こうした質問、閲覧、観察のアプローチをできるだけ具体的に評価手続に織り込んでおくことを勧めます。評価を効率化するための重要なポイントです。

③評価後の内部統制上の重要な変更

　運用状況の評価を期中に実施した後、期末日までにキーコントロールなど内部統制に関する重要な変更があった場合は、文書の変更を踏まえて再度評価を実施して有効性を確認する必要があります。

　「運用状況の評価を期中に実施した場合、期末日までに内部統制に関する重要な変更があったときには、例えば、以下の追加手続の実施を検討する。なお、変更されて期末日に存在しない内部統制については、評価する必要はないことに留意する。

　a．重要な変更の内容の把握・整理
　b．変更に伴う業務プロセスにおける虚偽記載の発生するリスクとこれを低減す

る統制の識別を含む変更後の内部統制の整備状況の有効性の評価

c. 変更後の内部統制の運用状況の有効性の評価」（実施基準Ⅱ.3（3）④ハ）

期中の内部統制の重要な変更への対応をあらためて整理すると次のようになります。

・例えばキーコントロールが変更されて内部統制上の重要な変更が起きた時は、まず変更内容を正確に把握する

・変更点を踏まえて文書に修正を加える。キーコントロールの内容だけでなく、評価のための手続や参照すべきエビデンスも同じように変更を加える

・新しい文書を踏まえ、変更内容についてあらためて整備状況評価を実施する。文書と実務の整合性やキーコントロールがリスクを低減しているかどうか検証する。その上で有効性が認められたことを評価結果として記録する

・評価に求められる一定数のサンプルが無作為に抽出できたら、あらためて運用状況評価を実施する。有効性を確認した後、評価結果を記録に留める

④評価で有効性を確認できない場合

　評価の際に、キーコントロールの趣旨に反する例外事項が発生した場合には、不備の是非について検討する必要があります。一般的にキーコントロールの趣旨に反する事項が発生すると、それは直ちに不備であると考えがちです。しかし、正確にいうとキーコントロールに反する例外事項が検出されたからといって、それが直ちに不備に結びつくわけではありません。不備と認定するには、その前に確認すべきことがあります。不備への対応については、後述の「4. 不備こそ業務改善に向けた絶好のチャンス」で詳しく説明します。

Q&A エビデンスの発生しないキーコントロールは評価できる？

［Q］当社には、入札によって取引先を決定した際、権限者が入札結果を確認して承認するという規則があります。さらに社内の内部統制報告制度では、権限者の承認をキーコントロールとして位置づけています。今期はまだ入札の事例がなく、整備状況評価の際にキーコントロールを確認するためのエビデンスがありません。こうした時は不備となるのでしょうか？

［A］整備状況評価の際に、取引がないためにキーコントロールを検証するエビデンスが発生していなくても、不備になることはありません。ただし、内部統制の仕組みが整備されているかどうかを検証することが評価の目的となるので、前期に発生したエビデンスを用い、仕組み自体が整備されていることを検証することができます。そして実際の取引が発生した時に、正式な評価をします。

　しかし今期に限らず、来期以降も引き続き入札によって取引先を決定する取引が発生しない場合は、権限者による入札結果の承認行為をキーコントロールの位置づけとせずに、通常のコントロールとして扱うことも検討しましょう。取引がほとんど発生しなければ、リスクの発生可能性についても議論する余地はなくなります。にもかかわらず、権限者の承認をそのままキーコントロールとして位置づけておくことに、制度上の意義が感じられないように思えます。

⑤運用状況評価を分割する

　日常反復的に繰り返されるキーコントロールを評価する際には、最大25件のサンプルの抽出が求められます。そのため内部統制を初めて立ち上げる会社では、不慣れも手伝って、評価に負担が伴うことが予想されます。こうした時、評価自体を2回に分割して実施することができます。ただし分割による評価は、期中にキーコントロールの内容や手続に変更がないことが前提になります。

　例えば、12月決算の会社が、期首から6ヶ月が経過した後で1回目の運用状況評価を行い、その4ヶ月後に2回目の評価を分割して行うとします。1回目に採取

すべきサンプル数は、評価期間全体のうち、期首から経過した期間で按分計算します。全体の評価期間は1～10月までの合計10ヶ月で、1回目の評価までに経過した期間は6ヶ月、したがって1回目の評価で抽出すべきサンプルは、次のように計算します。

最大25サンプル×6ヶ月（経過月数）/10ヶ月（評価合計月数）＝15サンプル

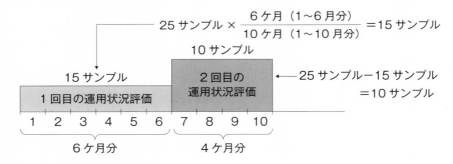

図3.6　抽出すべきサンプル数

　そして、2回目の評価に必要なサンプル数は、最大25サンプルから15サンプルを差し引き、10サンプルとなります。

　分割評価は業務プロセスに限らず、決算・財務報告プロセスの固有の業務プロセスでも活用できます。分割評価のメリットは、評価負担の軽減だけに留まりません。初めて評価を行う会社が、キーコントロールの定着の度合いや強度を見極め、強度が弱いと判断した箇所を早期に補強、改善することができます。あるいは評価の準備から実施、記録まで一連の評価業務を早期に習得することができます。しかし他方で、何度もサンプルの抽出や評価を実施しなければならず、準備や記録に時間と手間を要する点がデメリットとして挙げられます。

IT（情報技術）統制の運用状況評価

IT全般統制は整備、運用それぞれのフェーズで所定のサンプルに基づき、評価手続に沿って評価します。IT業務処理統制の評価も同様であり、業務プロセスに組み込まれ、適切に運用されているかを評価します。ただし、業務プロセスに組み込まれたIT業務処理統制のうち、自動化された統制の場合は、IT全般統制の有効性を前提に、自動化統制の代表的なサンプルを1件用いて有効性を確認できる評価ができれば、それをもって全ての評価を終えることができることは、前述の通りです。

運用状況の評価を終える

経営者は運用状況評価を終えた後、外部監査人による運用状況の監査を受け、有効性が得られれば、運用状況評価が完了します。運用状況評価の結果記録と保管については、整備状況評価の場合と同じ対応になります。

3. ロールフォワード手続

整備や運用状況の評価は期中に実施するため、あくまで暫定的な評価です。そのため、内部統制が期末日（基準日）まで有効に機能していることを最終的に確認する必要があります。つまり整備、運用状況評価を完了したとしても、運用状況評価を開始した日から決算日（基準日）までの期間は、評価の対象から外れてしまいます。そのため、その期間を対象として評価を実施するのがロールフォワード手続です。

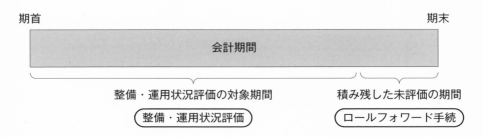

図 3.7　ロールフォワード手続

しかしロールフォワード手続は、実施基準によって手続が明確に定められておらず、外部監査人と具体的な進め方を打ち合わせる必要があります。一般的には運用状況の評価を実施した日から、期末日（基準日）までの期間を対象にすでに行った評価結果に影響を及ぼす事象がないかどうかを確かめるため、担当者へ簡易な質問を行ったり、サンプルを採取して確認、評価をします。

ロールフォワード手続の評価期間
　対象期間は、運用状況の評価を実施した日から、期末日（基準日）までです。

ロールフォワード手続の評価対象
　評価対象は、運用状況評価を経た、全ての評価項目やキーコントロールになります。そして具体的には次のような展開を想定しています。

①運用状況評価結果への一定の影響の有無
　運用状況評価で、いったん有効と判断された評価項目やキーコントロールであっても周辺の環境が変わることで、有効性が損なわれる場合があります。例えば、基幹システムの一部が変更される、あるいは業務手順が変わることで、評価項目やキーコントロールの内容が変わってしまうことが考えられます。人事異動等でキーコントロールの実施者が知識や経験の乏しい新任者に代わり、統制の実効性が乏しくなるなどのケースも考えられます。

②未評価の項目に対する評価の実施
　期中の評価時に、該当する取引やサンプルが発生せず、評価を保留せざるを得ない場合があります。とりわけ緊急事態などの場合に、予定した業務が遅延や中断し、必要な証憑、帳票や文書が入手できないケースが増えていることも想定できます。

ロールフォワード手続の実施者
　整備、運用状況評価の際の評価者と同じになります。

どのようにロールフォワード手続を実施するか

　外部監査人と実施方法に関して具体的に協議して、ルールにまとめることが前提ですが、私見として次のような方針が考えられます。

①ロールフォワード手続が不要なケース

　決算日（基準日）が属する月に運用状況評価を終え、監査においても有効性が確認されている時、あえてロールフォワード手続を実施する必要はありません。決算の当月に評価を終え、同月内に評価項目やキーコントロールの周辺環境に大きな変化が起きるとは一般的に考え難いからです。

②口頭や書面による簡易な確認

　決算日（基準日）から起算して3ケ月前までの期間内に運用状況評価が実施され、監査で有効性が確認されている時は、ロールフォワード手続は口頭または書面照会で行います。運用状況評価以降、評価項目やキーコントロールの周辺環境が変わり、有効性が損なわれることはないかどうか、評価者がプロセスオーナーをはじめ評価項目の責任者やキーコントロールの実施者に直接口頭で質問します。海外など遠隔地はオンライン会議での質問か、またはメール等による書面による照会も考えられます。

　口頭や書面による確認の結果、すでに行った運用状況評価の結果に影響をもたらす事象がないと判断できれば、ロールフォワード手続は完了します。しかし、確認の結果、影響をもたらす事象があると判断した場合は、あらためて運用状況評価を行います。なお、評価に要するサンプル数は、キーコントロールのはたらく頻度に応じて異なるため、必ず外部の監査人と協議の上で、サンプル数を定めるようにしてください。

③整備状況評価か簡易な運用状況評価

　決算日（基準日）から起算して3ケ月を超える場合は、あらためて整備状況評価を行うか、または運用状況評価を実施することを勧めます。ただし抽出するサンプル数は、通常の運用状況評価時よりも少なく抽出する簡便な対応が妥当と考えられます。

④本来の運用状況評価を実施

　期中の評価に対して業務の遅延や中断により評価に必要な証憑、帳票や文書が入手できず、評価を保留した場合は、本来の運用状況評価を実施して評価します。ロールフォワード手続においても整備、運用状況評価と同じように、結果を記録して保管することに変わりはありません。

Q&A　長引く在宅勤務でどのように承認履歴を残すのか

[Q] 在宅勤務が恒常化したため、急ぎの場合に上長から承認印をもらうことができません。当社は規模が小さい上、他社よりもシステム化が遅れており、電子承認システムなどで承認履歴を残すことができません。かといって口頭による承認では、内部統制の評価や監査の時に証跡を残すことができません。どうしたら有効な承認の証拠を残せますか。

[A] 在宅勤務では、物理的に文書や伝票に承認印を押印することはできません。かといって健康を損ねるリスクを犯してまで出社し、承認を得ることも勧められる対応ではありません。しかし上長が担当者あてに電子メールで承認の旨を伝えることはできるはずです。上長からの承認を伝える電子メールを保管し、承認、決裁の代わりとします。上長からの電子メールは関連文書と共に電子データとして保管しておけば、内部統制の評価や外部監査人の監査の際も、承認を裏付ける有効な証拠（エビデンス）となり得ます。

　ただし電子データに基づく文書は改ざんのおそれがあるため、タイムスタンプを用いて偽装や改ざんのリスクを排除することにも注意を払いましょう。タイムスタンプとは、電子データがある時刻に確実に存在していたことを証明する電子的な時刻証明書です。また紙の契約書への押印を避けるために電子データによる契約締結をする仕組みも考えられます。

4. 不備こそ業務改善に向けた絶好のチャンス

　一般的に整備状況で不備といえば、内部統制の文書が実務を反映しない、設計したコントロールがリスクを適切に低減していないことを意味します。また、運用状況で不備とは、設計したキーコントロールが意図した通りにはたらかない、あるいは誤りが起きることなどを示しています。さらに不備は、重要性の度合いに応じ、開示すべき重要な不備とそれ以外の不備に分かれます。前述した通り、内部統制が人によって運用される制度である以上、不備の発生は自然であり、むしろ業務を改善する絶好のチャンスです。それでは、どうすれば不備を改善し、内部統制の有効を保つことができるのでしょうか。あらためて不備とは何かを実施基準により確認しておきましょう。

　「内部統制の不備は、内部統制が存在しない、又は規定されている内部統制では内部統制の目的を十分に果たすことができない等の整備上の不備と、整備段階で意図したように内部統制が運用されていない、又は運用上の誤りが多い、あるいは内部統制を実施する者が統制内容や目的を正しく理解していない等の運用の不備からなる。（以下略）」（実施基準Ⅱ.1 ②イ）

整備上の不備を改善せよ

　評価手続に沿って評価した結果が下記に当たる場合は、整備上の不備として取り扱います。不備は評価時に判明することもあれば、外部の監査人の監査で検出されることもあります。いずれの場合でも、不備は内部統制の有効性を妨げる原因となるため、改善を施さねばなりません。整備状況評価は、いわば仕組みの地固めです。不備があるならば、全て出し切ってくまなく改善を施します。

　＜整備上の不備の事例＞

・そもそもあるべき文書が作成されていない

・文書に示された業務手順が実際と異なる

・承認をする権限者が文書と実際で一致しない

・評価のためのエビデンスが入手できない

> ・業務に用いる帳票に名称がなく特定できない、あっても実際と異なる
> ・設計されたコントロールではリスクを十分低減できない

運用上の不備を改善せよ

　各文書の評価項目や業務プロセスのキーコントロールが、設計した通りにはたらいていない、たとえはたらいても誤りがある場合などは、運用上の不備となります。文書と異なる権限者や担当者がキーコントロールを実施している場合も運用状況の不備に当たります。不備は経営者による運用状況評価だけでなく、外部の監査人による監査でも検出されます。前者ならば、経営者は改善を施してあらためて再評価を実施し、外部の監査人による監査に備えます。後者ならば、経営者が改善に基づく再評価の上、再度監査を受けなければ、不備を是正することはできません。

> ＜運用上の不備の事例＞
> ・文書と異なる権限者がキーコントロールを実施している
> ・評価項目やキーコントロールに反して実施結果に誤りがある
> ・キーコントロールを実施する意図や目的が正しく理解されていない
> ・キーコントールを評価するためのエビデンスが保管されていない

全社的な内部統制の不備と改善

　全社的な内部統制の不備は、業務プロセスに係る内部統制に直接または間接的に影響を及ぼすだけではありません。実施基準によれば、最終的な財務報告の内容に広範な影響をもたらします。

　「したがって、全社的な内部統制に不備がある場合には、業務プロセスに係る内部統制にどのような影響を及ぼすかも含め、財務報告に重要な虚偽記載をもたらす可能性について慎重に検討する必要がある。」（実施基準Ⅱ3．(4)①イ）全社的な内部統制の不備の中でも、財務報告に大きな影響を及ぼす虚偽記載になる開示すべき重要な不備に当たるかどうかについて慎重な検討を施す必要があります。

①全社的な内部統制の有効性を判断する根拠

　全社的な内部統制の不備を考える前に、本来あるべき全社的な内部統制の姿を確認しておく必要があります。全社的な内部統制が有効であると判断するためには、それが公正妥当な仕組みに準拠して、業務プロセスの整備や運用を支援できる全般的な構成を整えていることが求められます。そのため、次に示した有効性を示す要件を損なう場合に不備が論じられることになります。

・全社的な内部統制が、一般に公正妥当と認められる内部統制の枠組みに準拠して整備及び運用されていること。
・全社的な内部統制が、業務プロセスに係る内部統制の有効な整備及び運用を支援し、企業における内部統制全般を適切に構成している状態にあること。
（実施基準Ⅱ.3（4）①ロ）

---

②全社的な内部統制の不備

　全社的な内部統制の不備は、最終的に財務報告の信頼性に広範な影響をもたらします。そのため不備が見つかると、それが内部統制報告書に開示すべき重要な不備に該当するかどうか慎重に検討する必要があります。

　「内部統制の開示すべき重要な不備とは、内部統制の不備のうち、一定の金額を上回る虚偽記載、又は質的に重要な虚偽記載をもたらす可能性が高いものをいう。」（実施基準Ⅱ.1②ロ）不備の中でも、一定の金額を上回るか、または質的に重要な虚偽記載をもたらす可能性が高いものが開示すべき不備に相当します。そして全社的な内部統制において、実施基準が例示する開示すべき重要な不備は、いずれも内部統制の根幹に影響をもたらす項目です。

　例えば、以下のものが挙げられる。
　a. 経営者が財務報告の信頼性に関するリスクの評価と対応を実施していない。

b. 取締役会又は監査役等が財務報告の信頼性を確保するための内部統制の整備及び運用を監督、監視、検証していない。

c. 財務報告に係る内部統制の有効性を評価する責任部署が明確でない。

d. 財務報告に係るITに関する内部統制に不備があり、それが改善されずに放置されている。

e. 業務プロセスに関する記述、虚偽記載のリスクの識別、リスクに対する内部統制に関する記録など、内部統制の整備状況に関する記録を欠いており、取締役会又は監査役等が、財務報告に係る内部統制の有効性を監督、監視、検証することができない。

f. 経営者や取締役会、監査役等に報告された全社的な内部統制の不備が合理的な期間内に改善されない。

（実施基準Ⅱ.3（4）①ハ）

③開示すべき重要な不備を判断する

　実施基準では、全社的な内部統制における開示すべき重要な不備を具体的に例示していますが、それは全社的な内部統制に限って発生するわけではありません。そのため開示すべき重要な不備を他の不備と区別するためには、常に個別に検討を施す必要があります。実施基準は、次のように検討のアプローチを示しています。「経営者は、内部統制の不備が開示すべき重要な不備に該当するか判断する際には、金額的な面及び質的な面の双方について検討を行う。財務報告に係る内部統制の有効性の評価は、原則として連結ベースで行うので、重要な影響の水準も原則として連結財務諸表に対して判断する。」（実施基準Ⅱ.1②ロ）開示すべき重要な不備は、連結ベースにおいて、金額的な面と質的な面の双方から、個別具体的に判断する必要があります。

●金額的な重要性の判断

　金額的重要性は、連結総資産、連結売上高、連結税引前利益などに対する一定の比率で判断します。評価時の数値だけでなく、過去の一定期間の実績値の平均でもかまいません。

例えば、連結税引前利益に対する比率で判断するとするならば、概ねその5%程度の金額が開示すべき重要な不備の是非を判断する一定の金額となることを実施基準は示しています。ただし他方で「これらの比率は画一的に適用するのではなく、会社の業種、規模、特性など、会社の状況に応じて適切に用いる必要がある。」（実施基準Ⅱ.1②ロ a）とも述べられ、一定の比率についての画一的な適用を避けることが求められています。

● 質的な重要性の判断

　質的な重要性の判断について、実施基準は例えばという前提を置きながら「（中略）上場廃止基準や財務制限条項に関わる記載事項などが投資判断に与える影響の程度や、関連当事者との取引や大株主の状況に関する記載事項などが財務報告の信頼性に与える影響の程度で判断する。」（実施基準Ⅱ.1②ロ b）と示しています。

　上場廃止基準に関わる要件、金融機関の貸付と返済に関わる財務制限条項あるいは関連当事者取引や大株主の状況を踏まえた判断が質的重要性の判断に影響しますが、他方でこれらはあくまで例示であるという点に注意しておく必要があります。

④全社的な内部統制の不備の解消

　外部の監査人によって不備（開示すべき重要な不備を含む）が指摘された場合、経営者は改善の方針を打ち出し、関係する全ての部門の協力を仰いで改善を実施します。そして改善の後、再度評価を行って外部の監査人による監査に臨みます。たとえ開示すべき重要な不備であっても、決算日（基準日）までに監査により有効性が確認できれば、全社的な内部統制は有効と判断されます。しかし、開示すべき重要な不備が、決算日（基準日）までに改善できない場合、内部統制は非有効と判断され、経営者は内部統制報告書においてその旨を表明する必要があります。

決算・財務報告プロセスの不備と改善

　全社的な観点で評価すべきプロセスの不備と改善については、前述した全社的な内部統制に準じて対応し、固有の業務プロセスとして扱われるプロセスの不備と改善は、後述する業務プロセスと同様の対応によります。

業務プロセスに係る内部統制の不備を考える

運用状況評価において内部統制上の不備が発見された場合、是正への対応を速やかに行うために、開示すべき重要な不備に相当するのか、あるいはそれ以外の不備であるかを判定します。判定は次のステップにしたがって順に行います。

- ・不備の影響が及ぶ範囲（金額）を検討する
- ・不備の影響が発生する可能性を検討する
- ・不備の質的重要性と金額的重要性を検討する

①不備の影響が及ぶ範囲（金額）を検討する

「（中略）不備の重要性を判断するに当たり、当該業務プロセスに係る内部統制の不備がどの勘定科目にどの範囲で影響を及ぼすか検討する。」

（実施基準Ⅲ.4（2）④イ）と、実施基準では述べられ、出荷プロセスの不備を例に挙げて勘定科目への影響を次のように説明しています。

- ・もし出荷プロセスが全て定型化していれば、不備がもたらす影響額は事業拠点全体の売上高に及ぶと考えられる
- ・出荷プロセスのうち、特定の商品の出荷だけに関わる不備であれば、影響額はその商品の売上高に限定される
- ・異なる事業拠点の出荷でも問題となった業務手順を定型的に用いていれば、他の事業拠点全体の売上高にも不備の影響が及ぶ（実施基準Ⅲ.4（2）④イを参照）

②不備の影響が発生する可能性を検討する

①で求めた不備の影響が実際に発生する可能性を検討します。実施基準では不備の発生確率をサンプリングの結果により統計的に導くことも考えられるとしています。例えば出荷プロセスの中で最大25件のサンプルを無作為に抽出し、不備が1件検出されていれば、不備の影響が発生する可能性は4%（1/25）と算定することができます。しかし、統計的に導き出すことが難しいと考えられる場合には、不備が発生する可能性を（例えば、高、中、低）の定性的なレベルで把握し、それに応

じてあらかじめ定めた比率を発生確率として適用することもできます。ただし、発生可能性が無視できる程度に低い場合は、除外することもできます。

③不備の質的重要性と金額的重要性を検討する

　最後に①で得た不備の影響が及ぶ金額に②で得た不備の影響が発生する可能性を乗じて、財務報告に及ぼす潜在的な影響額を導き出します。そして金額的重要性または質的重要性に照らし、開示すべき重要な不備に当たるかどうかを判断します。

●金額的重要性

　実施基準は、金額的重要性を判断する基準として、「（注2）例えば、連結税引前利益については、概ねその5％程度とすることが考えられるが、（以下略）」（実施基準Ⅱ.1②ロa（注2））と示し、具体的な判定数値を挙げています。

　このため、導き出した不備の潜在的な影響額が連結税引前利益に5％を乗じた額と同程度または、それを超える時は、開示すべき重要な不備と判断されます。同じ勘定科目に関わる不備が複数存在する場合は、全て合算（重複額は控除）します。

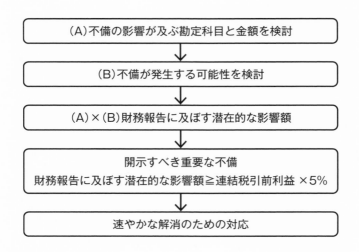

図 3.8　金額的重要性の検討

さらに、判断基準とした連結税引前利益が著しく変動したり、損失（負となる）に転じた場合が想定されます。

　こうした場合には、「（中略）例年と比較して連結税引前利益の金額が著しく小さくなった場合や負になった場合には、必要に応じて監査人との協議の上、（連結税引前利益の）例えば5%ではなく、必要に応じて比率の修正や指標の変更を行うことや連結税引前利益において特殊要因等を除外することがあり得ることに留意する。」（実施基準Ⅱ.1②ロa（注2））と示して、監査人との協議による例外的な対応にも備えることを求めています。

●質的重要性

　質的な重要性の判断は、前述の全社的な内部統制における開示すべき重要な不備にかかわる質的な重要性の判断の場合と同じになります。

④金額的重要性を毎年変更できるか

　金額的重要性の判断基準を毎年変更することは、毎期行われる不備の判断基準の連続性や評価の継続性を損なうおそれがあります。そのため（金融庁Q&A問77）【開示すべき不備の判断指標】では、恣意的な判断基準の変更を避けるために、監査人との十分な協議を求めています。

問）（中略）当初、決めていた開示すべき重要な不備を判断する指標を変更することは可能か。また、当該指標を毎年変更するような取扱いは認められるのか。

答）（中略）企業の状況に応じて指標等を変更することは可能ではあるが、恣意的に変更することは適切でなく、特に、予め定めていた指標を年度途中で変更する場合には、監査人と十分協議し、変更に当っての合理的な理由が必要であると考えられる。

　不備の判断には、一定の客観的な基準に基づく継続性が求められます。そして、

開示すべき重要な不備であろうと、それ以外の不備であろうと、いずれも解消に向けて対応することに変わりはありません。不備（開示すべき重要な不備を含む）が決算日（基準日）までに改善できれば、内部統制は有効と判断されます。

　内部統制報告書において自社の内部統制が有効である旨を表明することは、少なくとも開示すべき重要な不備が存在しないことを意味します。しかし、開示すべき重要な不備が改善できなければ、内部統制報告書において自社の内部統制が非有効である旨を表明することになります。

業務プロセスに係る不備改善のシナリオ

　日に複数回はたらくキーコントロールを評価する場合、サンプルの総数を構成する母集団から最大25件のサンプルを無作為抽出して評価をします。しかし、評価は無作為抽出によって行われるために、たとえ不備があってもそれが必ずしも母集団全体の特性を代表しているとは限りません。こうしたことから、不備の具体的な状況によって、改善のための道筋が異なることが起きてきます。

①評価結果が必ずしも母集団の特性を代表していない場合

　例えば、経理部門で25件の振替伝票のうち、1件の承認漏れが判明したとします。また、振替伝票の承認は、キーコントロールに位置づけられているとします。しかし承認権限者はこの時期、海外拠点の思わぬ事故により、頻繁に国内外を往復せざるを得ませんでした。そのため、事務負担の異常な多さから承認漏れが起きたと判断することも可能です。そうなれば、無作為抽出の結果は、必ずしも日常の業務を適切に反映しているとはいい難いということになります。このようにキーコントロールの趣旨に反する例外的な事項（承認漏れ）が、必ずしも母集団の特性を代表していないと考えられる場合には、サンプルを一定数追加抽出して追加評価を行うことができます。では、追加抽出すべきサンプルの数はどのように決定すべきなのか、それは「サンプリングを考える」で後述します。ここでは、たとえキーコントロールの意図に反する例外事項が見つかったとしても、それが直ちに不備に結びつくとは限らないということを理解しておきましょう。

②新たなサンプルを抽出しても同じ結果が想定される場合

　例えば、顧客との販売割引契約の内容を誤って解釈したまま、割引計算を一律かつ機械的に行っていたとします。この場合、計算結果を無作為にサンプル抽出したとしても、同じように計算誤りのサンプルが選ばれることが想定されます。このように抽出したサンプルが母集団の特性を反映していると考えられる場合は、例外事項（割引計算の誤り）を不備として判断し、再発防止に向けた改善を施すようにします。

　具体的にいえば、まずキーコントロールに再発防止のための改善を施します。そして新たに設計したキーコントロールを現場に持ち込み適用して、評価に必要なサンプルが生成されるのを待ちます。母集団が形成され、そこから所定のサンプルが抽出できたら再度、評価を実施して有効性を確認します。経営者による評価の際に発覚した不備ならば、改善して再評価をした上で、外部の監査人による監査に臨みます。他方監査によって不備が指摘された場合は、経営者が改善を施して再評価の上、もう一度監査を受け、有効性の確保を目指します。

③押印漏れの不備対策

　承認権限者の突然の出張、不在や不慮の事態の際にも、業務を止めることはできません。こうした事態に備え、代理承認や代理決裁など権限の一時的な委任をあらかじめ決裁のルールとして定めておくことを勧めます。代理承認の定めがあれば、権限者の不在に伴う対応を円滑に行うことができ、押印漏れによる不備を指摘されることもなくなるはずです。

Q&A　権限者の不在と承認の対応について

[Q] 承認権限者が出張することが多く、工場の固定資産や不良製品の廃棄処理をする時の承認が得られず、外部の監査人による監査で不備の指摘を受けてしまいました。権限者が不在とはいえ業務を止めるわけにはいかず、帰社後にあらためて承認をもらえばよいのですが、日常の仕事に追われてしまい忘れがちです。他にも何か有効な方法はないでしょうか？

[A] 権限者の承認による決裁を専決にせず、業務分担表に出張時の代理決

裁のルールを定めるか、あるいは権限を下位に委譲することも検討してほしいと思います。キーコントロールを実行する者が役職者でなければならないことはありませんし、余程の重要事項を除き代理できないと考える必要もありません。業務分担表や決裁権限規程にきちんと代理決裁や後閲による決裁（いったん代理で決裁した後、後日正規の権限者が決裁すること）を定めておけば、出張時や緊急時に対応できます。

　また権限者による承認が常にキーコントロールになるとは限りません。例えば、権限者による仕訳の承認をキーコントロールにしていたとしても、下位者のダブルチェックによって正確な入力を行うことで漏れを防止でき、キーコントロールの目的を達成できることがあります。そのような場合は、権限者による承認をキーコントロールから外し、権限の下位委譲によって業務の効率化につなげることができると考えられます。

サンプリングを考える

　母集団から評価のためのサンプルを抽出することをサンプリングといいます。サンプリングには、統計的サンプリングと非統計的サンプリングの2種類があります。統計的サンプリングの特徴は、次の通りです。

・サンプルの抽出に無作為抽出法を用いる
・サンプリングの結果に基づき母集団に関する結論を出すに当たり、確率論を用いる

　この統計的サンプリングの要件を満たさないサンプリング手法は、全て非統計的サンプリングに分類されます。非統計的サンプリングは人の恣意性が入り込む余地があります。評価者が実施したサンプリングの結果について、監査人の信頼を得るためにも統計的サンプリングを用いることを勧めます。

①日常反復継続する統制のサンプル数

　日に複数回発生する取引を統制するキーコントロールについて、有効性を確認す

るため、母集団をくまなく検証するわけにはいきません。それは母集団が大きすぎ、全てを検証することが困難だからです。

そこでこうしたキーコントロールを評価する時、評価に必要なサンプル数を求めるために、属性サンプリングという手法を用います。

属性サンプリングは統計的サンプリングの1つで、これを使うと日に複数回はたらくキーコントロールを評価する場合に、母集団からいくつのサンプルを抽出したらよいのか分かります。

● 逸脱率

逸脱率とは、内部統制が求める結果が得られない割合のことをいいます。例えば権限者の承認が求められる場合、承認が欠けるサンプルの数が逸脱数であり、その割合を逸脱率といいます。母集団を全て調べて真実の逸脱率を正確に算出することはせずに、確率論を用いて評価するためのものです。

● 許容逸脱率

許容逸脱率とは、評価者が受け入れることができる内部統制からの最大の逸脱率で、一般的には10%以下に設定します。

● 予想逸脱率

予想逸脱率とは、評価者が母集団の中に存在すると予想する内部統制からの逸脱率で、評価前における母集団に対する予想の値です。

● サンプリングリスク

サンプリングリスクとは、サンプルが必ずしも母集団の特性を代表しているとは限らないリスクをいいます。その裏返し（補数）は、抽出したサンプルが母集団の特性を代表していることになり、信用の水準を表します。内部統制では一般的に信用水準は90%以上が求められます。

次ページの図3.8は、信頼水準90%を前提に、母集団から抽出すべき最低サンプル数を確率論によって導き出したものです。カッコ内は逸脱数を示しています。許

容逸脱率9%、予想逸脱率0%を想定した場合、属性サンプリングによれば、母集団の特性を代表するサンプル数は25件となります。

許容逸脱率→ 予想逸脱率↓	3%	4%	5%	9%	10%
0%	76 (0)	57 (0)	45 (0)	25 (0)	22 (0)
1.0%	176 (2)	96 (1)	77 (1)	42 (1)	38 (1)
1.5%	−	132 (2)	105 (2)	42 (1)	38 (1)
2.0%	−	198 (4)	132 (3)	42 (1)	38 (1)
2.5%	−	−	158 (4)	58 (2)	38 (1)

信用水準90%のサンプル件数のテーブル

American Institute of Certified Public Accountants Audit and Accounting Guide Audit Sampling より引用、一部修正

図 3.9　属性サンプリングに基づくサンプル抽出表

　こうして、属性サンプリングに基づくと、確率論上、抽出した25件のうちに逸脱数が1件もなければ、内部統制の有効性が確かめられることになります。実施基準でも同様の考え方が述べられています。「（中略）例えば、日常反復継続する取引について、統計上の二項分布を前提とすると、90%の信頼度を得るには、評価対象となる統制上の要点ごとに少なくとも25件のサンプルが必要になる。」（実施基準Ⅲ.4（2）①ロ a）これは、日常反復継続する取引に関して、信頼性を得るには抽出すべきサンプル数が25件であることを示しています。

　なお、二項分布とは、ある行為をした時に結果（キーコントロール通りか／そうでないか）が2つしか起きない場合に得られる統計上の分布をいいます。

②キーコントロールに反する例外事項について

　では、次に許容逸脱率を9%のままとし、予想逸脱率を0%から1%に高く推定すると、42件のサンプル数のうち1件の逸脱が許されることが分かります。前述した経理部門での振替伝票の承認漏れを例にして考えます。25件の振替伝票をサンプルとして抽出し、承認の欠ける例外事項が1件ありました。しかし、1件の例

外事項は母集団の全体を反映していないと考えられます。そのため、サンプルを42件まで増やして追加評価を行い、もし承認の欠けたサンプルが1件のままであれば、そのキーコントロールの有効性が確認できたということになります。

別の言い方をすれば、すでに抽出、評価した25件のサンプルに追加で17件のサンプルを無作為抽出したところ、17件のサンプルには例外事項がなく、42件のサンプルのうち、例外事項は1件に留まったということになります。

③追加サンプルの例外事項について判断する

しかし、サンプルを追加抽出して、未承認の例外事項が新たに見つかれば、それはもはや例外事項が母集団の特性を反映していないとはいえません。したがって、その時点で不備があると判断することになります。

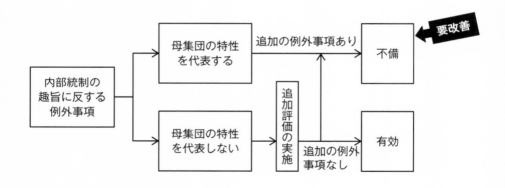

図3.10　内部統制に反する例外事項の不備検討フロー

IT（情報技術）統制の不備と改善

IT（情報技術）統制の不備の中でも、IT業務処理統制は業務プロセスに組み込まれ、他の業務プロセスに関する内部統制と同じようにはたらいています。そのため不備が認められた場合は、それが開示すべき重要な不備に当たるかどうか十分に検討する必要があります。

① IT 全般統制の不備と改善について

　IT 全般統制に不備がある場合には、まず他の内部統制により、代替的又は補完的に不備が補われ、財務報告の信頼性が損なわれていないかどうか検討します。代替的又は補完的な統制が利いていればよいですが、不備に対する代替や補完が認められない場合も考えられます。そのような場合、IT 業務処理統制の有効な機能を損なう可能性が考えられるため、確認をする必要があります。例えば評価に必要なサンプルを増やして評価を行うなどの対応をすることで、IT 業務処理統制が適切に機能しているかどうか検証することが考えられます。

● 開示すべき重要な不備に関する検討

　実施基準では「IT に係る全般統制の不備は、財務報告の重要な事項に虚偽記載が発生するリスクに直接に繋がるものではないため、直ちに開示すべき重要な不備と評価されるものではない。」（実施基準Ⅱ.3（4）③）とされています。しかし開示すべき重要な不備ではなくとも、虚偽記載のリスクが全く払拭されているわけではありません。前述の通り、代替や補完する統制の確認や IT 業務処理統制を損なうリスクについて検討することが求められます。さらに全社的な内部統制に係る開示すべき重要な不備の例として、「d. 財務報告に係る IT に関する内部統制に不備があり、それが改善されずに放置されている。」（実施基準Ⅱ.3（4）①ハ）が挙げられていることにも注意を払う必要があります。

② IT 業務処理統制の不備と改善について

　IT 業務処理統制は業務プロセスに組み込まれ、他の業務プロセスに係る内部統制と同じようにはたらくため、不備が認められた時は、開示すべき重要な不備に当たるかどうか十分検討する必要があります。自動による統制が多いため、同じ誤りが繰り返されることで財務報告の信頼性に影響をもたらすおそれがあります。例えばシステム上、修正を施した計算プログラムの誤りが見過ごされたために、財務報告の信頼性に重要な影響を及ぼすことになり、開示すべき重要な不備として報告された事例があります。また人と IT が一体となって機能する複合型の統制活動に不備があった場合は、不備が人のはたらきに関する部分から生じるのか、それとも IT に関する部分から生じているかをきちんと識別して対応することが求められます。

不備の改善と報告

　内部統制の最終的な有効性の判断は、各子会社による個別の判断ではなく連結ベースで行います。そのため評価対象となる子会社や関連会社から報告された不備（開示すべき重要な不備を含む）全体を連結ベースで合算した上で、最終的な評価とします。

①不備改善の締切日はいつか

　一年間の評価期間の中で、不備が検出されたとしても、決算日（基準日）までに改善を施すことができれば、内部統制は有効であると認められることはすでに述べた通りです。では、有効と認められるとは具体的にいつの時点を示しているのでしょうか。

　実施基準は、不備改善の時点について次のように示しています。「経営者による評価の過程で発見された財務報告に係る内部統制の不備（開示すべき重要な不備を含む。）は、適時に認識し、適切に対応される必要がある。開示すべき重要な不備が発見された場合であっても、それが報告書における評価時点（期末日）までに是正されていれば、財務報告に係る内部統制は有効であると認めることができる。」（実施基準Ⅱ.3（5））ここでいう、評価時点（期末日）とは、経営者が不備を改善した後、あらためて評価を完了して有効性を確かめた時点ではありません。その先の監査によって最終的に不備が改善され、有効性が確認された時点を指しています。そのため、経営者が改善に基づき、評価を有効に完了させていたとしても期末日に、不備の改善を確認する監査が完了していなければ、不備が解消されたとはいえないという点に注意しておく必要があります。

②内部統制報告書による不備の報告

　開示すべき重要な不備及びそれ以外の不備は必要に応じ、財務報告全体に及ぼす影響金額、対応策および他の有用な情報と併せて連結レベルでまとめられ、是正のために次のような手続を経て処理されます。

●不備全般について

「財務報告に係る内部統制の評価の過程で識別した内部統制の不備（開示すべき

重要な不備を含む。）は、その内容及び財務報告全体に及ぼす影響金額、その対応策、その他有用と思われる情報とともに、識別した者の上位の管理者等適切な者にすみやかに報告」（実施基準Ⅱ.3（4）④）され、是正が求められることになります。不備の対象となった評価項目やキーコントロールについては、再発防止のための検討が施されます。

●開示すべき重要な不備について

中でも、「（中略）開示すべき重要な不備（及び必要に応じそれ以外の不備）は、経営者、取締役会、監査役等及び会計監査人に報告する必要がある。」（実施基準Ⅱ.3（4）④）開示すべき重要な不備が是正されなければ、自社の内部統制は非有効となる重要な局面に直面します。したがって、改善を急がなければなりません。

●期末日までに是正されない開示すべき不備について

さらに「（中略）開示すべき重要な不備が期末日に存在する場合には、内部統制報告書に、開示すべき重要な不備の内容及びそれが是正されない理由を記載しなければならない。」（実施基準Ⅱ.3（4）④）開示すべき重要な不備が期末日までに是正できない場合は、財務報告に与える影響の度合いから内部統制は非有効であると判断されます。

内部統制報告書から
あるべき姿を学び直す

1. 内部統制を学び直す絶好のツールがある

　人は失敗や誤りから、より多く、より深く学びます。失敗や誤り、不正や不祥事にこそ、学ぶべき多くの教訓が隠れています。それは筆者だけの個人的な教訓に留まるものではないと思います。これまで先人企業が躓いた山のような失敗と誤りが、内部統制報告書によって公にされています。そこから逆算して学び直せば、実践的な内部統制が身につき、制度の定着はより促進します。

内部統制報告書は企業が犯した罪の告白書

　開示すべき重要な不備は、いわば企業が犯した罪であり、内部統制報告書は罪の告白書にたとえることができます。2020年の1年間にわたる内部統制報告書を読み進めると、国内外問わず売上に関わる不正や不適切な経理が目立ちます。脆弱な経理体制や決算遅延、不適切な子会社管理、不正な見積、開示漏れなど開示すべき重要な不備が並びます。こうした不備は常に解消すべき対象であり、報告書は関係者にとっては好んで読み進める対象とはならないかもしれません。しかし、内部統制を学ぶ者にとって、どこに不備の落とし穴が隠されているのかを学ぶには絶好の教科書です。宝の山は足元にあります。

2. 全社的な内部統制のあるべき姿を学び直す

　全社的な内部統制では、方針、規程、規則、マニュアルなど多くのルールづくりが求められます。そのため初年度の整備は苦労しますが、いったん整備できると、翌期以降は改訂や改正に注意を払ってさえいれば毎期の評価は楽になるといわれます。たしかに整備状況の評価の段階では、そうかもしれません。しかし開示すべき重要な不備の指摘は、むしろ運用状況に集中します。つまり、つくったルールをいかに組織土壌に定着できているか、そこが運用面の有効性を得る重要なキーポイントとなります。さらに開示すべき重要な不備は、評価項目に直接関わる指摘に留まりません。業務プロセスに係る内部統制など他の不備に起因して、全社的な内部統制の評価項目の本質が問われるケースも多く存在します。それぞれの状況に応じた現状について分析を試みます。

全社的な内部統制が直接に問われる

　全社的な内部統制の評価項目について直接、開示すべき重要な不備が問われる場面について取り上げます。主に 2020 年に報告された内部統制報告書から抜粋した事例を考えます。それらの中には、コンプライアンスやガバナンスの構築について問われる事例が目立ちます。

　・親会社によるコンプライアンス違反
　・現地従業員の法令違反
　・子会社における不適切な会計処理
　・不正を許す意識土壌

①親会社によるコンプライアンス違反

　子会社を管理、監督すべき立場にある経営陣の一部が会計ルールを軽視した言動をとり、子会社に対し実現困難な売上や利益目標を必達としてプレッシャーをかけ続けました。その結果、コンプライアンスはもとより、本社を軸とするガバナンス体制が問われることになりました。経営層が、統制環境が求めるコンプライアンスを損なう場合、会社全体にもたらす悪影響は甚大です。

　下記に記載した財務報告に係る内部統制の不備は、財務報告に重要な影響を及ぼすこととなり、開示すべき重要な不備に該当すると判断いたしました。したがって、当事業年度末日時点において、当社の財務報告に係る内部統制は有効でないと判断いたしました。

記

　当社は、（中略）外部調査委員会による「調査報告書」にあります通り、一部の経営陣が、利益目標を達成するべく役職員に対して強いプレッシャーをかけていたことが、現場レベルで不適切な会計処理を行う大きな要因となり、中国連結子会社のみならずタイ連結子会社においても不適切な会計処理が行われていたことが明らかとなりました。

（中略）当社は、経営者が会計ルールを軽視した言動をとり、実現困難な売上、利益目標を必達目標としてプレッシャーをかけ続けるなどして、信頼性のある財務報告を実現するための統制環境の構築を軽視したことにより、広範囲にわたる全社的な内部統制の不備を引き起こし、不適切な会計処理を招いたと認識しております。（中略）当社はこれら内部統制の不備が、財務報告に重要な影響を及ぼすこととなり、開示すべき重要な不備に該当すると判断しました。（中略）調査報告書の提言に従った以下の再発防止策を実行し、内部統制の整備・運用を図ってまいりました。

1. ガバナンス体制の再構築
2. 取締役の法的責任の検討
3. 経営陣の意識改革
4. コンプライアンス体制の整備
5. 従業員のコンプライアンス意識の向上
6. 財務会計上の実績値に合わせた会計処理
7. 管理部門及び内部統制の強化（管理部門の人員強化、当社によるグループ内部監査の強化、当社経理部による各海外拠点のモニタリング）

②現地従業員の法令違反（外国公務員への贈賄）

　外国公務員贈賄防止指針（経済産業省）は、公平な国際競争を促進する視点から、「外国公務員等に対する贈賄は、外国公務員等が所属する国における贈賄罪に該当するとともに、我が国不正競争防止法上違反ともなり得る行為である。」として、贈賄を処罰の対象としています。さらに「外国公務員贈賄は、海外企業にのみ関係のあるリスクではない。日本企業が海外で事業を行う上で、まさに現に直面している重大なリスクであることを再確認する必要がある。」とも触れています。国際化が進むなか、国内法だけでなく国際法令にも熟知し、違反に対するリスク認識とコンプライアンスの遵守が求められています。

（中略）従業員による不正行為の疑いがあると認識いたしましたので、2019 年 12 月 2 日、当社と利害関係を有しない外部の専門家から構成される第三者委員会を設置し、本件不正行為及び他のグループ会社における類似案件について専門的かつ客観的な調査を進めて参りました。

　当社は、（中略）第三者委員会から調査報告書を受領し、当社の海外子会社において税務調査等に関連して外国公務員に対する複数の金銭交付あるいはその疑いのある行為が行われていた旨の調査結果が報告されました。（中略）当社といたしましては、（中略）第三者委員会から指摘を受けた本件の要因については一部の海外子会社の内部統制が不十分であったこと、当社の海外子会社に対するモニタリングが十分でなかったこと、海外で事業展開をするにあたっての法令違反に係るリスク認識や知識が不足していたこと、取締役会による牽制機能が適切に機能せずコンプライアンスが徹底されていなかったこと等、全社的な内部統制が機能しなかった事によるものと認識しております。

　当社はこれら第三者委員会から指摘を受けて認識した内部統制の不備が、財務報告に重要な影響を及ぼすこととなり、開示すべき重要な不備に該当すると判断しました。　なお、上記事実は当事業年度末日後に発覚したため、当該不備を当事業年度末日までに是正することができませんでした。（以下略）

③子会社における不適切な会計処理

　親会社の取締役会による管理、監督あるいは内部監査によるチェック機能がないがしろになると、距離を隔てた子会社で不適切な会計処理が起きやすくなります。子会社に対するガバナンスの構築には実際に多くの時間や投資も要するだけでなく、運用にも労力を要します。国際化の中で、多くの会社が抱えるガバナンスに関わる課題を示す事例です。

（中略）当社は、当社の連結子会社（中略）において、不適切な会計処理を行っていたことが判明し、2020年1月16日に当社と利害関係を有しない弁護士および公認会計士、ならびに社外役員をメンバーとする調査委員会を設置し、全容の解明および原因究明ならびに同様の事象の有無について調査を進めてまいりました。

　（中略）本件は、（中略）事前に当社に申請すべき社内手続きを経ずに資産の購入や経費を使用し、かつ資本的支出を経費処理し、連結子会社（筆者追記）（中略）の利益平準化を図るため原価操作するなどの不適切な会計処理が行われておりました。これらの事実は、（中略）経営トップとしての資質の欠如ならびにコンプライアンス意識の欠如、会計処理を行う際の業務プロセス上の問題、子会社から親会社への相談および報告義務意識の欠落、また、親会社の連結子会社に対する管理・監督の一部不十分によって発生したことと認識しております。

　当社といたしましては、財務報告に係る内部統制の重要性を認識しており、開示すべき重要な不備を訂正するために、調査報告書の提言を踏まえ、2020年3月に以下の再発防止策を策定いたしました。しかしながら、再発防止策については運用に時間を要する施策が多く、十分な運用時間を確保することができなかったため、当事業年度末日までに不備を是正することができませんでした。従って、財務報告に係る内部統制の不備は、財務報告に重要な影響を及ぼす可能性が高く、当社の全社的な内部統制の不備は重要な不備に該当すると判断いたしました。（以下略）

④不正を許す意識土壌（主務官庁による不正経理や不可解な取引の指摘）

　主務官庁の指摘によって発覚した不正経理や不可解な取引の事例ですが、報告書からは多額の不正経理の主体を読み取ることはできません。とはいえ経理上多額の資金操作を伴う状況を踏まえると、とても単独による不正な行為であるとは思えません。内部統制の仕組みを適切に運用するためには、運用の主体となる経営陣のコンプライアンス意識がいかに大切かを痛感させてくれる事例です。

　当社は、（中略）会計処理において、回収不能な長期貸付金（12億円）の回収を装った不正経理および当該回収に関連した不可解な取引並びに使途不明金発生の可能性があるとの指摘を主務官庁より受け、調査の必要性があると判断し、（中略）当社と利害関係を有しない外部の専門家から構成される第三者委員会を設置し、専門的かつ客観的な調査を進めて参りました。（中略）第三者委員会から調査報告書を受領し、平成27年3月から令和元年10月にかけて役務提供の実態を伴わない広告宣伝費名目で当社より支出された資金（約18億円）が、破産更生債権（長期貸付金、12億円）の回収に偽装され還流していたこと、また、当該資金の残額（約6億円）は顧客の資金である顧客からの預り証拠金口座に入金されていたが、それに先立ち、顧客からの預り証拠金が当社の固定化営業債権（委託者未収入金）の回収偽装のために流用されていたことが判明し、当該入金はその補填のためであったとの報告を受けました。（中略）本件の原因は、当社経営陣のコンプライアンス意識の欠如と、内部統制およびコーポレート・ガバナンスの機能不全等、全社的な内部統制が必ずしも十分に機能していなかったことにあると認識しております。

当社は第三者委員会から指摘も踏まえ、これらの内部統制の不備が、財務報告に重要な影響を及ぼすこととなり、開示すべき重要な不備に該当すると判断しました。（以下略）

Q&A　スイスチーズとコンプライアンス

[Q] 最近、社内研修のプログラムにコンプライアンスが加わりました。趣旨や目的をよく理解できるようになりました。しかし、コンプライアンスとリスクマネジメントとの関係はどのようになるのでしょうか。

[A] スイスチーズを知っていますか。スイスチーズを切ると、断面には大きな穴が不規則に空いています。そして穴を覗けば向こうの景色が見えます。しかし、このスイスチーズを何層にも重ね合わせてゆくと、やがて不規則

に空いた穴は、他のチーズの断面によって徐々に埋められ、向こうの景色が見えなくなっていきます。完全に景色が塞がれることもありますが、まだ穴の合間からわずかですが、向こうが見えることもあります。しかし、重ねるチーズの数が増えれば増えるほど、貫通する穴が徐々になくなってゆくはずです。

　これは、スイスチーズモデルという安全管理の理論で用いられたたとえです。スイスチーズは安全管理上の対策を表し、断面に空いた穴は事故が起きる要因を示しています。モデルでは、幾重にも安全対策を重ねたにもかかわらず、対策が不十分であったり、対応に人為的なミスが重なることにより、安全対策の網を潜り抜け、事故が起きると考えます。

　チーズの断面によって穴が塞がれれば、事故は回避できます。しかし、不幸にも穴が全て貫通すれば、それは事故が起きたことを意味します。事故は単独の要因によって発生するのではなく、複数の要因や事象が連鎖して発生するものであるとモデルは結論づけています。

　コンプライアンスもこの安全管理の考え方によく似ています。コンプライアンスの使命は法令違反や反倫理的な行為、企業の不祥事（事故）が起きないように対策を巡らすことです。また事故の発生を最低限度に留めるよう管理することが大切な役割でもあります。そうした意味では、コンプライアンスは、法令違反や倫理違反のリスクを適切に管理するためのリスクマネジメントの１つでもあると考えることができます。

全社的な内部統制の本質が間接に問われる

　全社的な内部統制の評価項目が直接問われる以外にも、業務プロセスに係る内部統制など他の不備が原因となり、根本的に全社的な内部統制の運用状況が問われる場合も多く見られます。例えば、次の事例は、不備の原因は架空売上による不正や不適切な会計処理です。しかし、根本的な原因がそれだけに留まらず、社内のガバナンス体制、取締役会及び監査役会による監視・監督機能の不足、けん制機能の不全、営業重視の企業風土や組織全体のコンプライアンスにまで及んでいると判断されています。

①営業重視の企業風土（架空売上と費用の先送りや繰延）

　報告書によれば、「売上高の一部は架空であり、（中略）またその他の取引においても、一部売上高や売上原価その他の費用の計上について先送りや繰延等があった」として、収益認識に関わる業務プロセスに不正や不適切な経理処理が見つかったと述べられています。しかし、根本的な問題はさらに根深いところにあります。報告書は次のように伝えています。「営業重視の企業風土や組織全体のコンプライアンス態勢等も含めた全社的内部統制に問題があったものと認識しております。」コンプライアンスの定着のむずかしさを伝える事例です。

　　（中略）特別調査委員会による調査の結果、2016 年 4 月期の費用支出は2015 年 4 月期の売上に関する資金循環スキームの精算に関係したものであり、（中略）2015 年 4 月期の売上高の一部は架空であり、（中略）またその他の取引においても、一部売上高や売上原価その他の費用の計上について先送りや繰り延べ等があった、との報告を受けました。（中略）

　　当社は本事案の原因に、取締役会・監査役会のガバナンス、内部監査並びに財務経理部門による牽制機能が十分に機能していなかったこと、更には信頼性のある財務報告を提出する経営者の意識が必ずしも十分でなかったこと、営業重視の企業風土や組織全体のコンプライアンス態勢等も含めた全社的内部統制に問題があったものと認識しております。また収益認識等に関する業務プロセスレベル内部統制にも問題があったものと認識しております。（中略）当社は、これらの内部統制の不備が、財務報告に重要な影響を及ぼすこととなったことを踏まえ、開示すべき重要な不備に該当すると判断しました。

---

②業績必達の強いプレッシャー（特定部門への権限の集中）

　本事例では仕掛品の過大計上など元従業員による会計上の不適切な処理が指摘されていますが、特定部門への権限の集中による相互けん制の不全、業績必達に向けた経営陣の強いプレッシャーなどに、不備の根本的な原因を求めています。さらに

取締役会及び監査役会による監視・監督、内部監査室のけん制機能や内部通報制度が適切に機能しないことについても、全社的な内部統制の運用が問われています。

　　（中略）第三者委員会による調査の結果、仕掛品の過大計上、滞留在庫・過剰在庫の評価損の計上回避等を含む複数の不適切な会計処理が判明いたしました。（中略）不適切な会計処理の多くは、不適切な会計処理の通知を行った元従業員が主導したものであり、（中略）その直接的な要因は、当該元従業員に経理部門の権限が集中し、上位者や経理部門内部での牽制が十分に機能しなかったことや、大株主からの業績に対するプレッシャーを背景とした、業績達成に向けた元CEOら経営陣からの強いプレッシャーが存在していたことにあると考えております。（中略）財務報告に係る内部統制の再評価を行った結果、取締役会及び監査役会による監視・監督、内部監査室による牽制機能や内部通報制度が適切に機能せず、（中略）全社的な内部統制、決算・財務報告プロセスに関する内部統制、棚卸資産に至る業務プロセスに関する内部統制の不備は開示すべき重要な不備に該当すると判断いたしました。

全社的な内部統制のあるべき姿とは

　筆者の調査によれば、2019年通年で開示すべき重要な不備によって、内部統制が有効でないと判断した内部統制報告書は64件を数えます。2020年通年では、54件（いずれも訂正内部統制報告書を含む延べ件数として把握）。2019年において全社的な内部統制は43件の不備指摘を受け、全体の約67%に及びました。ただし、1件当たりの報告書で全社的な内部統制以外である業務プロセスや決算・財務報告プロセスについても、同時に複数の指摘を受けることがあるため、延べ指摘件数全体では約42%となります。2020年では、35件の指摘を受けて全体の約65%を占め、延べ指摘件数全体では約40%に及びます。また子会社に関わる不正や不適切な会計処理等を原因とする不備は、2019年で30件（全体の約47%）、2020年では26件（全体の約48%）に及んでおり、国際化した内部統制の課題が浮き彫りになっています。

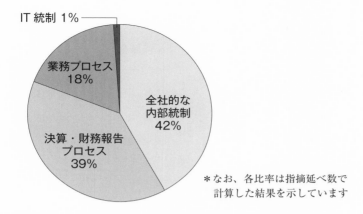

図 4.1　内部統制報告書における開示すべき重要な不備の状況（2019 年 1〜12 月）

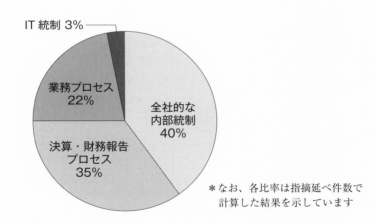

図 4.2　内部統制報告書における開示すべき重要な不備の状況（2020 年 1〜12 月）

　次に挙げる項目は、開示すべき重要な不備が指摘されるたびに、改善事項として内部統制報告書に報告された項目です。前述の事例の中でも頻繁に登場する項目です。

　・コンプライアンス体制の整備と社員の意識向上
　・社員の意識改革や企業風土改革

第 4 章　内部統制報告書からあるべき姿を学び直す

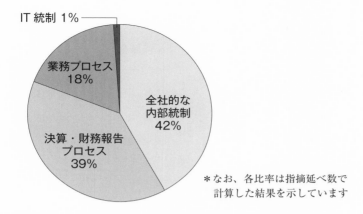

図 4.1　内部統制報告書における開示すべき重要な不備の状況（2019 年 1〜12 月）

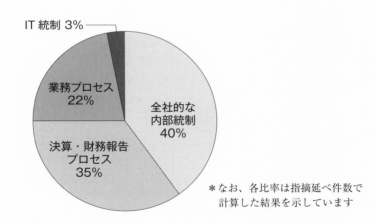

図 4.2　内部統制報告書における開示すべき重要な不備の状況（2020 年 1〜12 月）

　次に挙げる項目は、開示すべき重要な不備が指摘されるたびに、改善事項として内部統制報告書に報告された項目です。前述の事例の中でも頻繁に登場する項目です。

　・コンプライアンス体制の整備と社員の意識向上
　・社員の意識改革や企業風土改革

第 4 章　内部統制報告書からあるべき姿を学び直す

・グループのガバナンス体制の構築と運用

・リスク管理とモニタリング

・取締役、監査役及び内部監査による監視・監督機能

　これらの改善項目を効果的に実現できる具体的な仕組みを、いかに評価項目の中に織り込み、運用に活かせるか、それが全社的な内部統制の本来のあるべき姿を考え直すための重要な鍵になります。

①コンプライアンスの遵守

　コンプライアンスの遵守は、会社の統制環境に関わる問題です。統制環境の目的は、組織の気風を決定し、組織内の全ての者の統制に対する意識をどのように醸成するかにあります。会社の経営方針、倫理規程や行動規範を整備して安心していては、単なるお題目に留まり、運用としては不十分になってしまいます。コンプライアンスの遵守を具体的な仕組みに落とし込み、社員の意識向上に効果を上げることが有効性を得る大切なポイントです。

　コンプライアンスの遵守に効果を上げる方法として、次のような試みが挙げられます。

・経営方針、グループ倫理方針、行動規範や倫理規程等は小冊子にまとめ従業員に必ず手渡して説明することを入社手続の１つとする

・会社の経営方針やコンプライアンスに関わる諸規程は、常に誰でも閲覧できるようにイントラネットや社内の掲示スペースに掲示する

・経営者やマネジメント層が様々な機会（挨拶、会議や研修の場）を使い、会社の経営方針、倫理規程や行動規範を従業員に語りかける

・その内容を社内のイントラネットやホームページに掲載し、利害関係者や従業員がいつでも容易にアクセスできるようしておく

・社員のオンラインまたは集合による定期研修や会議の場で、コンプライアンス違反の事例等を用いて説明し、議題として取り上げる（事例による説明の際には、何をすべきなのか、そして何をしてはならないのかを具体的に認識できることが望ましく、違反に対する処分や罰則についてもきちんと周知しておくこ

とが大切です）

・コンプライアンスの専門家による講演や従業員による事例研究を社内で共有する。

　中でも日頃から経営陣が、会社の経営方針やコンプライアンスを自分の言葉で従業員に直接伝えることが重要です。組織全体をまとめ上げ、意識を変えることに大きな効果を上げると考えられます。

②グループガバナンスの構築

　国際化が進む中で、子会社管理はその重要度を増しています。内部統制による評価対象から外れ、海外の遠方にある小規模な拠点などは、日本から管理の眼が十分に行き届かないという問題があります。また子会社に対して管理、監督する部門や権限が錯綜、重複することも問題として挙げられます。さらに最近では、グループガバナンスは子会社を管理するだけではなく、現地の業務を積極的に支援するという視点に立った対応も求められています。

　グループガバナンスをよりよく構築するための具体的な方法として次の項目が挙げられます。

・グループ職務権限規程を定め、子会社の権限とそれを管理する親会社や本社部門の権限を明確にする
・報告窓口を１つにまとめ、子会社に経営数値など定期的な情報の報告を義務づける
・子会社を管理する現地の責任者に対し経営管理に関するオンライン研修を施す
・現地従業員向けに、オンラインで相互けん制など基本的な内部統制教育を施す
・現地の言葉で使える内部通報制度を整備する

　これらを統制環境における評価項目に織り込み、評価対象とすることを検討してほしいと思います。

③モニタリングの強化

　内部監査や監督機能が行き届かず、様々な開示すべき重要な不備が指摘されてい

ます。他方で世界に展開する拠点に比べ、内部監査部門や管理・監督部門の陣容は必ずしも十分なリソースが整っているといえないともいわれています。そこで効率的に監査やモニタリングを行うために、例えばIT（情報技術）を用いてオンラインによる監査を実施することができます。リアルの現場に比べ一定の限界はあるものの、遠地にある拠点に対するけん制効果は大きいと考えられます。現地訪問をしないため、実施回数を増やすことも検討できます。

　また監査対象について優先順位をつけ、効率的に実施することも考えられます。規模や人数に比して売上高が大きい拠点、不正や不祥事が発見された拠点、内部統制の不備が頻発する拠点、急激な売上の増加、減少が見られる拠点など一定のリスク基準を設け、優先順位をつけて監査をすることも検討できます。

　さらに監査のリソースとモニタリング機能を補完する手法として、現地のプロセスオーナーを中心に自己点検を実施する方法も考えられます。自己点検には本書の雛型に基づき、内部統制文書の簡易版を作成して対応できます。モニタリングを充実させる具体的な対応策を以下にまとめます。併せてモニタリングの評価項目として検討してほしいと思います。

・オンラインによる内部監査を行って監査の実施回数を増やす
・監査対象拠点にアクセントを利かせた内部監査を実施する
・プロセスオーナーを中心にした自己点検を実施する
・オンラインによる定期的な内部統制教育を実施する
・専門家を活用したモニタリングを実施する
・取締役、監査役による監査を強化する

④内部通報制度の活用

　社内の法令違反や反倫理的な行為を見つけた場合、内部通報制度を用いて通報することができます。コンプライアンスに反した従業員に限らず、不正を企む経営者も通報の対象となります。多くの会社の通報窓口は、コンプライアンス部門や法務部門、あるいは外部の法律事務所であると考えられます。通報には心理的なプレッシャーに加え、特に海外の場合は言語の壁があることで通報制度の活用頻度が低いといわれます。しかし、海外であっても日本の弁護士事務所が海外の弁護士と結び、

現地の言葉で通報できる仕組みを整えています。こうした専門家の委託を用いて通報制度を効果的に運用することも選択肢の1つです。

密告と内部通報制度について考える

　内部通報制度と聞くと、咄嗟に密告を連想する人がいると思います。そこで密告と内部通報制度の違いについて考えます。密告の意味を辞書で調べると、「他人に行状などをこっそりと告げ知らせること、つげぐち、密かに関係当局に告発すること。」とあります。つまり密告は、他人に告げることやつげぐちの内容が事実であろうが、でっち上げであろうが、それは一切問題にならないということです。密告の内容が真実であるかどうか、それは密告を受けた側の判断しだいでどちらにも転びます。密告が歴史の正義に働くこともあるかたわら、陰謀による濫用にも数多く使われてきたのは、言葉のイメージから容易に伝わります。

①密告と内部通報制度の違い

　しかし、内部通報制度や法制された公益通報者保護法は、そういうわけにはいきません。例えば内部通報制度を用いて通報した内容が、でっち上げや事実に反するものなら、制度の濫用、法律違反による犯罪になります。日頃から仲の悪い同僚や嫌いな上司を陥れるためにでっち上げの通報をする、出世のライバルや邪魔者を失脚させるために、ありもしない内容の通報をする。こうした通報者の利益を守る必要はありません。通報者が顕名であれば、直ちに名誉を毀損したことを理由に処罰の対象となることでしょう。また匿名であれば、社内の掲示板やイントラネットで通報内容を公開、悪質な事例として厳しく戒めるべきです。

②相互監視の歴史的背景

　内部通報制度や公益通報者保護法は、政敵を失脚させるなど、不当に用いられる密告とは本来その目的や仕組みを異にしています。しかしながら、他方で他者を監視して通報を促すという点では同じはたらきを負担しているともいえます。

　他者を監視して通報を促す仕組みを歴史的に紐解くと、江戸時代にまで遡ります。幕府や各藩は凶作や飢饉によって農民たちが荒れた土地を諦め、逃亡することを恐れました。そのため、村を数戸の単位で分け、単位ごとに相互監視を促し、集団逃

亡のおそれがある場合は、幕府や藩の役人に通報を義務づけたといわれます。

　他者を監視して通報するといえば、一般的に良いイメージが伝わらないことがあるかもしれません。しかし、内部通報制度は会社内の不正、違法行為そして反倫理的行為を早期に発見するために、高い効果を発揮するのも事実です。会社の不正をはじめとした不祥事を最も多く発見できるといわれる仕組みが内部監査ですが、それに併せ効果が期待できる仕組みが内部通報制度です。

③よりよい制度の運用のために

　この制度をより効果的に運用するための隠し味、スパイスがあります。それは通報に基づいて行った調査と結果に基づき、どのような対応や対策を施したかについて、必ず通報者に伝えることです。もちろん匿名の場合には、伝えることはできませんが、顕名の場合には必ず伝えます。通報者は、心理的な抵抗感や緊張を持ちながらも、勇気を持って通報をしてくれたのです。それに対して会社は誠実に応える必要があるでしょう。

　こうした通報者へのフィードバックの繰り返しが、通報者と会社との信頼関係を結びます。そしてよりよい制度として定着していくことが期待できます。

Q & A　プレッシャーは、どこからが過度になる

[Q] 経営陣による過度のプレッシャーによって従業員が不正に追い込まれるという報道をよく耳にします。組織の中でプレッシャーがはたらくメカニズムとは、具体的にどのようなもので、どの程度になればプレッシャーが過度といえるのですか？

[A] 昨今、社内不正が発覚した企業が利害関係者への説明責任を果たすため、第三者委員会を立ち上げるケースが増えています。その委員会の報告書の中で、よく目に触れる不正の原因の1つが、会社、組織による過度のプレッシャーです。

　ある企業で起きた粉飾事件を調査した第三者委員会では、売上、利益を求めて組織による過度のプレッシャーがはたらいたことが、不正の温床となったことを指摘しています。目標売上達成のためのプレッシャーが、本

社→支社長→営業マネージャーと上位から下位に降りていくに従って増幅し、過度なプレッシャーとなり、営業マネージャーに強い心理的圧迫を加える結果となったと報告しています。プレッシャーは、失職のおそれを感じさせるほど過度であり、なんとか取りつくろおうとする意識が、社員を不正へと駆り立てる結果になると考えられます。不正の責任は、もっぱら現場に近い個人に帰せられるべきではありません。むしろ上意下達によって、不正へと向かう引き金を引いた権限者の組織的な責任こそ見逃してはいけません。そして会社組織として、あるいは経営者として、過度なプレッシャーが不正への道を開く口火となり得ることを知っておく必要があります。

　売上を積極的に上げるためには、どの会社の責任者や社員にも一定のプレッシャーがはたらくことは当たり前です。しかしそのプレッシャーも過度に及ぶとなれば、話は別です。例えば、次のような状況ではプレッシャーが「過度」に及ぶものと判断できると考えられます。

・売上ノルマ未達の場合は解雇をほのめかして、心理的に追い込む
・週末にもかかわらず何度も電話やメールでノルマ達成の進捗報告を求める
・高圧的な言動による指示に加え、見えないところで暴力を加える
・第三者の前で人格を否定する言動をし、個人の名誉を著しく傷つける
・売上を上げるために、あらゆる手段も正当化されるという権限者の言動や姿勢
・権限者が社員に向けて内部通報制度を使うこと自体を控えるように脅かす

　上記は「過度」なプレッシャーの有無を判断する際のいくつかの兆候であり、この他にも状況に応じた多くのケースがあると考えられます。事例から分かるように、過度にはたらくプレッシャーは社内にある仕組みやルールの正当性を麻痺させるだけでなく、人権の侵害に当たる違法行為にも当たることを忘れてはいけません。

第

4

章

内部統制報告書からあるべき姿を学び直す

3. 決算・財務報告プロセスのあるべき姿を学び直す

　筆者の調査によれば、2019 年通年のうち決算・財務報告プロセスに関し、内部統制報告書で開示すべき重要な不備を指摘された件数は 39 件（報告書全体 64 件のうち約 61%）、延べ指摘件数全体で約 39% です。2020 年では、31 件（報告書全体 54 件のうち約 57%）指摘され、延べ指摘件数全体では約 35% に及びます。次の図は、実際の発生件数を示しています。

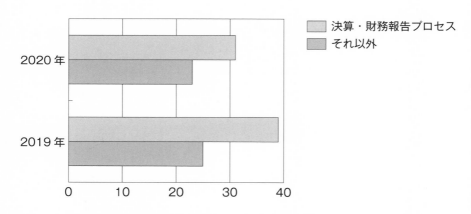

図 4.3　内部統制報告書における開示すべき重要な不備の状況（2019 年 1〜2020 年 12 月）

　2020 年における 31 件の内訳は、次の通りとなっています。不備全体の趨勢として、不正を含む不適切な会計処理、会計処理に精通する人材の確保そして決算を進める適切な体制の整備に課題を抱いていると考えられます。

・不正を含む不適切な会計処理が 14 件
・いわゆる計算上の誤謬と考えられるものは 11 件
・新型コロナウイルスによる決算遅延や人手不足による決算体制の脆弱性を指摘された例が 6 件

これまでの対面、接触や物理的な移動を前提とした会計情報の取りまとめ体制が、

限界を露呈し決算の遅延や会計処理の誤りに影響を及ぼしたものと考えられます。新たな時代の要請に応えるために、内部統制の運用を考える時期に来ています。

不正を含む不適切な会計処理

　不正を含む不適切な会計処理のうち、本社や子会社による決算数値の不正な改ざん・操作に係る典型的な2つの事例を取り上げます。

①不十分な決算体制の手続が不正を導く

　最初は、決算の黒字化を優先する経営陣のコンプライアンス意識の欠如による経理操作の事例です。確かに経営層による利益優先とコンプライアンス意識の欠如が問題ではあります。しかし、経理体制が十分に整備され、運用が適切にはたらいていれば、組織内のけん制効果が一定程度はたらくことを期待できたのではないかとも考えられる事例です。

　実施基準では「（中略）内部統制を整備することにより、判断の誤り、不注意によるリスクは相当程度、低減されるとともに、複数の担当者が共謀して不正を行うことは、相当程度困難なものになる。」（実施基準Ⅰ.3）と述べています。不正の予防には、経理体制や適切な経理手続の整備が前提になることを伝えている事例です。

　（中略）当社は、（中略）第三者委員会による調査を実施しました。その結果、2014年9月期から2019年9月期第1四半期にかけて、売上の先行計上、不適切な預かり在庫売上計上、仕入除外及び仕入除外隠ぺい操作、在庫の水増しなどの不適切な会計処理が判明し、（中略）訂正報告書を提出いたしました。（中略）このような不適切な会計処理の原因は、経常利益の黒字化維持を優先する中で経営陣におけるコンプライアンス意識が欠如している一方、（中略）当社における経理体制の整備・運用が不十分であり、財務報告に係る多数の修正事項が発見されております。これらによる当社の全社的内部統制及び決算財務報告プロセスの内部統制の不備は、財務報告に重要な影響を及ぼす可能性が高く、開示すべき重要な不備に該当すると判断しました。

②距離を隔てた海外子会社における不正

　次の事例は、海外の連結子会社において現地社員が行った不適切な会計処理です。会社の規模によっては、ローテーションなどの人事流動性を持つことは困難で、職務分掌に基づく相互けん制を利かせるほどの陣容が整わないことも考えられます。対策として、定期的に財務データの提出を求め、異常値を早期に把握することが考えられます。あるいは、現地の専門家を使って簡易な監査を実施することも可能です。規模が小さく、親会社から距離の遠い子会社ほど、親会社によるモニタリングの頻度を他社に比べて増やすなど、オンラインによる監査の工夫も考えることができます。

> 　（中略）当社の連結子会社（中略）において、財務・経理部門の責任者であるフィリピン人社員が不適切な会計処理を行っていた可能性があることが判明しました。そのため、特別調査委員会を設置し事実関係を調査した結果、簿外借入、買掛金の過少計上及びたな卸資産の過大計上があったことが明らかになりました。（中略）これらの事実は、（中略）財務・経理部門における人事の流動性が低く、その職務分掌に改善の余地があり、且つ当社による連結子会社に対するモニタリングも十分でなく、リスク情報のエスカレーションの仕組みに改善の余地があること等の不備に起因するものであると認識しております。以上のことから当社は、財務報告に係る内部統制が有効に機能しておらず、開示すべき重要な不備に該当すると判断いたしました。

経理部門の経理教育と人材の確保

　経理処理の誤りによって不備を指摘されることにならぬように、高度な経理処理に備えることが求められています。決算・財務報告プロセスには、専門知識の習得とそれを兼ね備えた人材の確保が必要です。

①高度な経理知識の不足による誤謬

　米国税務に限らず、国際税務の分野は専門性が求められます。報告書が述べているように、会計処理の専門知識を持つ人材の強化や継続した教育研修によって新たな知識を補うことは経理部門にとって必須です。他方高度に専門性を求める税金計算は、必ずしも部門内で取り組まず、外部の専門家に委託することも可能です。

　　（中略）当社の米国連結子会社（中略）におきまして、監査法人の監査の過程で、税務上の繰越欠損金が過大に計上されていることが判明しました。（中略）当社は、米国連結子会社の法人税等にかかる会計処理を高度な専門知識が要求される分野であると考え、専門家の意見を参考にしながら会計処理を行っておりました。しかし、上記の誤りは、USA 社の税務申告資料に関して当社の検証が不十分であったことから、適正な連結財務諸表を作成するために必要な情報の収集や会計処理の検討が不足していたことに起因しており、当社の決算・財務報告プロセスに関連する内部統制において、開示すべき重要な不備に該当すると判断しました。

当社は、財務報告に係る内部統制の重要性を認識しており、以下の再発防止策を講じて、上記開示すべき重要な不備を是正してまいります。

再発防止策

・米国税務・会計処理における専門知識を有した人員の強化

・USA 社からの適時な情報収集及び、入手した関連文書に基づく会計処理の検討を実施

・財務経理部門において、社内外の教育研修を通じた専門知識の習得及び向上（以下略）

---

②経理メイン担当者の退職が続いたために

　経理部門で人材が定着せず、離職率が高いことは財務報告の信頼性を損なう1つのリスクを形成します。本事例は、決算・財務プロセスの進捗管理やチェック体制を適切に構築できず、決算・財務プロセスにおいて複数の誤りを外部監査人から指

摘されています。

　当社グループは、（中略）決算・財務プロセスにおいて開示すべき重要な不備を認識し、当事業年度（2019年12月期）では、経理担当者の補充を図るなどの是正を図りましたが、経理メイン担当者の退職が続くなど決算・財務プロセスの進捗管理やチェック体制を適切に構築できなかったこともあり、期末の決算・財務プロセスにおける複数の誤りを監査法人から指摘を受ける結果となりました。このため、2019年12月末時点においても重要な不備は解消していないと判断いたしました。当社グループは、財務報告に係る内部統制の整備及び運用の重要性を認識しており、有効な決算・財務プロセスを早急に構築する所存であります。（以下略）

新型コロナウイルス感染症による決算遅延が教えること

　政府命令によるロックダウンによって人の移動や直接の情報交換ができなくなる国が数多くあります。現実に、実際の経理帳票や伝票を用いて、関係者と直接に相対して決算を行うという従来型の考え方は、ウイルスの猛威の前に全く通用しません。とはいうものの、経済活動と決算はいつまでも待ってはくれません。新たなリスクに対応し、円滑な決算の進捗管理体制を構築することが求められています。

①移動制限下で求められる業務改善

　この事例は、新型コロナウイルス感染症による地元政府当局の通達に基づき、移動制限に従ったことが原因となり決算の大幅遅延に至りました。報告書が示す通り、「当社グループの連結決算体制は、このようなリスクにも対応可能な、速やかで確実な決算関連手続を遂行可能な体制（以下略）」を整えることができませんでした。

　（中略）当社グループでは、2020年1月29日より新型コロナウイルス感染症による肺炎の予防及び抑制を目的とした中国の省政府や市政府の通達

による移動制限等に従うことによる影響で、当社の中国における3社の子会社（中略）の決算業務や監査業務が遅延したことにより、決算短信の開示が、期末後50日を大幅に超え、2020年5月29日となりました。

　（中略）当社の中国子会社における決算関連手続遅延等の主な原因は、新型コロナウイルス感染症による肺炎の予防及び抑制を目的とした中国の省政府や市政府の通達に従うことによる影響であり、①当該通達を無視することは困難であること、②当社の中国子会社の従業員や中国における会計監査人等決算関連手続に係る人員の健康被害リスクの回避、③新型コロナウイルス感染症の拡散防止のため社会通念上適切な措置等を考慮したものでありますが、当社グループの連結決算体制は、このようなリスクにも対応可能な、速やかで確実な決算関連手続を遂行可能な体制となっておらず、不備に該当すると考えられ、関連業務の改善が必要であると認識しております。これは、開示すべき重要な不備に該当すると判断いたしました。

②新型コロナウイルスによる決算管理体制の未整備

　この事例は、新型コロナウイルスの対処を進めながら決算進捗管理体制の構築を円滑に進められず、相互チェック及びけん制体制の再整備が叶わなかったことが不備指摘の一因となったものです。

　決算の大幅遅延によって、決算体制に開示すべき重要な不備を指摘される会社が相次いでいます。必ずしも直接対面による面談や打ち合わせをしなくとも、評価や監査を円滑に進めることのできる工夫や努力に眼を向ける必要があります。

　（中略）当社は、当連結会計年度末の財務諸表及び連結財務諸表に関連して（中略）監査法人より次の指摘を受けました。
・専門的な会計知識を備えた経理責任者が不在となったこと。
・決算処理に必要とされる重要な書類が未整備であること。
・決算作業において多岐にわたる経理処理の誤りが監査において検出されたこと。

・決算処理及び監査対応が大幅に遅延したこと。

この点、当該指摘の内容は以下に挙げる事項に起因するものと認識しております。

・当連結会計年度に経理責任者及び経理実務担当者の2名が退職し、その補充を進めてまいりましたが、適時適切な経理・決算業務に必要且つ十分な知識を有する人員を確保するまでには至らず、また、経理・決算業務の引継ぎが十分な時間をもって適切に行われず、相互チェック及び牽制体制を再整備することができなかったこと

・外部の専門家に支援を受ける事で決算業務を適切に実施いたしましたが、適切な社内の人員により決算・財務報告の体制を構築することができなかったこと。

・新型コロナウイルスの対処を進めながら決算進捗管理体制の構築を円滑に進めることができなかったこと。

上記のとおり、開示すべき重要な不備を当連結会計年度末までに是正することができなかったことから、財務報告に重要な影響を及ぼす可能性が高く、開示すべき重要な不備に該当すると判断しました。（以下略）

決算・財務報告プロセスのあるべき姿とは

　これまでに起きた開示すべき重要な不備に学び、陥りやすい不備を逆手にとって対応することが、これからの決算・財務報告プロセスのあるべき姿を描くことになります。筆者の調査によれば、2019年1月から2020年12月の2年間のうち、決算・財務報告プロセスで指摘された開示すべき重要な不備の多くは、不正を含む不適切な会計処理が原因です。架空、早期売上計上、原価付け替え、棚卸資産水増し、借入金簿外処理、買掛金過少計上、未払費用過大計上、損益の期間帰属等が発生しています。

　先人たちと同じ過ちを繰り返さないためには、正確な決算のためのルールとマニュアルを整備することがなにより大切です。特に、複雑で高度な計算を求められる経理業務には、専門知識の習得に加え専門家による支援をうまく利用することも求められます。そして、非対面・非接触であっても、遅滞なく決算のできる新しい決

算体制を目指す必要があります。

①不正を含む不適切な会計処理に対抗する

　内部統制報告書は、不十分な決算体制やルールの未整備が不正を許す隙をつくり、不適切な会計の処理をもたらすことを伝えていました。決算・財務報告プロセスの中に定められた決算のルールと適切な運用を持ち込むことによって、不正を含む不適切な会計処理に対抗できます。以下の内容は、評価項目を考える上で重要な要素です。

・経理規程や決算に向けたルールを整備する
・財務諸表を精査、承認する手続を整備する
・相互けん制の利いた業務分担表を設計し、実際の運用を徹底する
・規程や業務分担を前提に、決算のための具体的なマニュアルを作成する
・定期的なローテーションを定め、特定人が長く同じ業務に留まることを避ける

②会計処理の算定誤り（誤謬）に対抗する

　内部統制報告書では、貸倒引当金、退職給付、棚卸資産評価、税金計算、減損、リース契約、繰延資産の評価、為替差損益調整等の処理について誤謬による不備が指摘されていました。いずれも個別に評価すべき固有の業務プロセスに関わる項目です。複雑な計算には、詳細な算定マニュアルを用意し、必ず相互けん制によって検証をかけます。さらに、外部の専門家を利用する際にも、社内における確認を怠らず必要な知識の習得に努めます。以下の内容を、評価項目の中にも積極的に取込むことを検討してください。

・複雑で専門的な計算には、取扱いに関するマニュアルを必ず作成する
・引当金関係は、恣意性を排除し合理的な見積を保証する計算ルールをつくる
・外部の専門家に計算を委託した場合は、必ず社内でレビューをして誤謬を回避する
・経理知識を常に最新に保つために教育訓練を実施し、専門誌を継続して購読する
・相互けん制に基づく業務分担を形式なものに留めず、実際に運用して習慣とする

③脆弱な経理体制から脱却する

　内部統制報告書では、決算遅延、人材不足、決算過程での誤りの頻発等が不備の理由として挙げられていました。これからの経理体制や決算体制を構築するために、非対面・非接触に十分耐え得る決算体制の刷新に努めてほしいと思います。

● 権限委譲とキーコントロールの絞り込み

　権限者は経営に求められる重要な検証や承認行為を行い、それ以外の事務的な処理や業務は、なるべく権限を下位に委任します。そして、決算のための承認過程をコンパクトにして、効率化を図ります。これは、キーコントロールの削減にも効果を上げます。

● オンライン会議の駆使

　オンラインによる監査人との会議を継続し、相互の情報不足に備えます。物理的に集まる必要がないため、これまでより頻繁な会議の開催が可能となります。

● 電子メールに基づく承認のルール化

　これまでの直接の押印や自署による承認に代わり、電子メールによる承認ができるように、社内の決裁ルールを変更します。電子メールでの承認経緯を保存し、評価や監査の際に承認の経緯がたどれるようにします。

● 電子承認システムの導入と偽造防止

　コストを要しますが、電子承認システムやワークフローを社内に導入し、承認過程を電子化して履歴を残します。電子データの偽装を避けるタイムスタンプの活用も考えておく必要があります。タイムスタンプとは、電子データがある時刻に確実に存在していたことを示す電子的な時刻証明です。

● 共有サーバーを活用した情報管理

　クラウド（インターネットなどのネットワーク経由でユーザーにサービスを提供する形態）上で円滑な帳票や文書の共有ができる仕組みづくりをします。あるいは、インターネットを介して社内のサーバー上でエビデンスの受け渡しを行います。急

ぎの決算に必要な情報や承認帳票は、データを電子化して電子メールで送信します。

●ビデオでの撮影による映像の活用

　エビデンスの送付や保管だけでは、内部統制の有効性を語ることができません。実際にどのように統制が実施されているのかという点も、外部の監査人と情報を共有する必要があります。ビデオ撮影によれば、外部の監査人が遠隔にいても、現場の映像を監査人が見ることができます。例えば、遠方の倉庫で行われている実地棚卸の現場の様子、閉鎖中の工場内での設備機器の状況、海外にあるサーバールームの入退室管理の実態を撮影して物理的な検証を行うなど、様々な活用が考えられます。こうしたツールは、外部の監査人が直接現場を訪れなくとも心証形成をはじめ監査の実施に役立ちます。

コラム

常に身近にある相互けん制

　一人の担当者に権限が集中し、相互けん制が利かなくなることがよくあります。仕事上、誤謬や不正が起きやすいポイントを「落とし穴」に例えれば、陥らないように「落とし穴」を塞ぐはたらきをする仕組みの1つが、相互けん制です。きっとみなさんの周囲にも、相互けん制の仕組みはたくさんあると思います。

<相互けん制>

・給与計算の担当者と、振込手続をする担当者を分ける

・小切手帳を保管する担当者と、銀行に登録した会社の印鑑を管理する者を分ける

・印紙や切手を保管する担当者と、払出しを出納簿に記録する担当者を分ける

　こうした仕事は全て分担され、担当をする人がお互いをけん制し、誤謬や不正を予防しています。ところで、同じ人がこれらの仕事を一人で兼ね

たら、どんなことが起きることになるでしょう。もちろん効率的で余計な人が要らず、コストもかからず会社のためになるにちがいないと考えた人がいるかもしれません。しかし次のようなことが起きるかもしれません。

<相互けん制を使わないと…>
- 給与計算の担当者は、自分の口座にお手盛りで給与を振り込むことができる。お手盛り給与の元手として、みなさんの給与が気づかぬ程度に減らされているかもしれません
- 勝手に小切手が発行され、会社の資金が知らぬ間に引き出されて会社は資金に困窮する
- 印紙や切手が私的に持ち出されて金券ショップで換金される。正確に払出し記録を付けた後、現金はそっと担当者のポケットへ…

　給料が横領される、社員の使い込みで資金に困窮する、印紙類がいつの間にか持ち出されて換金される、相互けん制がなければやりきれないことばかりが起きるおそれがあります。みなさんの周囲には、誤謬や不正の発生を予防する相互けん制の仕組みが、まだあるはずです。ぜひふりかえりをしてみてください。

4. 業務プロセスに係る内部統制のあるべき姿を学び直す

　一般的な事業会社を前提に売上、売掛金及び棚卸資産の勘定につながるプロセスを前提に考えます。筆者の調べでは、2019 年通年で開示すべき重要な不備は 18 件（報告書全体 64 件の約 28%）、延べ指摘件数全体では約 18% に及びます。2020 年では 19 件（報告書全体 54 件の約 35%）、延べ指摘件数全体では約 22% となります。2020 年の内部統制報告書では、不正な架空売上、売上の前倒し（早期計上）や実在性のない架空取引、棚卸資産増しや利益操作、不適切な実地棚卸の報告が目立ちます。次ページの図 4.4 は不備の発生件数を示します。

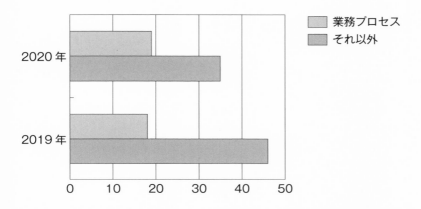

図 4.4　内部統制報告書における開示すべき重要な不備の状況（2019 年 1～2020 年 12 月）

売上、売掛金勘定につながる業務プロセス

　売上、売掛金勘定につながるプロセスの開示すべき重要な不備について考えます。内部統制報告書で頻繁に報告される開示すべき重要な不備の中でも架空売上、売上の前倒しについて取り上げます。

①仕組みの未整備が招いた金券不正

　営業担当者が最後まで一人で案件を仕切り、他者の介入や監視の眼が欠けたことが致命的でした。報告書の内容からは、不正な金券取得や換金が発生した現場がどの程度の組織の規模なのか、はっきりしません。しかし、売上の計上や金券の取扱いは、多くの事故が発生するホットスポットであり、少なくとも相互けん制による職務分離を利かせることが大切です。この他にも論点として、売上の根拠になる顧客の実在性、正確な金額に基づく請求書の作成、入金による債権の消込など取引の要に関わる問題点を抱えています。相互けん制をはじめとした基本的な視点と反省を提供する事例です。

　（中略）当該従業員による金券類の不正取得及び換金があったことが判明いたしました。（中略）これらの事実は、当社の法人営業部門の一部におい

て、予約記録を予約登録システムに登録する際、予約の実在性を確認できる証憑の提出が要求されていなかったこと、金券の取得に関して、他者の確認・承認を要さず、仕入の実在性及び顧客への交付の確認はなされていなかったこと、請求書の金額と予約登録システムの売上とが一致しているか否かの確認を経ずに請求書を発行できたこと、予約記録と入金情報との対応関係が営業担当者の報告のみに依拠するものであったこと、営業担当者が最初から最後まで一人で案件を仕切り、他者の介入・監視がなかったことによるものです。

（中略）業務プロセスの一部について、予約の実在性の確保、金券取得取引の実在性の確保、請求書の正確性の確保、債権の入金消込の正確性の確保及び職務分離に関して不備があったことから、不正が行われかつその発見に遅れを生じさせたものと考えております。これらの不備は財務報告に重要な影響を与えており開示すべき重要な不備があったものと認識しています。（以下略）

②コントロールの不徹底による架空売上

コントロールの不徹底が不正を許す結果となった事例です。たとえ、職務分離はじめ取引に関するルールがきちんと整備されていても、運用面での実施が不徹底であったり、確認行為が不十分であっては、ルールは本来の効果を発揮できません。何のためにコントロールを実施するか、コントロールを設計した者の意図を従業員が正しく理解していないと、コントロールのはたらきがないがしろにされ、形骸化してしまいます。その結果、本来期待される効果を発揮するどころか、不正の機会さえも与えることとなってしまいます。

（中略）第三者委員会による最終の調査報告書を受領し、①当社の東京支店が過去に株式会社アーネストと行っていた中古機器取引のうちの一部の取引は対象機器が存在しない架空の売上・仕入取引であり、株式会社アーネストの資金融通を目的とした資金循環取引であること②当該取引を担当

していた当社社員による競業や割増発注の事実等の報告を受けました。（中略）本事象は、東京支店が管轄する中古機器取引での与信管理や発注段階の統制行為の不徹底、および同取引や対象在庫の実在性の確認の不徹底等という業務プロセスの不備によるものと認識し、開示すべき重要な不備に該当すると判断しました。

③コントロールの形骸化と架空取引

受・発注から検収に至るプロセスにコントロールが整備されていましたが、その意図を従業員が正しく意識していないために、コントロール自体のはたらきが形骸化しました。その結果、納品実体のない取引の繰り返しを容認した事例です。

（中略）当社は、東京国税局による税務調査の過程で、当社の一部取引について納品の事実が確認できない疑義があるとの指摘を受けたため、（中略）特別調査委員会を設置し、（中略）最終調査報告書に記載された調査結果から、2014年12月以降、納品実体のない取引が繰り返し行われていたことを認識するに至りました。（中略）本不正行為の原因は、商流取引に関するルールの形骸化等、受発注から検収に至る業務プロセスに係る内部統制が不正リスクを考慮して運用することができていなかったためであります。

④収益認識の不徹底と売上の前倒し計上

企業にとって、売上を迅速に計上し利益を獲得することは常に強い動機としてはたらきます。しかし、売上の計上や利益の認識に当たりいったん定めた収益認識のルールに反したり、合理的な理由なく安易に変更をすることは認められません。本事例は、工事進行基準に基づき収益認識をする会社が、業務の完了を待たず売上を計上したものです。工事進行基準は、工事の進捗に応じて、暫時売上を計上する収益認識の手法です。収益を認識する根拠となり、業務の完了を示す検収書はあったものの、実際にはその時点で業務が完了しておらず、売上を計上する要件を満たし

ていないことが判明しました。

当社は、会計監査人による監査手続において、（中略）一部の取引に関する売上高計上の妥当性（中略）及び同四半期の工事進行基準を適用した受託業務に係る一部の取引に関する売上高計上の妥当性（中略）について実態把握をする必要があると指摘されたことから、社内調査を開始しました。その後、（中略）会計監査人からの要請を受け、（中略）3名の外部委員のみから構成される外部調査委員会を設置して調査を行いました。その後、（中略）当該調査報告書において、（中略）収益認識に必要な要件の一つである「役務の提供」の点につき疑義が生じることを指摘されました。
工事進行基準受託業務案件につきましては、プロジェクト進捗部分の「成果の確実性」に基づいて収益を認識しますが、2019年12月末までの一部の進捗部分については工事進行基準の適用の前提となる「成果の確実性」が認められないことを指摘されました。

工事進行基準受託業務案件につきましては、納品に先立ち検収書が発行され、業務が完了したものとして2019年12月の売上に計上されていたものの、実際には2019年12月末時点では各プロジェクトに係る業務が完了しておらず、売上を計上するための要件を満たしていないことを指摘されました。

以上の外部調査委員会からの指摘について当社で検討した結果、（中略）当期に売上を計上することは妥当ではなく、全社的な内部統制及び業務処理統制が十分に機能しなかったと判断いたしました。（中略）上記のような当社の内部統制の不備は、財務報告に重要な影響を及ぼしており、開示すべき重要な不備に該当すると判断いたしました。上記の開示すべき重要な不備は、当事業年度末日後に発覚したため、当該不備を当事業年度末日までに是正することができませんでした。（以下略）

業務プロセス（売上・売掛金）のあるべき姿とは

　毎年示される内部統制報告書の中で、実体のない売上、売上の早期計上に関わる報告がなくなることはありません。こうした現実を踏まえると、誤謬や不正は起きてはならないものではなく、常に起こり得ると考えて対応する必要があります。業務プロセスに係る内部統制において、開示すべき重要な不備がひとたび発生すれば、全社的な内部統制はじめ他の統制にも大きな影響をもたらします。整備に留まらず、運用面でも的確にはたらくコントロールが求められます。

①運用面で的確にはたらくコントロールづくり

　誤謬や不正には常に備え、たとえ起きたとしても早期に発見できる仕組みを整備、定着させておくことが大切です。

●不正はいつか起こり得ると考える

　不正は常に起きる可能性があることを意識して、早期発見のコントロールづくりを意識します。

●売上、売掛金に関わるルールをつくる

　事例が示す通り、必ずしも売上計上のルールが正確に定められていないと考えられる会社が多いと考えられます。いつ・どのようにして売上を認識するのかを明確にすることが、ルールづくりの大切なポイントです。

●ルールを守る理由を伝える

　権限者は文書の運用が疎かにならないために、常に社内や部門の遵守意識を醸成します。なぜルールを遵守する必要があるのか、遵守の目的や起きてほしくないリスクの内容を具体的に理解できれば、多くの人は自らルールを守ろうします。しかしなぜルールを遵守するのか、その目的が分からない時、ルールは疎ましくなり破られやすくなります。

●相互けん制はじめ不正予防のメカニズムを組み込む

　相互けん制も用い方によっては、業務の非効率をもたらすことにもなります。社

内の陣容を踏まえつつ、誤謬や不正が起こるリスクと効率性を損なうリスクのトレードオフを念頭において、コントロールを設計します。

②的確なキーコントロールを導入する

　取引実体のない架空売上や売上の前倒し計上に備えるため、次のポイントに重点を絞ったキーコントロールの設計を検討することを勧めます。

●売上計上のポイントの明確化

　売上に関わるルールに基づき、いつ、どのようなタイミングで売上を計上するのか、マニュアルをつくって明確に示します。そして相互けん制を用いて適切なタイミングで正確な売上を計上できる仕組みを設計します。

●カットオフテストの定期実施

　ルール通りに収益を認識できているかどうか、定期的にカットオフテストを実施します。定期的なカットオフテストの実施は、収益認識のルールを社内に徹底するだけでなく、架空売上や売上の早期計上に対するけん制効果をもたらします。

●会議体による売掛金の回収管理

　売掛金の入金を管理する会議体をつくって、関係者が定期的に情報交換をします。売掛金を継続して管理することで、残高の不自然な動きに気づけば、架空売上の手がかりを掴むことにもなります。併せて期限を超えても入金のない顧客を段階的に督促するルールや手続もつくります。この場合、意思決定する会議体自体がキーコントロールとしてはたらきます。

●顧客への売掛金残高の定期的な照会

　自社が管理している売掛金の残高を、顧客に照会します。外部監査人が監査手続の一環として売掛金残高を顧客に照会することがありますが、それに留まらず、経理部門が進んで売掛金の残高確認に取り組みましょう。残高の不一致が見つかれば、お互いの錯誤や漏れを正すだけでなく、架空売上の予防や発見に効果を上げることが期待できます。

収益の適切な認識を確かめるカットオフテスト

　カットオフテストは、会計上適切なタイミングに基づいて売上を計上しているかどうか、確かめるテストです。請求書の発行が集中する一定時期、例えば、月末の一週間程度を定め、その期間に発行された請求書を一定数抽出します。請求書に関連する証憑と比較、検証して売上を計上するルールが適切に守られているかどうかを確認します。実施の頻度は四半期ごと、サンプル数は最低でも5〜10サンプル程度は採取して検証しましょう。内部統制のルールに従い、25件のサンプルを抽出してテストをしている会社もあります。

①出荷時に、売上を認識する会社の場合

　売上計上の時期は、商品や製品が倉庫から出荷された時です。商品や製品は、配送業者に配送を委託され、業者は受取りを証するため出荷伝票に自署（サイン）をしているとします。そのため業者の配送委託を証する出荷伝票の日付に従って、請求書が発行、売上が計上されます。カットオフテストは、無作為抽出による請求書の日付と配送業者が自署（サイン）をした出荷伝票の日付を比較します。次の場合ならば、売上計上のタイミングは適切です。

　・請求書の日付が出荷伝票の日付と同じ
　・請求書の日付が出荷伝票の日付よりも後

　しかし、請求書の日付が出荷伝票の日付よりも前なら、それは売上の前倒し、早期計上となります。例えば、請求書の日付が月内にも関わらず、出荷伝票の日付は翌月になっている場合が問題となります。こうした場合は、適切な収益の認識原則に従い、訂正をします（次ページの図4.5を参照）。

②サービス提供の完了により売上を認識する会社の場合

　サービス業務でも考え方は同じです。例えば、機器などのメンテナンスサービス業務を行う業種を前提にします。売上計上の時期は、顧客にサービスを提供して完了した時点です。サービスの提供が完了したことを示すために、顧客はサービス完了書に自署（サイン）をしているとします。カットオフテストでは、請求書の日付

と、顧客から完了の了承を得たサービス完了書の日付を比べます。次の場合ならば、売上計上のタイミングは適切です。

・請求書の日付がサービス完了書の日付と同じ
・請求書の日付がサービス完了書の日付よりも後

　しかし、請求書の日付が完了報告書の日付よりも前ならば、それは売上の前倒し、早期計上となります。特に月末を隔てた場合は、①のケースと同様、きちんと売上計上時期の訂正をします。

③請求書などのサンプリングの方法
　なお、テスト時の請求書の抽出は、金額の上位から順に一定数を選んでもよいですが、テストの都度対象となる顧客の顔ぶれが固定されてしまう傾向がある場合は、無作為で抽出してもよいと考えられます。また、25件を無作為に抽出し、1件でもルールに違反した請求書が見つかったら、該当期間に作成した全ての請求書をテストするのもよいと思います。

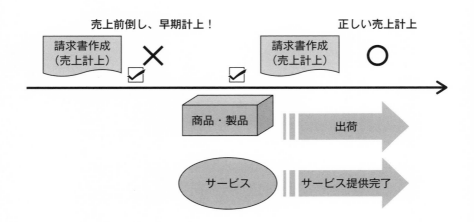

図4.5　カットオフテストの実施

リスクのトレードオフ

　ある利益を得るためには、他方で何かを犠牲にしなければならない関係をトレードオフといいます。例えばレースカーのスピード能力を向上させるには、車体の軽量化に取り組まなければならず、技術的に運転者の安全性に眼をつぶらざるを得ない状況が起きます。背景には、クルマの性能アップと運転者の安全性の低下というトレードオフの関係があります。太平洋戦時下の悲劇的な例を示せば、日本の代表的な戦闘機の零戦が当てはまります。戦闘能力を最大限度に発揮させるため、徹底した軽量化に取り組んだ結果、搭乗員の安全性がないがしろにされました。戦闘能力の向上と搭乗員の生命のトレードオフがそこにあります。さらにものづくりの現場でいえば、顧客の短納期要請に対応するために製品の品質チェックを簡便化し、出荷のスピードアップを図れば、不良品が検出されるリスクが増大しかねません。出荷の効率化と不良品による会社の信用失墜というトレードオフの関係が背景に成立しています。

　仕事の分担に基づく相互けん制は非効率であると考え、権限の集中や兼務を奨励する会社の背景には、業務の効率化と誤謬・不正リスクのトレードオフの関係が成立しています。

　そこで想像してください、シーソーの片方には誤謬・不正リスクが腰かけ、反対側には効率化が座っています。初めはシーソーが上下に動きますが、やがては左右の均衡が整いシーソーが止まります。止まった時の均衡点は、最終的にみなさんのビジネスに対する姿勢あるいは価値観が決めることになります。もちろん均衡点は様々です。誤謬や不正リスクを軽視し、効率化のみを重視する会社があるかもしれません。他方で、誤謬や不正リスクの低減に理解を示しつつも、相互けん制のための陣容が足らず、工夫に苦慮する企業もあると思います。不正予防のための均衡点は、All or Nothingという単純な立てつけではなく、それぞれの会社の有様によって、微妙なバランスの下に成立する妥協点であるともいえます。

棚卸資産勘定につながる業務プロセス

　内部統制報告書では、棚卸資産につながるプロセスでは、不正な過大計上や水増しによる利益操作などが開示すべき重要な不備として挙げられています。実地棚卸手続を定めて、大切な商品や製品を保全する定期的な実地棚卸を実施し、不正な利益操作を早期に発見できる仕組みづくりが必要です。

①期末棚卸資産の不適切な会計処理

　以下は、子会社の期末棚卸資産の不適切な管理に対し、積極的な改善を試みた事例です。適切な実地棚卸手続を考える際の参考として非常に有効な事例です。

　（中略）当社は、前事業年度末日である 2019 年 3 月 31 日現在の財務報告に係る内部統制は有効でないと判断し、開示すべき重要な不備を是正するために、（中略）期末棚卸資産の不適切な会計処理に対し、以下の再発防止策を実施いたしました。

1.　棚卸結果の確認体制及び経理業務に関する牽制機能の強化
・棚卸組織、棚卸責任者の役割、棚卸実施者（カウント、再カウント）の担当エリアの明確化を実施し、業務分掌を適切に行うことで組織的に牽制が効く体制といたしました。
・棚卸マニュアルを全面更新し、必要事項を集約、各人の役割が明確になり、抜け漏れを予防いたしました。
・棚卸計算が経理部門だけで完結しないよう、生産管理部門が棚卸計算結果に対し、異常値がないか、第三者的に確認し、牽制する仕組みを構築いたしました。（中略）

　事例を踏まえ、あらためて実地棚卸の大切なポイントを次のようにまとめます。

● 実地棚卸のマニュアル更新

　実地棚卸を効率的に行うためにマニュアルを定期的に更新し、常に最新を保ちます。なお、実地棚卸手続の詳細は、第6章の「棚卸資産を適切に管理する」で述べます。

● 相互けん制に基づく実地棚卸の実施

　実地棚卸は必ず二人一組による実施を原則とします。一方はカウント、他方は記録を行い、相互けん制を利かせて正確な実地棚卸を実施します。

● 再カウントの徹底

　帳簿と実地の間で棚卸の数量に差異があれば、もう一度カウントを実施して差異の有無を確認します。それでも不一致があれば、原因の究明に努めます。

● 相互けん制に基づく棚卸結果の検証

　経理部門などによる棚卸計算の結果は、必ず別の部門が確認して正確性を担保します。

②商品在庫の水増しによる利益操作

　以下は、子会社の棚卸資産を用いた、不正な利益操作と架空売上の事例です。本報告書を読む限り、実地棚卸が定期的に行われていたかどうかは明らかとなりません。推測の域を出ませんが、適切な実地棚卸が定期的に行われ会計上の趨勢分析が実施されていれば、在任期間の長い前社長といえども、不正な架空売上の働きかけに対して、一定のけん制効果を持ったと思われます。定期的で正確な実地棚卸と異常値を検出する趨勢分析は、それ自体で不正を企む者に心理的なプレッシャーを与え、着手を思い留まらせる効果があります。過年度にわたる商品在庫の計上や取引実態のない架空売上は、数値上の操作であり、在庫の物理的な移動を伴わないものと推定できます。そのため、管理部門や内部監査部門が倉庫に保管されている在庫の物理的な残高状況に眼を光らせ、辻褄合わせの不自然な在庫の数値について、違和感を持っていれば不正の発見はより早まったかもしれません。

（中略）当社の連結子会社（中略）において過年度にわたる不適切な商品在庫の計上が行われた可能性が判明したため、外部専門家を加えた特別調査委員会を設置し調査いたしました。その結果、海外子会社（著者追記）において、商品在庫の水増しによる利益の過大計上があったことが明らかとなり、調査過程において、当社の海外子会社（中略）において、実取引に基づかない架空売上等の計上や商品評価損の未計上が新たに明らかになりました。これらの事実は、子会社における不正等を防止または発見する役割を担う当社管理部門及び内部監査部門がその役割を十分には果たせず、子会社の現場責任者等に対する牽制が効かなかったこと、連結子会社（著者追記）前社長の在任期間が長期にわたったこと、（中略）部門間の相互牽制が機能しなかったこと等の不備に起因するものであると認識しており、財務報告に係る内部統制の開示すべき重要な不備に該当すると判断いたしました。

業務プロセス（棚卸資産）のあるべき姿とは

　不正な棚卸資産の過大計上や利益操作に対するため、実地棚卸の定期的な実施と棚卸資産の数値の変動に注意を配る趨勢管理を、キーコントロールとして持つことを勧めます。

　また、実地棚卸は、出荷を一時的にも止めることになります。そのため、部品やパーツなど取扱い製品が比較的小ぶりのものは、一斉に行う棚卸ではなく、一年間かけて徐々に棚卸を行う循環棚卸を採用することも検討してほしいと思います。さらに第三者の委託倉庫に自社の商品や製品を保管し、棚卸を委託している場合もあると考えられます。たとえ第三者に任せた棚卸でも、必ず立ち会うことを勧めます。第三者に保管を任せたといっても、委託者が管理の眼を光らせ、委託先へのけん制をはたらかせておくことが大切です。

①実地棚卸を定期的に実施して資産を保全する

　実地棚卸の手順やマニュアルは必ず整備をした上で、定期的に実施します。実

地棚卸の定期実施は、自社の商品や製品を大切な資産として絶えず注意を配っ
ているという証拠です。それは資産の保全の一環であり、同時に不正者に心理
的なけん制効果をもたらします。

②棚卸資産の趨勢を管理する

　売上高や棚卸資産の趨勢分析を継続的に行います。予算、前年同期による比較
分析、前月からの趨勢分析を継続して実施することによって異常値や不正な操
作の予兆を早期に発見することが目的です。

5. IT（情報技術）統制のあるべき姿を学び直す

　2019年1月から2020年12月の2年間の間、IT（情報技術）統制に係る開示す
べき不備はさほど多くなく、数件の事例を挙げるに留まります。変更プログラムの
誤った導入、IT基盤に関わる不備、不正確な棚卸資産のバッチ処理が会計システム
に反映されたことによる不備などです。

IT（情報技術）統制の不備から学ぶ

　異なるシステム間のデータの受け渡しは、自動連携の他にもマニュアル（手作業）
が介在してデータをつなぐことがあります。転送後のデータの網羅性や正確性を確
認するために、自動連携の場合であっても、マニュアル（手作業）で検証をしてお
くことが必要になります。さらにプログラムの修正に際しては、相互けん制によっ
て修正結果を権限者が確かめるチェックを欠かさず、導入後のシステムの動きにつ
いても注意を払うことが求められます。

①データ転送後のマニュアル対応の欠如等

　本件では基幹システムと会計システムの間におけるデータ転送後、事後の検証が
欠けていたことが問題になりました。異なったシステム間でデータのやり取りをす
る時、データの転送が適切に行われずに漏れたり、壊れたりすることがあります。
データ転送をした後、適切に転送が完了したかどうか手作業によって検証すること
が必要です。システムだから誤ることはないと過信することが事例のような開示す
べき重要な不備につながります。一般的な検証方法として、転送前と後のデータ件

数や金額の比較をして一致を確認することが考えられます。本事例でいえば、転送前後の棚卸資産データの件数と資産総額を比較します。さらに数サンプルを選び、金額の比較を試みることもできます。最近のシステムでは、データ転送やバッチ処理にエラーが発生した場合、システムから自動メールが送信される仕組みもあります。

　（中略）当社は、一般に公正妥当と認められる企業会計の基準に準拠して財務諸表を作成するための決算・財務報告プロセスに係る内部統制及びITに係る全般統制の整備及び運用が不十分であったために次の事象が発生しており、これらを開示すべき重要な不備と認識しました。

当社の連結子会社で（中略）、期末日に基幹システム上で棚卸資産の除却処理に係るバッチ処理が適切に行われずに会計システムに入力されてしまった結果、財務諸表に計上された棚卸資産にその除却処理が反映されずに残存していました。また、棚卸資産の除却処理が会計システムに適切に反映されたか事後的に確認する統制がありませんでした。また、当社及び連結子会社におけるシステムのアクセス権の設定及びそのモニタリングについて不備がありました。上記については、当事業年度の末日後に開示すべき重要な不備として認識したため、当事業年度の末日において是正が完了しておりません。なお、（中略）開示すべき重要な不備を是正するため、以下の改善施策を着実に実施いたします。

・基幹システムと会計システムの整合性を確認するための統制強化を実施いたします。具体的には、在庫金額の修正等により財務報告に影響を与えるバッチ処理については、実行結果確認だけでなく最終的な数字の反映まで確認する運用体制を確立いたします。

・バッチ処理については、処理結果の確認方法を見直したうえで毎月末の正常処理確認を実施しておりますが、それに加えて新たにバッチ処理が適切に作動しなかったことを検知する仕組みを構築いたします。また、当該バッチ処理以外の類似バッチ処理についても同様の対応を実施いたします。

- 顕在化した不適切なアクセス権限設定の見直し変更は終了しておりますが、それに加えて財務報告に係わる重要な機能やシステムにも類似の不適切なアクセス権限設定がないか点検を実施いたします。
- アクセスログを取得し不適切なアクセスが行われていないかのモニタリングを実施しております。
- 重要な不備を受けて、現状のIT システムに係る管理体制の見直しと強化を図るとともに、ルール等の見直し及び社内教育を実施することで社員のリスク意識向上に努めます。

②プログラムの変更承認とマニュアル対応の欠如

　本件の不備の原因は、棚卸資産金額算出プログラムを変更した際、変更者と検証者による相互けん制による確認を欠いていたために、誤った設定のまま導入をしたことです。さらに修正を施した販売管理システムから出力される棚卸資産金額の正確性を確認する方法が不十分で、棚卸資産の過大計上により会計処理を誤る結果となりました。IT 業務処理統制を支援するIT 全般統制の開示すべき重要な不備に当たります。会計関連のプログラムの修正に伴い、相互けん制による基本的なチェックを怠れば、財務報告の信頼性へ大きな影響をもたらすことを示しています。

　（中略）当社は、当社の連結子会社（中略）において、当事業年度の財務諸表監査に提出する棚卸資産資料を社内で精査している際に棚卸資産の計算プログラムの誤りを発見し、これに起因する棚卸資産の過大計上が判明いたしました。（中略）本案件は、連結子会社の販売管理システムにおいて棚卸資産金額算出プログラムの変更を行った際、変更者と検証者の分離が明確にされず、プログラム変更の検証が不十分であった結果、誤った設定のままでシステムが運用されたことに起因しております。

　また、会計処理においても、販売管理システムから出力される棚卸資産金額の正確性を確認する方法が不十分であったため、プログラム変更後の棚卸資産の過大計上を発見できなかったものであります。上記の財務報告

に係る内部統制の開示すべき重要な不備が、事業年度の末日までに是正されなかった理由は、上記の誤りを当事業年度末日後に認識したためであります。当社は、財務報告に係る内部統制の重要性を認識しており、当事業年度の末日後、連結子会社の情報システム部門の増員によりプログラム変更時の変更者と検証者の分離を図り、プログラム変更の際の手続きの遵守と会計システムへ計上する際の確認方法の改善による再発防止策を講じ、翌事業年度末時点においては、適切な内部統制を整備運用する方針であります。（以下略）

③データ連携のためのマニュアル処理

　各システム間の自動連携がなされておらず、いったんシステムから取り出したデータを手動による処理で取りまとめた後、あらためて別のシステムに入れていることが処理誤りの一因となりました。統合型のシステムを用いている会社などでは自動連携がはたらき、こうした作業はありませんが、本事例ではマニュアルによる作業が伴うために、処理誤りのリスクが生じます。リスク解消のために請求書作成に関して自動連携の導入を進めるという改善策を採用したようですが、システム改修には一定のシステム投資が求められます。

　そのため、仮にマニュアルによる作業を維持するとした場合でも、そこに相互けん制を持ち込み、キーコントロールとして評価を加え、リスクの低減を図ることも対応として考えられると思います。

　　当社の米国子会社（中略）において、（中略）監査人より、売上高に関連する会計処理を中心として多数の監査指摘を受け、引き続き問題が改善されていないとの指摘を受けました。本指摘の原因を分析したところ、(1)（中略）(2)営業部門、ビジネスオペレーション部門、請求書作成部門等のいわゆる上流部門と経理部門の連携が不十分であり（中略）(3)上流部門において、必ずしも正確な処理・対応がなされていなかったこと等の課題が認識されました。（中略）また、IT基盤に関する全社的な統制の不備が解消しき

れなかったこと、結果として多額な監査修正が発生したことから、全社的な内部統制及び売上高に関連する処理を中心とした決算・財務報告プロセスにも、改善中の開示すべき重要な不備が残っていると判断しました。(中略)

　当社は（中略）、以下の改善施策を着実に実行致します。

（中略）

3. 関係部門（上流部門）での正確な処理の強化

　（中略）また、各ITシステム間の自動連携がなされておらず、手動処理が発生していることが上流部門での処理誤りの一因になっているため、特に請求書作成関連の自動処理が可能となるようにシステム改修を行います。

IT（情報技術）統制のあるべき姿とは

　これからのIT（情報技術）統制においては、内部統制報告書に示された不備指摘を踏まえた対応に加え、新たなリスクに対しても対応を施すことが求められていると考えられます。新たなリスクとは、私たちがシステムやデータに対してこれまで以上の依存しなければならなくなった現状に端を発するものです。

①不備指摘を踏まえた対応

　システム間のデータ転送については、統合システムに基づく自動転送であろうが、マニュアルを介したデータ転送であろうが、転送後に必ず手作業によるデータの確認を行うことが大切です。システム間による転送とはいえ、異なるシステム環境の中でデータが破損したり、転送が完全に行われないことが起きます。異なるシステム間のデータ転送とその後の手作業による確認というコラボレーションを利かせることに留意しましょう。そして、手作業によってチェックをする方法は必ず手順を整えた上で、キーコントロールとして位置づけるのがよいと考えられます。

②新たなリスクに対応する

　在宅で業務を行う個々人にサイバーアタックの脅威が迫っていることをご存じですか。これまでセキュリティ管理といえば、その対象は会社のシステムが主でした

が、テレワークが進む次の時代では、個人のパソコンのセキュリティ管理についても注意を払わなければなりません。警戒が手薄なテレワークの個人パソコンにウイルスメールを送りつけ、添付ファイルの開封やURLのクリックを通じて感染させる事件が増加しています。最近では添付ファイルにパスワードを付けて装う手の込んだものさえあります。不用意に開封して、ひとたび感染が広がれば、会社の機密情報、顧客や取引先の情報の漏えいや脅迫など、極めて危険な事態が想定されます。

そこでこれからのあるべき姿として、テレワークにおける個人パソコンの管理について基準や規則を定め、それを評価項目に加えることが考えられます。そして基準や規則では、主に次の項目について定めをしておくことが必要です。

・セキュリティソフトの更新
・ウイルスメールの対策
・無許可のアプリケーションソフトのダウンロードの禁止
・社外公共の場でのPCの利用法
・会社の貸出パソコン等通信機器の管理方法

こうした対応を施し、システムの脆弱性を露呈しない仕組みづくりをすることが、IT（情報技術）統制のあるべき姿であると考えられます。なお、サイバーアタックに対する備えについては、第5章「5.国内外に共通するIT（情報技術）統制」で評価項目の留意点と併せ、あらためて具体的に後述します。

新しい時代に
求められる内部統制

1. 新しい時代の内部統制文書

　非対面や非接触であっても、工夫を凝らせば適切な評価作業や監査が可能になることを多くの会社が実感しつつあります。

　ここでは、ある内部統制の導入現場の例を紹介します。社内では直接の対面による会議が開かれることは一切ありません。内部統制の導入と評価は、本社主導ではなく現地の拠点が中心となって行われます。評価や監査の対象となる現場やコントロールを実施する様子を伝えるには、ビデオや静止画を撮って、監査人や関係者に映像や画像を配信して対応します。

　評価に用いるエビデンスは、電子メールの送信によるか、専用サーバーに蓄積、保管して本社の担当者や監査人と共有されます。それでも不十分なところはオンライン会議を重ね、情報交換を行うことで補います。社員は、撮影など限られた場合を除き、健康を害するリスクを冒してまで出社することはありません。

　会社によっては、電子承認システムやワークフローのシステムを導入して、以前よりも申請や承認業務を効率化させています。製造を止められない工場の現場は、従業員が携帯やスマホを用いてライブ映像を送信して、日本にいる管理者がオンラインで直接、現地にアドバイスをしています。もちろん、その場のやり取りの録音も可能です。

　このように、IT を活用した工夫や対応が、これまで長年培ってきた内部統制の評価手法に新たな評価アプローチの可能性をもたらしています。他方で、解決すべき技術的な課題も見えています。

　例えば、オンライン会議で、通信状況が悪い時は、相手の話が正確に聞き取れない、あるいは画面が停止することがあります。画面に映せる参照資料も限られます。画面からでは全てが把握できず、大切な情報を見落とすことも起こり得ます。そして会議を長く続けることにも、参加者の集中力に限度が伴います。こうした限られた時間と技術的な空間の中で、正確かつ効率的に内部統制の評価を行うためには、内部統制文書の在り方に新たな工夫と改善が求められます。

　新たな時代が求める内部統制文書が備えるべき要件は、次の3つになると考えられます。

国内外の拠点に共通する内部統制文書

　事業拠点によって内部統制文書の様式がまちまちで、キーコントロール選定の視点が異なっていては、電子メールやオンライン会議の中で効率よく評価について検討を加えることは困難です。そのため、これからは国内外の拠点に共通する内部統制文書の雛型が求められます。文書には、連結グループ全体に共通して求められる評価項目とキーコントロールが列挙されます。文書は必ず親会社または本社で外部監査人と事前に協議して合意をした上で、全拠点の雛型とします。原則として合理的な理由なく、雛型に記された評価項目やキーコントロールを省くことはできません。他方、拠点の国の特徴や法令等の要請に基づき、新たな評価項目やキーコントロールを加えることは認めることにします。一定の雛型に準拠するために、国内外の各社の間で、文書の比較検討も楽になります。

誰がどこで評価しても同じ結果が得られる評価手続

　内部統制文書の中で評価手続を明らかにしていない会社をしばしば見かけます。それでは、評価者によって用いる評価方法も参照するエビデンスも異なるために、極端な場合には評価結果さえも異なってしまうおそれがあります。親会社や本社の内部監査部門が行った評価と国内外の拠点で実施された評価、いずれも同じ結果となる必要があります。そのため、誰がどこで評価をしても、常に同じ評価結果が得られる客観的な評価手続が求められます。

評価手続とエビデンスは 1 対 1 で対応する

　全ての評価手続には、あらかじめ番号を付して管理をします。そして、1 つの評価手続に対応するエビデンスに評価手続の番号を記載し、評価手続とエビデンスを 1 対 1 に対応させます。エビデンスが複数ある時は、枝番号を用います。1 対 1 対応を原則にすることで、手続とエビデンスの関係を単純明快にします。オンライン会議やメールによるやり取りの中で、行き違いや誤解を防ぎ、効率的なやり取りを実現することが目的です。

リスクを俯瞰する文書の知恵

　海外経験の豊富なある企業の社長から、次のような話を聞いたことがあります。「長年ビジネスを行ったその国では、顧客に合法的な範囲内でギフトを贈る商習慣があります。もちろん日本でも販売促進としてギフトを贈ることはありますが、そのギフトの管理に苦慮しました。」

　販売促進のための物品とはいえ、一定の経済的な価値を持つため、それらの調達、受け入れと日常管理、払出し、残高管理について、どこにリスクがあり、どのように対応すべきなのか。こうしたことを示す一覧性の高いものをつくれないかと悩んでいたようです。ある時、社長はそれをフロー図や手順書にまとめれば、一目で全体が俯瞰できることに気づきました。フロー図や手順書があれば、どのような管理帳票を設計すればよいのか具体的に分かります。

　様々な不正リスクについても懸念を持っていたようです。社長は、次のように続けました。「ウチは会社としても、そう大きい方ではなく、従業員も多くはない。そうした限られた陣容のなか、不正が起きることはともかく困る。社員どうしの関係がギクシャクしかねない。ギフトの発注に伴う業者との癒着、不当なリベートの受領、在庫の詐取や無断での持ち出し、棚卸を装った詐取などなど、数え上げるとリスクにキリがない。だからまずは、内部統制を旗印にして、従業員には自分たちでルールをつくってもらい、それを自律的に守ってもらうことにした。つまり、守らせられるのではなく、自分の利益のために守るということを実感させることになる。なにより現地の自律性を大事にしたい。そのためには、まずフロー図や手順書でリスクを可視化することが第一歩になると思っていました。」

　フロー図でも業務の手順書でもかまいません。それらは一覧性があり、業務の全体を俯瞰する上で利便性があります。内部統制の文書は誤謬や不正リスクに対応するだけではありません。使い方を工夫すれば、業務の引継ぎや新任職員への事業紹介に活用できると思います。

2. 国内外に共通する全社的な内部統制

　全社的な内部統制の文書化に、法令上様式や形式に特段の定めはありません。本書では、実施基準の参考例に従い、6つの基本的要素に基づく42件の評価項目を基礎に、全社的な内部統制の雛型を設計しています。国内外の事業拠点で全社的な内部統制の文書が構築される際の共通の雛型として用います。

国内外に共通する全社的な内部統制の雛型

　本書では全社的な内部統制の雛型を、（表Ⅰ）に示す「全社的な内部統制（チェックリスト方式）」として挙げています。その雛型を構成する各項目の中でも特に自社の統制活動、評価手続そして評価に用いるエビデンスに関わる項目については、特に設計上の配慮が求められます。理解を促進するために、これらをすべて実務上の事例に置き換えて、事例として平易に解説します。

　雛型の一部を巻末の付録に掲載しています。それぞれ参照してください。また、雛型の全てはWebサイトからダウンロード提供します。詳しくは、viページの「会員特典データのご案内」をご覧ください。

①全社的な内部統制を構成する各項目について

　（表Ⅰ）「全社的な内部統制（チェックリスト）」では、実施基準が参考例として示す42件の評価項目の問いかけに対し、自社の内部統制活動を適切に説明できるように、具体的例を示します。抽象的な参考例を具体的な実務に置き換えて表しています。全体を構成する各項目は次の通りです。

● 「全社的な内部統制を構成する要素」
　統制環境はじめ6つの基本的要素の定義を示しています。

● 「全社的な内部統制の評価項目（実施基準により推奨される42評価項目）」
　基本的要素別に42件の評価項目がそれぞれ示されています。

●「自社の統制活動（評価項目事例）」

　実施基準の各評価項目が求める統制活動を構築するには、どのような具体的な要件を満たす必要があるのか、自社の評価項目を設計するための具体的な事例を挙げています。これらの事例は、汎用性を持ちながら、開示すべき重要な不備に対する対応策やこれからの内部統制の姿を踏まえて作成しています。記載の事例をモデルとして、自社のよりよい統制活動を設計してください。なお、統制活動の設計に際しては、いつ、誰が、どこで、何を、どのようにという点に配慮して、なるべく具体的に設計することを心がけましょう。

●「評価に用いる証憑（事例）」

　評価手続による評価をする際、必要な帳票、証憑などのエビデンスを例として挙げています。自社の評価にふさわしいエビデンスを網羅して、明示します。必ずエビデンスとして特定できる名称を明確に示してください。エビデンスの名称が曖昧だったり、複数の呼称を用いたりすると、エビデンスを特定することができません。特定ができなければ、評価を進めることができないと考えてください。そのため、エビデンスの呼称は明確かつ統一的にすることが大事になります。

●「評価拠点」

　評価の対象となる拠点を記載します。例えば、親会社、子会社、孫会社、事業部、地域、支店・支社など全社的な内部統制の評価範囲に属する事業拠点を記載します。

●「評価手続（事例）」

　評価手続は整備状況、運用状況それぞれの視点で別々に記載しています。事例をモデルとして誰が評価をしても同じ結果となるように、分かりやすく（いつ、誰が、どこで、何を、どのように）自社の評価手続を設計します。また評価手続は、全て番号で区別できます。前述の通り、評価手続を適用したエビデンスには、評価手続の番号を記入します。全て異なる番号が付された評価手続にエビデンスが対応するため、電子メールやオンライン会議でも、エビデンスの取り違え、誤解などによる不要な意見交換を防ぎます。

●「整備状況評価／運用状況評価／ロールフォワード」

　整備、運用状況評価およびロールフォワード手続を実施した後、その結果、評価日及び評価者をそれぞれ記録します。

②エビデンス管理の具体的な方法について

　評価手続とエビデンスを適切に対応させ、評価の取り違えを防止する必要があります。エビデンスの錯綜によって評価ができなかったり、エビデンスに不足があると誤って判断されるようなことがあっては、有効性の検討に支障が出かねません。遠隔によるやり取りの中で、評価手続に対して、漏れのない正確なエビデンスを提供することが大切です。

●整備状況評価時の 1 対 1 対応の例

　図 5.1 に示す全社的な内部統制の「1. 統制環境」の中で、評価項目番号 1 に含まれる整備状況評価の手続は 2 種類あります。そのために、最初に整備状況評価の手続を適用したエビデンスには、統制環境の番号→評価項目の番号→整備状況評価手続の番号の順で、1-1-1 と番号が付されます。次に二番目の整備状況評価の手続を適用したエビデンスには、同じように統制環境の番号→評価項目の番号→整備状況評価手続の番号の順で、1-1-2 と番号が付されます。こうすれば、それぞれの評価手続が適用されたエビデンスに、評価手続番号が記入されるため、他との区別は明確になります。

●運用状況評価時の 1 対 1 対応の例

　運用状況評価も要領は同じです。運用状況評価にも評価手続が 2 つあります。従って統制環境の番号→評価項目の番号→運用状況評価手続の番号の順で、それぞれのエビデンスには、1-1-3、1-1-4 と番号が付されることになります。こうして評価手続とエビデンスは 1 対 1 対応のルールの下に全て整理できます。1 つの評価手続にエビデンスが複数あれば、さらに枝番を使って対応ができます。

全社的な内部統制を構成する要素	評価項目	全社的な内部統制の評価項目	評価手続（事例）
1. 統制環境	1	経営者は、信頼性のある財務報告を重視し、財務報告に係る内部統制の役割を含め、財務報告の基本方針を明確に示しているか。	（整備） 1. 会社規程や職務権限基準が整備されていることを確認する。 2. 会社規程には、会計方針やその手続が示され、職務権限基準には、業務分掌や分担が示されていることを確認する。 （運用） 3. 無作為に担当者を複数人選び、（以下略） 4. 社内研修の資料を閲覧し、（以下略）

全社的な内部統制を構成する要素	評価項目	評価手続（事例）	評価手続とエビデンス番号〈1対1対応〉
○1. 統制環境	評価項目番号1	（整備状況評価）　手続1	1-1-1
○1. 統制環境	評価項目番号1	（整備状況評価）　手続2	1-1-2
○1. 統制環境	評価項目番号1	（運用状況評価）　手続3	1-1-3
○1. 統制環境	評価項目番号1	（運用状況評価）　手続4	1-1-4

評価手続とエビデンス番号〈1対1対応〉

基本的要素の番号	評価項目番号	評価手続番号

評価手続 1 ～ 4.

エビデンス No,1-1-1　エビデンス No,1-1-2
エビデンス No,1-1-3　エビデンス No,1-1-4

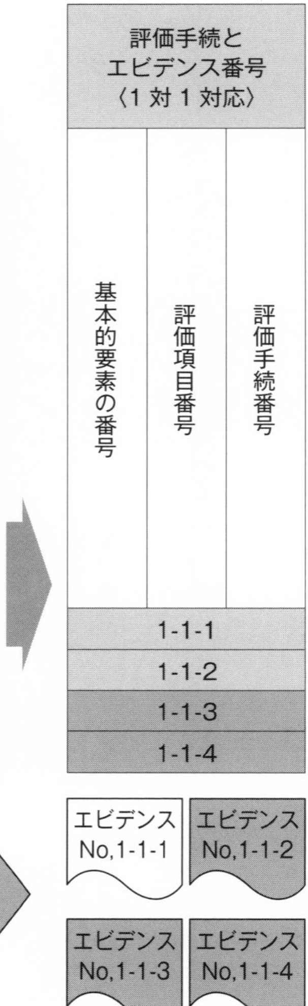

図 5.1　全社的な内部統制　評価手続とエビデンスの1対1対応

全社的な内部統制の評価項目を設計するポイント

　自社の評価項目をデザインする際の重要な論点や視点について検討します。実施基準が参考例として示す評価項目が求める内容に対し、適切に自社の統制活動を設計する必要があります。本書の雛型に示された統制活動の具体例と対比しつつ、次に示す設計上の論点やポイントを確認してください。

①統制環境

　内部統制の導入が初年度の企業は、方針や諸規程の整備に熱心に取り組みますが、適切な運用が行き届くまでには相応の時間と労力を要するのが一般的です。決して背伸びや見栄を張らずに、自社またはグループ会社が取り組むことのできる現実的な制度や仕組みを構築することが大切です。中でも次に示す評価項目については、特に設計上の重要な論点として取り組む必要があります。

- ・財務報告の信頼性を目指す会計方針や経理規程づくり
- ・コンプライアンスのための行動規範や倫理規程づくり
- ・コンプライアンス意識定着に対する経営者の取り組み
- ・コーポレートガバナンスの基礎になる職務権限規程の作成
- ・組織や部門内の権限と責任の明確化と業務分担

②リスクの評価と対応

　組織の目標を損なうリスクは事業環境の変化に応じて変貌します。いったん見極めて評価したリスクについても柔軟に再評価を行い、事業計画や予算に結びつけられるように仕組みを構築します。また、モニタリングなどの過程の中で、誤謬だけでなく不正が発覚することもあり得ます。不正発覚の際には、目の前の対処に追われ、再発防止に向けた原因分析がないがしろになっては、再発防止は叶いません。適切な原因分析に基づく予防策が実施される仕組みをつくることが大切です。設計上のポイントとして、以下が挙げられます。

- ・リスクを具体的に識別し事業や予算に反映できる仕組み
- ・不正の原因分析に取り組む組織と予防対策が展開できる仕組み

③統制活動

　内部統制報告制度のどこを切っても、その断面はリスクとコントロールの相関関係です。無駄のない統制活動を設計してリスクに備えます。統制活動の基本は業務を分担することによる相互けん制にありますが、誤謬や不正に対抗するために、統制活動が不十分と判断される場合は、評価項目やプロセスに責任を持つプロセスオ

ーナーなどが常に改善に着手できる仕組みが望まれます。リスクは常に変化し、それに対抗する統制活動もまた同様です。下記の論点は、いずれも内部統制の運用と評価には欠かすことのできない評価項目です。

- ・職能に基づく権限と責任の明文化
- ・業務に関わる具体的な手順やマニュアルの設計
- ・内部統制を評価する組織や仕組みの構築
- ・誤謬や不備の改善に適切な対応のできる仕組み

④情報と伝達

決算情報の迅速な伝達、内部統制の運用に関わる情報の共有、内部統制にかかる外部からの有益な情報の入手、これらはいずれも円滑な組織活動には欠かせない要素ばかりです。情報と伝達では特に以下の項目に注意して設計を進めてください。

- ・決算にかかるスケジュールの共有
- ・経営層における内部統制の重要な情報の共有
- ・内部統制の有益な情報を共有する仕組み
- ・国内外での内部通報制度の構築と適切に運用する仕組み

内部通報制度を活用することで、不正の早期発見や予兆の把握ができたという会社も多く、筆者もその有効性は体験として実感しています。しかし他方、会社の方針にそぐわない通報をしたがゆえに、通報者が不利益を被り裁判に発展した事例もあります。そのため通報者の利益保護を前提とした仕組みを設計することが大切です。

またフランス共和国については、現地の個人情報保護等の観点から通報制度の導入が、実効性の観点から困難視されます。たとえ会社が通報制度を導入したとしても、従業員にとって遵守は任意であり、通報に基づく社内調査についても被通報者への調査通知が義務づけられるなどの制約が伴うためです。フランスに事業拠点を持ち、新たに制度導入を予定している会社は、必ず現地の弁護士と入念に話し合う必要があります。

⑤モニタリング

　海外子会社の不正をはじめとする不適切な会計処理を巡り、不備指摘が頻発しています。実施基準は、現場の責任者や管理者だけでなく経営者、取締役会、監査役そして内部監査部門がモニタリングに努めるように求めていますが、他方でリソースが追いつかないなどの課題も抱えます。以下がモニタリングの設計上の重要なポイントになります。

・プロセスオーナーを活用した日常的モニタリングの実施
・独立的評価の効率的な実施
・不備の迅速な報告と解消の仕組みづくり
・開示すべき重要な不備を解消する仕組みづくり

　評価項目設計の話題を少し離れますが、経営者、取締役または監査役が独立的評価を実施する際にモニタリング先を一定のリスク基準で選別し、アクセントを利かせた効率的な対応をすることも可能です。参考として、モニタリング先を選別し、優先順位をつけるための基準を以下に例として挙げます。

表5.1　モニタリング先の選別に係る具体的な基準

1	新規に買収した拠点
2	一定期間に売上・利益が急速に増加、または減少した拠点
3	経営層や責任者が若く、組織の管理不足が懸念される拠点
4	経営層が新規に赴任して期間が浅く、実情把握が十分でないと判断される拠点
5	近年不正や不祥事が発生した拠点
6	内部通報があり、統制環境全般が懸念される拠点
7	経営数値の趨勢管理上、異常値が頻繁に検出される拠点
8	親会社や本社から遠く物理的な距離があり、かつ小規模な拠点

⑥IT（情報技術）への対応

　仕事の進め方がより IT に依存する時代です。テレワークが常識化するのは、まだ先の出来事と思っていましたが、すでに現実となりました。そして IT を利用することによる新たなリスクが増大しています。テレワークによって従業員のパソコ

ンがウイルスに感染するリスク、オンラインによる頻繁な会議でやり取りされる経営情報が侵害され、漏えいするリスク、サーバーを介する重要な財務情報が社外に流出するリスク、こうした新たなリスクに対抗する必要があります。IT に関する適切な戦略、IT 環境やセキュリティ対策を踏まえた方針、計画やガイドラインづくりについて、全社的な内部統制レベルで見直す時期が来ていると考えられます。

・新たなリスクに対応する IT 戦略や IT の整備、運用計画
・現在直面する IT 環境にふさわしい内部統制の整備と評価

コラム

国によって異なる制度のなりたち

　オープンカフェでナチスドイツの将校、数名がテーブルを囲んで歓談をしながらお茶を飲んでいます。その近くのテーブルに座っていた一人の男にカフェのバーテンダーが何気なく声をかけ、カウンターの内側に身を潜めるよう誘います。声をかけられた男は、ドイツ軍の捕虜収容所から集団脱走を図り、逃れてきた捕虜軍人の一人です。声をかけたバーテンダーは、フランスのレジスタンスです。そこへ突然クルマで乗り付けたレジスタンスは、マシンガンでドイツ軍将校を一掃して、走り去ります。これは、映画「大脱走」の１シーンです。捕虜軍人を演じたのは、名優ジェイムス・コバーン、彼はレジスタンスの手助けによって母国まで逃れることができるのです。

　この地下組織のレジスタンスにさんざん悩まされたのが、フランスを占領、支配したナチスドイツでした。第二次世界大戦下、ドイツ軍の電撃作戦でパリは陥落しますが、地下に潜ったレジスタンスは、終戦まで粘り強く抵抗活動を続けました。そして地下組織を根絶やしにするために用いられた１つの仕組みが、密告制度です。ナチスは市民による密告によってレジスタンスを根絶やしにしようと企みました。密告は、他者を陥れる悪魔の手段として用い、濫用もされたという歴史が残ります。

　もちろんこうした歴史を持つ国は、フランスばかりではありません。第

二次世界大戦終結後も東ドイツが自国の社会主義体制を堅持するために用
いた密告制度は有名です。

　密告によって歴史に深い傷跡を残した国々で、ややもすればそれを彷彿
とさせる内部通報制度を導入することは、国民感情からすれば、そうたや
すいことではないことが想像できます。しかし他方米国では、企業内での
不正や不祥事を早期に見つけ出すための手法として、内部通報の効果を高
く評価しています。国の歩んだ歴史によって制度の是非やその形、内部統
制のアプローチすら変わることも起こります。

3. 国内外に共通する決算・財務報告プロセス

　決算・財務報告プロセスにも、文書作成上定められた特段の形式や様式は存在し
ません。本書の雛型は実施基準に従い、全社的な観点で評価すべきプロセスの評価
項目を20項目、個別に評価すべき固有の業務プロセスを9項目それぞれ挙げ、全
部で29件の評価項目としています。いずれも決算に最低限度必要な評価項目を挙
げ、開示すべき重要な不備として挙げられる項目に対応するよう設計しました。全
社的な内部統制と同じように、国内外に共通する雛型として用います。

国内外に共通する決算・財務報告プロセスの雛型

　（表Ⅱ）「決算・財務報告プロセス（チェックリスト方式）」に従い、雛型を構成
する各項目の内容は次の通りです。また評価手続とエビデンスを1対1対応とする
ことについては、全社的な内部統制と同じ取り扱いをします。

●「サブプロセス」

　決算・財務報告プロセスを構成する要素となるサブプロセスを示しています。

●「評価区分」

　サブプロセスの中で各評価項目を分類しています。

- ●「評価項目」
  評価手続とエビデンスを1対1対応させるために、番号を管理します。

- ●「想定されるリスク」
  プロセスに潜在するリスクを示しています。

- ●「自社の統制活動（評価項目事例）」
  リスクを低減させるための要件を満たすには、評価項目の中にどのような統制活動を折り込んだらよいのか、リスクに焦点を当てた統制活動の具体例を挙げています。これをモデルとして、自社にふさわしい統制活動を設計してください。

- ●「評価手続（事例）」
  評価手続は整備状況、運用状況それぞれの視点で別々に設計しています。これをモデルにして、誰が評価をしても同じ結果となるように、いつ、誰が、どこで、何を、どのようにという点を意識して評価手続を設計します。また評価項目の番号と評価手続の番号を連番にして、全ての評価手続に番号を付します。そして評価手続が適用されたエビデンスには、適用された評価手続の番号を付し、評価手続とエビデンスに1対1対応の関係をつくります。例えば、評価項目1の整備状況評価手続であれば、1-1が評価手続番号となり、運用評価手続ならば、1-2あるいは1-3となり、それぞれのエビデンスに番号を付します（次ページの図5.2を参照）。

- ●「評価に用いる証憑（事例）」
  評価に必要な帳票、証憑などエビデンスを例として示しています。これらを参照して、自社の統制活動の評価にふさわしいエビデンスを網羅します。

- ●「統制頻度」
  日に複数回（随時）、日次、週次、月次、四半期、半期、年次など統制活動がはたらく頻度を示します。評価項目の統制頻度に応じて、評価に要するサンプル数は異なります。詳細は第3章「2. 運用状況評価を実施する　運用状況評価の前提」「③どのように運用評価を行うのか」を参照ください。

評価区分	評価項目	想定されるリスク	自社の統制活動（評価項目事例）	評価手続（事例）	評価手続とエビデンス番号（1対1対応）	
					評価項目番号	評価手続番号
グループ会計方針・連結決算準備	1	グループ全体の会計方針や連結決算に関わる業務の手順が適切に整備されていない。	グループ全体の会計方針が経理規程に定められ、連結決算のための業務手順がマニュアルにまとめられている。これらは、イントラネットを通じ、関係者が常に参照できるようになっている。	（整備） 1. 経理規程、連結決算マニュアルを閲覧し、グループ全体の会計方針が示され、連結決算のための手順がマニュアルに示されていることを確認する。 （運用） 2. 経理部門の担当者を無作為に複数人選び、グループ会計方針や連結決算マニュアルの内容について質問し、会計方針やマニュアルの習熟の度合いを確かめる。 3. 同じ担当者に対して、グループ会計方針や連結決算マニュアルの所在について訊ね、実際にイントラネットで照会することができるかどうかを確認する。		

評価項目 1	1. 整備状況評価	1-1
	2. 運用状況評価	1-2
	3. 運用状況評価	1-3

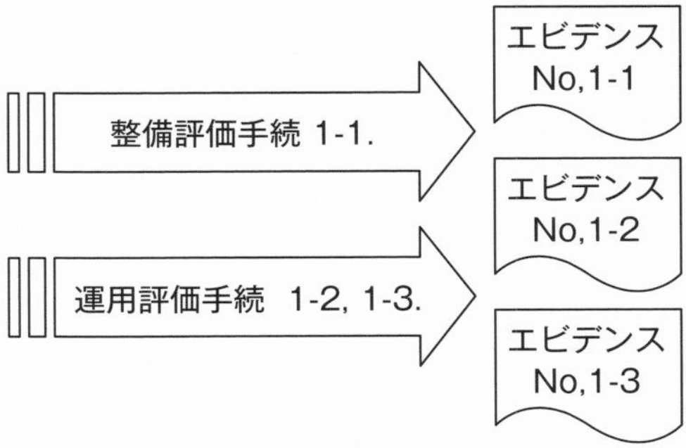

整備評価手続 1-1. → エビデンス No,1-1

運用評価手続 1-2, 1-3. → エビデンス No,1-2

エビデンス No,1-3

図 5.2　決算・財務報告プロセス　評価手続とエビデンスの 1 対 1 対応

● 「評価範囲」

評価の対象となる事業拠点を記載します。

●「整備状況評価／運用状況評価／ロールフォワード」

　整備、運用状況評価およびロールフォワードの結果、評価日及び評価者を記録します。また、サンプリングの記録は、雛型の（表Ⅵ）サンプリング記録シートに残します。

決算・財務報告プロセスの評価項目を設計するポイント

　雛型の設計に際して、なによりも一般的で汎用性があることを心がけました。また近年頻発する不正や不適切な会計処理に対応し、リモート環境で発生する新たなリスクについても検討を加えています。（表Ⅱ）に示す雛型を参照しながら、実際に評価項目をデザインする際の大切なポイントを示します。

①全社的な観点で評価すべきプロセス

　財務報告の信頼性を担保するために、最初に取り上げることは、規程類をはじめとするルールづくりです。ルールに基づいて、具体的な手続を整備することは信頼に足る決算を行う経理体制の基礎づくりといえます。また高度化する経理知識を習得する研修の実施も欠かせません。さらに非対面や非接触による経理体制に生まれる新たなリスクにも対応することが求められます。

●決算に向けたルールをつくる

　評価項目の中には、経理規程や規則など規程類の整備を必ず織り込みます。具体的には、規程類、相互けん制に基づく業務分担、単体・連結決算スケジュールを整備した上で、これらを評価項目に織り込んで、毎期の整備と運用について評価を実施します。

●ルールに基づく決算手順を構築する

　ルールに基づき、単体や連結決算のための手順と具体的なマニュアルをつくります。特に決算整理に漏れのない手続を構築し、決算に必要な、照合、調整の作業が適切かつ正確に行われるようにします。

● 高度化する経理知識に備える

　高度な経理の専門知識を備える陣容は財務報告の信頼性を支えます。そのために、定期的な研修と研修内容の共有を行う仕組みを構築します。また、定期購読の経理、財務の専門誌の活用も検討してほしいと思います。

● 正確な決算を保証するスプレッドシートを管理する

　決算に加えて引当金はじめ、減損やリース契約にかかる各種の計算を行う際に、マクロやピボットを用いたスプレッドシートを活用してデータ処理を行う場合があります。その際、設計破損が起きないようにするためにスプレッドシートの設計を定期的に検証し、バージョンを管理して保管します。

　多くのユーザーにとってスプレッドシートの設計内容はブラックボックスになりがちで、計算の誤りに気づかずに仕訳などを投入してしまい、開示すべき重要な不備に直結するおそれがあります。加減乗除程度のスプレッドシートの管理は不要ですが、それ以外の重要な計算に用いるものは、管理方法を評価項目に織り込んで、毎期評価することを勧めます。

● 決算体制に対する新たなリスクに対応する

　非対面や非接触を前提に会社に出社せずに、経理処理をするため、新たなシステムの活用や習熟を求められている経理部門の方々も多いと思います。新たな経理体制を構築することで生まれる新たなリスクもあります。例えば、電子化されたエビデンスの保管と管理に関するリスク、財務諸表を作成する上で重要な会計データへのアクセスや改ざんのリスク、サーバーに保管した経理情報の漏えいなど伝票や書類を電子化した会社ならではのリスクが想定されます。こうした新たなリスクに対応した経理体制についても、評価項目に取り込み、適切な運用が図られているかを検証しておくことが大切です。

● 適切な開示を実施する

　開示すべき事項が適切に示されていないと、会社を囲む利害関係者に誤った理解もたらす可能性があります。財務諸表に関わる開示に関するルールを定め、適切な開示情報を提供する仕組みをつくる必要があります。

②固有の業務プロセスとして個別に評価すべき項目

　雛型では、誤謬や知識不足が原因となり不備が頻発する貸倒引当金をはじめとする各種引当金に対応しています。この他、退職給付、棚卸資産評価、税金計算、減損、リース契約、繰延資産の評価なども重要な評価項目となります。これらは全て専門的で高度な会計知識が求められるため、取扱いを誤れば開示すべき重要な不備に発展する可能性が高い項目になります。

●知識や経験を共有するマニュアルづくり

　見積や評価に関わる評価項目を設計する際には、見積や評価のための客観的なルールやマニュアルを作成し、経理部門の誰もが対応できるようにします。知識や経験が豊富な担当者を頼り、業務が偏ることは好ましくありません。頼りにした担当者や責任者の突然の退職で、補充の対応が整わずに経理体制の不備に至った会社もあります。ローテーションを組み入れて知識、経験の共有を図りましょう。

●業務委託の成果を検証する

　外部の第三者に委託した税金計算や退職給付などは、計算結果を鵜呑みにせず、必ず確認を行います。鵜呑みにした結果、財務諸表の計算誤りによって不備指摘を被ることが起きます。委託先の成果や結果についてチェック項目を設け、趨勢分析を施して検証をする、あるいは無作為サンプルによる確認を施します。こうした検証と確認の手続を評価項目に位置づけ、毎期の評価対象とします。

●あらかじめ定めのない非定型、不規則な事態に対する対応

　あらかじめ想定をしない不測の事態が起きることもあります。合併、買収や事業の統合などの場合にも適切な対応を図るための方針や手続を定めておきます。

4. 国内外に共通する業務プロセスに係る内部統制

　業務プロセスに係る内部統制の文書も、法令上に定められた形式や様式はありません。本書の雛型（表Ⅲ）「業務プロセスに係る内部統制」では、一般の事業会社の会計上重要な勘定科目（売上、売掛金及び棚卸資産）につながるプロセスおよび仕入・買掛金にかかるプロセスについて設計をしています。さらに各プロセスを構成するサブプロセスの選定にあたっては、必要最低限度と考えられるものを絞り込みました。汎用性を考慮しつつ、内部統制報告書に示される開示すべき重要な不備に対しても対抗できる設計としています。

国内外に共通する業務プロセスに係る内部統制の雛型

　本書の雛型（表Ⅲ）は、3つのプロセスとそれを構成する各サブプロセスから成っています。売上、売掛金プロセス（15サブプロセス）、仕入・買掛金プロセス（10サブプロセス）そして棚卸資産プロセス（3サブプロセス）から成り、1サブプロセス当たり原則1キーコントロールを配置しました。IT業務処理統制を含み、キーコントロールは全部で28件に絞り込んでいます

　各プロセスの雛型の様式は全て共通で、それらを構成する各項目の内容は次の通りです。

● 「サブプロセス」

　プロセスを構成するサブプロセスとその番号を示しています。

● 「想定されるリスク」

　財務報告の信頼性を損なうリスクを具体的に書き表します。リスクの内容が不明確だとキーコントロールの内容も必然的に具体性を欠き、漠然としたものになってしまいます。例えば、「新規顧客の登録が不適切である。」というリスクの表現では、登録がどのように不適切なのかが具体的に分からず、キーコントロールのねらいや内容が不明瞭となってしまいます。そのため「架空の新規顧客が登録されたり、既存の顧客の情報が改ざんされることで、架空取引に用いられる。」と、リスクを具体的に表します。リスクが明確ならば、キーコントロールもおのずからリスクに焦

点を合わせ具体的になるはずです。そして、キーコントロールを書き表す際は、誰が、いつ、どこで、何を、どのようにという点に十分配慮します。

● 「アサーション」

　正確で適切な財務諸表をつくるための条件や要件のことをアサーションといいます。アサーションは6種類があります。これらのうち、キーコントロールがどのアサーションを目指しているのか、キーコントロールの目指すアサーションを選びます。例えば、表5.2が示す売上・売掛金プロセスのうち、新規顧客の登録、変更および削除のサブプロセスでは、実在性と網羅性のアサーションが選ばれています。それは、キーコントロールが、架空でない実在する顧客が登録されること、登録内容が漏れなく登録されることをそれぞれ目指していることを意味しています。

表5.2（表III）業務プロセスに係る内部統制【売上・売掛金プロセス】例

サブプロセス		想定される リスク	アサーション						業務手順 ☆はコントロールを ★はキーコントロールを示す。
			実在性	網羅性	権利と義務の帰属	評価の妥当性	期間配分の適切性	表示の妥当性	
1	新規顧客の登録、変更及び削除	架空の新規顧客が登録されたり、既存の顧客の情報が改ざんされることで、架空取引に用いられる。	X	X					1. 営業担当者は、新規顧客の収益性や成長性に着目し、取引を行うかどうか営業課長と相談する。 2.（中略） 5.☆経営者は、新規顧客の経緯、実績、収益性や成長性など総合的な見地から新規顧客との取引を検討した上で、申請書を承認する。（中略） 7.★営業課長は、顧客管理システムから新規顧客の登録情報を呼び出し、登録内容が新規顧客登録（変更）申請書と一致していることを確認し、申請書の余白に新たに押印する。（以下略）

　6つのアサーションの具体的な内容は次の通りです。いずれも正確で信頼に足る

財務諸表を作成するためには欠かせない要件ばかりです。

表5.3　6つのアサーション

アサーション ＼ 内容	アサーションの内容
実在性	資産や負債が実際に存在し、取引や会計の事象が実際に発生していること。
網羅性	計上すべき資産、負債、取引や会計事象を全て漏れなく記録していること。
権利と義務の帰属	財務諸表に示された資産に対する権利や負債に対する義務が企業に属していること。
評価の妥当性	資産及び負債を適切な価額で計上していること。
期間配分の適切性	取引や会計事象を適切な金額で記録し、収益及び費用を適切な期間に配分していること。
表示の妥当性	取引や会計事象を適切に表示していること。

● 「業務手順」

　サブプロセスの手順や手続を、キーコントロールを中心にして整理します。手順や手続は番号の順に整理して、簡潔に記載します。それらの手続のうち、コントロールには「☆」の印を、キーコントロールには「★」の印を付します。キーコントロールに相当する手順や手続については、いつ、誰が、どこで、何をしたのか具体的に記載して、評価を進めやすくします。

● 「評価に用いる証憑（事例）」

　整備、運用状況評価を行う際に必要なエビデンスを具体的に特定、記載します。エビデンスの名称は、明確かつ正確に特定できるように記載します。

● 「統制頻度」

　キーコントロールがはたらく頻度を記載します。

● 「統制の主体」

　誰がキーコントロールを担うのか、明確にします。キーコントロールを担う者は、利益相反の視点から自分自身を評価することはできません。

● 「統制のタイプ」

　キーコントロールが手作業によるものか、システムによるものか、あるいはその複合なのか、タイプ（態様）を示します。

● 「整備状況評価（事例）」

　内部統制の仕組みが整備され、リスクが低減されているかどうかを判断、評価するための手続を記載します。評価手続は客観的で、分かりやすく明確に文書で示すことが大切です。特別な知識や経験を持たなければ、評価者となり得ないという考え方は採りません。むしろ、誰でも評価ができる仕組みが大切です。評価に用いられたサンプルの番号管理の方法は、これまでに説明した要領と同じになります（次ページの図 5.3 を参照）。

● 「運用状況評価（事例）」

　キーコントロールの頻度に応じたサンプル数を無作為に抽出し、内部統制の仕組みが設計通りに運用されているかどうかを評価する手続を示します。サンプル数は、キーコントロールのはたらく頻度に応じて変わります。また、全ての評価手続を番号で管理し、エビデンスと 1 対 1 対応とすることは、整備状況評価と同じです。

● 「整備状況評価 / 運用状況評価 / ロールフォワード」

　整備、運用状況評価およびロールフォワード手続の実施結果については、雛型（表Ⅴ）の「評価結果シート」に記載して、エビデンスと併せて保管します。また、サンプリングの結果は、雛型（表Ⅵ）の「サンプリング記録シート」に残します。

サブ プロセス	整備状況評価 （事例）	業務手順（事例）	評価手続番号と エビデンス番号 〈1 対 1 対応〉		
4. 顧客から の受注	受注に用いた実際の 帳票、証憑または文 書を無作為に 1 件 抽出し、以下の評価 手続を適用する。 1. 受注に関して取 　扱いを定めたマ 　ニュアルがある 　ことを確認する。 2. 全てのコントロ 　ールを含む業務 　手続の開始から 　終了までの流れ 　に従い、実際の 　帳票、証憑や文 　書と内部統制の 　手続を比較し、 　お互いに一致し 　ているかどうか 　確認する。 3. 内部統制の実際 　の仕組みが、リ 　スクを低減する 　設計になってい 　るかどうか確認 　する。	1. ☆営業部門の担当者は、受注シート 　に記載して注文を受付ける。（以下略） 2. ★営業課長は、メール、ファックス 　または電話で受けた受注シートの内容 　情報に不足がないことを確認し、受注 　を承認する。 3. ★営業課長は、契約の締結が必要な 　場合、契約内容に不足がないことを確 　認し、契約の締結を承認する。 4. 営業部門の担当者は、承認された受 　注内容を受注システムに入力し、在庫 　の有無を確認する。 5. 契約の締結に要する会社の登録印鑑 　は、総務部長が金庫に保管管理し、権 　限者による承認なく、利用することは 　できない。	サブプロセス番号	評価手続番号	業務手順番号

	1. 整備状況評価				4-1
○4. 顧客か らの受注	2. 整備状況評価	業務手順 1.	4-2	4-2-1	
		業務手順 2.		4-2-2	
		業務手順 3.		4-2-3	
		業務手順 4.		4-2-4	
		業務手順 5.		4-2-5	
	3. 整備状況評価				4-3

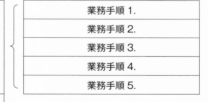

エビデンス
4-1

整備評価手続

エビデンス
4-2-1, 4-2-2,
4-2-3
4-2-4, 4-2-5

エビデンス
4-3

図 5.3　業務プロセスに係る内部統制　評価手続とエビデンスの 1 対 1 対応

業務プロセスに係る内部統制の評価項目を設計するポイント

　業務プロセスに係る内部統制の設計上のポイントは、財務報告に重要な影響をもたらすキーコントロールをできる限り過不足なく絞り込むことです。本書の雛型では、汎用性を実現するために一般の事業会社のビジネスを想定し、業種や業態に関わらず、必ず求められると考えられるコントロールやキーコントロールをサブプロセスごとに精査して選定しました。サブプロセスの内容は、分かりやすくするために全て具体的な事例に基づき設計していますので、これらを参考として自社にふさわしい業務プロセスに係る内部統制を構築してほしいと思います。

①売上・売掛金プロセス

　顧客からの受注に基づく売上・売掛金の計上から回収までの流れの中で、大切なサブプロセスを15件にわたり整理しました。それぞれのサブプロセスに含まれるキーコントロールの概要は以下の通りです。

表5.4　売上、売掛金プロセスに係るキーコントロールの概要

	サブプロセス	キーコントロールの内容
1	新規顧客の登録、変更及び削除	新規顧客の登録、変更及び削除の完了をシステム上で最終的に確認する。
2	データの記録と処理の正確性	IT業務処理統制（システムによる自動統制）
3	アクセス管理	IT業務処理統制（システムによる自動統制）
4	顧客からの受注	顧客からの受注の確認と承認
5	出荷に基づく売上	出荷事実に基づく請求書発行の承認
6	サービス提供に基づく売上	サービスの提供完了に基づく請求書発行の承認
7	工事の進捗に基づく売上	工事の進捗事実の確認に基づく、工事収益計上の承認
8	情報の網羅的管理と自動集計	IT業務処理統制（システムによる自動統制）
9	収益認識のカットオフテスト	収益認識のルールに従った売上計上のタイミングを確認する
10	値引き	値引きの適切性の確認、システムへの反映確認と承認
11	売掛金の管理	関係者の会議による売掛金の回収と残高の趨勢管理
12	売掛金残高の消し込み	顧客からの入金に基づく売掛金の正確な消込み
13	システム間のデータ転送	異なるシステム間でのデータ転送後の検証
14	売掛金の実在性の確認	顧客の売掛金残高の定期的な照会と一致の確認
15	売上の趨勢管理	売上・売掛金の趨勢分析と異常値の検証

売上の早期計上に対して、正しい収益の認識に重点を置くカットオフテストをキーコントロールに位置づけています。さらに、不正の早期発見のための経営数値の趨勢レビューや架空取引を検出するための売掛金の管理についてもキーコントロールとしました。

　なお、内部統制報告書において開示されることの多い架空売上、売上の早期計上については、顧客の実在性の確認、受注と売上計上時の承認や売掛金の管理に注意を払う必要があります。これらの詳細な論点を以下にあらためて整理します。

● 顧客の実在性の確認
　新規顧客の登録やすでに登録のある顧客情報の修正・削除には、権限者の承認を求めるように設計します。架空の顧客を登録したり、既存の顧客の情報を修正したりすることが架空売上に至る下準備となるからです。さらに顧客情報をシステム上で管理する場合には、顧客の登録・修正や削除をするシステム権限を制限し、売上に直接の利害関係を持たない部門に権限者を置くことに留意します。

● 受注と売上計上の承認
　架空売上と売上の前倒し計上を予防するため、受注や売掛金計上（請求書作成）には権限者の承認が求められるように設計します。架空受注や架空売上を予防し、収益認識の適切なタイミングを見極められるようにするためです。これに加えカットオフテストが実施できれば、従業員の意識の上でも、制度の上でもさらに適切な収益認識を徹底することができます。

● 売掛金の管理と架空売上の排除
　関係者による売掛金の継続した残高管理や、顧客への残高照会を行う仕組みを設計することで、売掛金残高の実在性や正確性を確認することができます。

②仕入・買掛金プロセス
　仕入・買掛金プロセスでは、仕入、検収そして買掛金計上に関する権限の分立を徹底させ、相互けん制によって不適切な会計上の取引を防ぐためのプロセスづくり

が大切です。そのためには、発注、検収および支払の３つの業務が、三者の間で互いのけん制が効くように仕組みを設計することが重要になります。

　社内の各部門から原材料、部品やサービスなどの調達要請があった場合、どこに依頼をすれば安価で良質なモノやサービスが手に入るのかを知っているのが資材・購買といわれる部門です。資材・購買部門は、調達の要として専門的な知識が求められるところです。

　取引をする側の業者にとってみれば、資材・購買部門の発注担当者はお得意様の窓口に相当します。お得意様ゆえに、発注担当者の意向は取引に大きな影響を及ぼします。そのため、発注担当者の立場に留まる期間が必要以上に長いと、取引先との慣れ合いや癒着に発展しかねないリスクを抱えることになります。そこで、仕入・買掛金のプロセスの設計を考える場合、次のことが大切なポイントになります。

● 発注と検収の兼務の禁止

　資材・購買部門の発注担当者は、発注と検収の双方を兼ねることはできません。検収とは、発注に基づき取引先が納品したものについて、品質、規格や数量などを確かめる業務のことを指します。

　発注と検収を兼ねると、取引先と結託して架空の発注を行い、検収を偽装して支払金額を横領することができます。あるいは、納品物を会社以外の場所に納めさせ、検収事実を偽装して、転売を図ることも起き得ます。さらに、取引先に実際の注文よりも水増しした見積書を作成させ、水増し発注によって会社が支払った代金の差分を横領することも考えられます。こうして考えると、発注と検収は常に互いにけん制すべき位置にあります。

● 購買と支払業務の兼務の禁止

　資材・購買部門の責任者が、支払業務を兼務すれば、架空発注を偽装する、あるいは発注内容を水増しした不正な金額を支払うことなどは、いともたやすいことになってしまいます。購買と支払についても、同様に相互けん制に基づく位置づけをする必要があります。

●業務分担と定期的なローテーション

　定期的なローテーションによる業務や分担の変更は、取引先との慣れ合いや癒着あるいは不正の予防に効果を発揮します。業務分担表を作成し、異動などがあっても常に最新に保つように努めましょう。仕入・買掛金プロセスでは、次の通りキーコントロールを絞り込んでいます。

表 5.5　仕入・買掛金プロセスに係るキーコントロールの概要

	サブプロセス	キーコントロールの内容
1	新規取引先の登録、変更及び削除	新規取引先の登録、変更及び削除の完了をシステム上で最終的に確認する。
2	データの記録と処理の正確性	IT 業務処理統制（システムによる自動統制）
3	アクセス管理	IT 業務処理統制（システムによる自動統制）
4	取引先への発注	適切な取引先の選定と発注の承認
5	納品による検収	発注・検収の分離による納品の確認
6	債務（買掛金）計上	発注・検収・支払の分離に基づく買掛金の計上
7	債務（買掛金）支払	相互けん制に基づくインターネットバンキングによる支払命令
8	情報の網羅的管理と自動集計	IT 業務処理統制（システムによる自動統制）
9	システム間のデータ転送	異なるシステム間でのデータ転送後の検証
10	仕入・買掛金の趨勢管理	仕入・買掛金の趨勢分析と異常値の検証

③棚卸資産プロセス

　棚卸資産プロセスでは、資産保全の見地から実地棚卸の手続自体に重点を置きました。また棚卸資産の異常値について早期発見ができるように、経営数値の趨勢管理をキーコントロールに位置づけています。いずれも内部統制報告書に見られる開示すべき不備に対応する項目です。雛型で取り上げたサブプロセスとキーコントロールの概要は次に示す通りです。

表 5.6　棚卸資産に係るキーコントロールの概要

	サブプロセス	キーコントロールの内容
1	実地棚卸	実地棚卸差異の検証と把握
2	システム間のデータ転送	異なるシステム間でのデータ転送後の検証
3	棚卸資産の趨勢管理	棚卸資産の趨勢分析と異常値の検証

高価なスクラップを管理する

　輸送中に破損した製品、故障による返品や不良品が、たとえスクラップになったとしても、一定の経済的価値があるならば、それは会社の大切な資産です。売却による廃棄処分にするために適切に管理をしておかないと、いつの間にかなくなってしまい、調べてみたらネットオークションに掲載されていたということが、起きないとも限りません。スクラップというと、無価値で産業廃棄物を想像する人がいるかもしれませんが、決してそうしたものばかりではありません。

　例えばレアメタルと呼ばれる希少金属をご存じだと思います。地下深くに眠り、世界中に偏在することから、国をまたいで政治取引にもしばしば登場します。米中貿易摩擦の駆け引きのなか、中国がレアメタルの米国への輸出禁止をほのめかし、揺さぶりをかけたことは記憶に新しいと思います。この高価なレアメタルは、スマホや携帯電話などの通信機器に用いられる他、自動車の製造工程で用いる工具にも使われています。金属の切削工程には、硬く摩耗が少ない超合金の工具が非常に便利なことから、ここにレアメタルのタングステンが用いられます。タングステンを用いた超合金の切削工具は、たとえ使い込まれて古くなっても、タングステン自体がリサイクルが可能なために、回収業者が高値で引き取ります。

　スクラップとはいえ、一定の経済価値を有する資産は別に一覧にまとめて管理し、売却できるものは回収業者から見積書をとり、適切に売却します。売却物を引き渡す際には、担当者だけでなく別の者を必ず立ち会わせるようにしましょう。担当者1人に引き渡しを任せると、その場で見積対象以外の資産を安価で売払って代金を着服し、返品一覧を改ざんして隠ぺいを図ることも考えられます。さらに、売却の担当者が、売却に伴う経理仕訳をすることは好ましいことではありません。もし関われば、代金の一部を着服して、経理仕訳を操作することができるからです。決して担当者を疑ってかかるつもりはないのですが、会社の仕組みづくりのためには、最後まで慎重であることが大切になります。

5. 国内外に共通する IT（情報技術）統制

　IT（情報技術）統制も文書の様式や形式に法令上の定めはありません。本書の雛型（表Ⅳ）「IT 全般統制」では、国内外に共通する IT 全般統制に関し、16 件の評価項目を絞り込んで設計しています。

IT（情報技術）統制に係る内部統制の評価項目を設計するポイント

　IT（情報技術）統制は、新たな脅威に備える必要があります。オンラインによる会議や情報交換の頻繁化によって共有情報の漏えいが懸念されており、管理保全がこれまで以上に求められています。在宅勤務環境におけるパソコンなどのデバイスに関わるセキュリティ対策はいうまでもありません。評価項目の設計に当たっては、こうした新たなリスクに備える視点を持つことが求められます。

① IT 戦略や情報セキュリティのガイドラインの更新

　IT 部門は脅威に晒されており、新たな IT 環境に備える時が来ています。全社的な内部統制で、IT 戦略や情報セキュリティのガイドライン更新し、在宅勤務やオンライン会議に関わる安全対策を折り込みましょう。そして、全社的な内部統制の方針やガイドラインを踏まえ、IT 全般統制では、より具体的な安全対策を評価項目に反映させる必要があります。

② IT 全般統制に係る評価項目の検討

　IT 全般統制に係る評価項目の設計に当たっては、主に次のような項目に注意を払う必要があります。

● オンライン会議のプラットフォーム

　オンライン会議用のプラットフォームの中でも情報漏えいの可能性が指摘されるものについて、十分注意を払って選定する必要があります。

● サーバー管理の徹底

　オンライン会議でやり取りする情報や共有する社内情報の漏えいにつながるリス

クに対抗するため、サーバーのセキュリティ管理に万全を期すようにします。

● ウイルスメール対策と教育訓練

　セキュリティが脆弱な在宅勤務をねらって、ウイルスメールを送りつける事例が増えています。警察庁やマスコミもこぞって警戒をするよう警告しています。感染によって社内のシステムから重要な情報が抜き取られたうえに、脅迫される被害が絶えません。従業員は、その防衛ラインの最前線に立って戦っているといえます。セキュリティ対策をより有効なものとするために、会社として従業員に対して教育訓練をすることが求められます。

● 在宅勤務の実施に伴う注意

　在宅時のパソコンの取扱い基準や注意事項をまとめた、マニュアルを作成し、ウイルスメールへの警告や注意喚起も欠かすことはできません。在宅時の具体的な注意事項として以下に項目を挙げます。マニュアル作成の参考としてください。

- ・セキュリティソフトを常に更新して最新に保つ
- ・会社のネットワークにアクセスする時、VPN（仮想の専用回線）を使う
- ・無許可によるアプリケーションソフトのダウンロードを禁止する
- ・ファイル保管や共有には USB メモリーの使用を避け、クラウドサービスを検討する
- ・公共の場での Wi-Fi を用いて、重要な会社情報をやり取りしない
- ・サテライトオフィスで離席時には、必ず画面をロックする
- ・パスワードの共有を禁止する
- ・パスワードを定期的に変更管理する
- ・複数のパスワード管理にはパスワードマネージャーを活用する
- ・データは個人のパソコンの内部ではなく本社のサーバーに集中して保管する
- ・パソコンを携帯したテレワーク、外出時には飲酒を禁止する（パソコン置き忘れ防止）
- ・在宅勤務を続けた退職者のパソコンに保管された会社情報の流出に注意する
- ・パソコンは会社支給とし私的なパソコンでの業務を禁止する

・周辺機器の Wifi も会社支給とし、個人による脆弱なセキュリティを避ける

国内外に共通する IT（情報技術）統制の雛型

（表Ⅳ）「IT 全般統制」を構成する項目を、雛型に沿って示します。IT 全般統制は、IT の専門用語が多くなりがちです。雛型では、なるべく専門用語を用いずに設計を心がけました。誰でも理解し評価ができるように、用語を説明する補足をつくるなどの工夫をして、分かりやすい文書を構築するようにしてほしいと思います。

●「サブプロセス」

IT 全般統制を構成するサブプロセスを示しています。

●「評価項目」

サブプロセスの評価項目の番号を用い、評価手続を番号で区別します。

●「想定されるリスク」

リスクはなるべく具体的に記載して、コントロールと対応させます。

●「自社の統制活動（評価項目事例）」

リスクを焦点に当てた統制活動を設計します。事例をモデルとして自社に適切な統制活動を設計してください。

●「評価手続（事例）」

評価手続は整備状況、運用状況それぞれの視点で記載しています。これをモデルにして、誰が評価をしても同じ結果となるように具体的な評価手続を設計します。

なお、評価手続は、評価項目と評価手続に付された番号で区別され、エビデンスに対して 1 対 1 に対応して管理されます（次ページの図 5.4 を参照）。

1. IT全般統制：ITを使用するビジネスプロセス（IT業務処理統制）が効果的に機能し、確実に機能できるようにする環境を確立するための統制を意味します				

サブプロセス	評価項目	想定されるリスク	自社の統制活動（評価項目事例）	評価手続（事例）
システム開発管理	1	重要なシステムの開発に当たり、プロジェクト計画書が適切な権限者による承認を経ずに行われる。	ITにかかる開発計画規程には、開発範囲、要件、予算や開発の責任部署、レビューや承認の権限が定められ、重要なシステムを開発する際には、適切なプロジェクト計画書が策定され、定められた権限者が承認をしている。	（整備）プロジェクト計画書を無作為に1件抽出したうえ、IT開発計画規程を閲覧して下記の評価手続を適用する。 1. 重要なシステム開発について、開発範囲、要件、予算や開発の責任部署、レビューや承認の権限が定められていることを確認する。 2. 重要なシステムの開発に当たり、必ずプロジェクト計画書が策定されていることを確認する。 （運用）プロジェクト計画書を無作為に最大25件抽出し、下記の評価手続を適用する。 3. プロジェクト計画書に基づくシステムの開発に際しては、IT開発計画規程に定めた権限者が適切に承認していることを確認する。

評価手続とエビデンス番号〈1対1対応〉

評価項目番号 / 評価手続番号

評価項目1	1. 整備状況評価	1-1
	2. 整備状況評価	1-2
	3. 運用状況評価	1-3

エビデンス 1-1

整備・運用評価手続

エビデンス 1-2

エビデンス 1-3

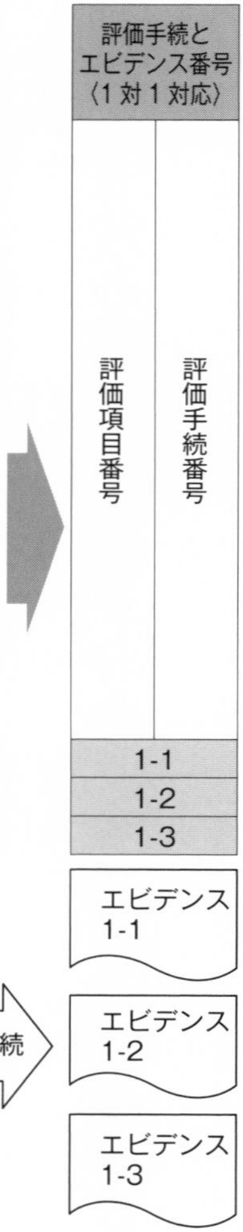

図5.4　IT（情報技術）統制　評価手続とエビデンスの1対1対応

● 「評価に用いる証憑（事例）」

　評価に必要な帳票、証憑などエビデンスを例として示しています。これらを参照して、自社の統制活動の評価にふさわしいエビデンスを網羅します。

● 「統制頻度」

統制活動がはたらく頻度を示します。頻度に応じて評価に要するサンプルの数が異なります。

● 「評価範囲」

評価の対象となるシステムの名称を記載します。

● 「整備状況評価／運用状況評価／ロールフォワード」

整備、運用状況評価およびロールフォワードの結果、評価日及び評価者を記録します。

コラム

サイバーアタックの予防練習に取り組む

　企業に甚大な被害をもたらすサイバーアタックの原因が、社員が不注意で開いてしまった攻撃型メールであることがあります。顧客情報の一部が流出し、一定期間システムがダウンした結果、社内のメールが使えず、旅費の精算すらままならない。さらに取引先への支払が滞るという深刻な取引上の問題が発生することも考えられます。

　そこで、サイバーアタックによる被害を未然に防ぐ方法の１つを紹介します。それは攻撃型のメールを想定した予防訓練です。まずは、メール開封に当たり注意すべきことを従業員に周知します。その後、抜き打ちで訓練を前提とした添付メールを送信します。例えば、ゴルフコンペのお誘い、請求書の送付、開発工場竣工の案内などのタイトルを付し、アドレスは開封時に注意を喚起する必要のある怪しいアドレスにしておきます。これで何人の従業員が開封してしまうか実績を調べます。こうした予防訓練を繰り返し行うことで、社員の注意力を向上させることができます。筆者は、怪しいアドレスに気づかずに、ついゴルフコンペに引っかかり、うっかり開封してしまったことがありました。しかし、一度の失敗の後は、もう引っかかることはなくなりました。自身のことは棚に上げ、うっかり引っかかった同僚をひやかしたものでした。こうして、訓練を繰り返すことで確

実に従業員の注意力を向上させ、攻撃型の不審なメールに対抗することができるようになります。

6. 評価を効率化してコストを削減する

　これまでは、新しい時代に備えるため、内部統制の文書自体に関する効率化を検討してきました。次は、内部統制の評価自体を効率化して運用上のコストを削減することを検討します。主に業務プロセスに係る内部統制を検討の対象として、効率化に取り組むべきアプローチを、次の通り考えます。

　①キーコントロールを絞り込み筋肉体質の文書をつくる
　②統計的サンプリングによりサンプル抽出や評価の妥当性を確保する
　③現場で評価上の工夫に取り組む
　④実施基準の定める効率化に取り組む

キーコントロールを絞り込んだ筋肉体質の文書

　キーコントロールは、財務報告の信頼性に重要な影響を与えるコントロールであり、慎重に選定します。安易な判断によって不要なものまでキーコントロールすることを戒め、評価の効率化やコストの削減につなげます。しかし無理な絞り込みの結果、不備を出すようでは全く意味がありません。本書の雛型に示した業務プロセスに係る内部統制では、次の基準を設けてキーコントロールを絞り込み、選定しています。

●基準その1：リスクの低減に直接かつ最も効果的にはたらくこと
　キーコントロールは、想定されるリスクの内容に直接的な効果をもたらします。コントロールのはたらきが、リスクの低減に直接作用するかどうか見極めます。

● 基準その２：最後の門番としてはたらくこと

　たとえ他のコントロールに誤りがあっても、キーコントロールは最終的な確認行為としてはたらきます。想定されるリスクに対しコントロールが正しくはたらかず、リスクを捕捉することができなくても、最終的にチェックが効くコントロールをキーコントロールとして選びます。そのため、キーコントロールは最後の門番ともいわれます。最後の門番は、担当者でもよく、必ずしも権限者や責任者である必要はありません。例えば、担当者が値引きの価格処理を誤っても、権限者が最終確認でフォローする。また担当者が受注の入力を誤っても別の担当者が相互けん制に基づきあらためてチェックするなどがキーコントロールとしてふさわしいと考えられます。

● 基準その３：勘定科目に直接の影響をもたらすこと

　財務諸表の計上する勘定科目に直接の影響をもたらすのもキーコントロールです。例えば、請求書作成による売上の計上確認、顧客からの入金による消込の確認、納品書の確認に基づく買掛金の計上、ネットバンキングによる支払命令など数多く見られます。このように３つの基準を用い、キーコントロールを絞り込んで筋肉体質の文書をつくります。

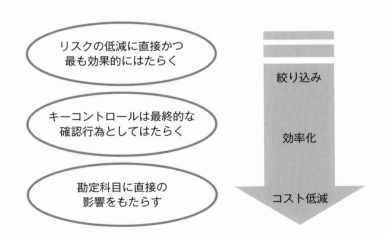

図5.5　キーコントロールを絞り込む

統計的サンプリングを用いたサンプルの共有

　業務プロセスに係る内部統制の評価や監査には、数多くのサンプルを抽出することが求められ、準備には相当の労力を要します。評価を効率化してコストを大幅に削減する１つのポイントは、経営者が評価に用いたサンプルを外部の監査人も監査に活用することができるかどうかという点です。

　実施基準によれば、監査は「基本的に、監査人自ら選択したサンプルを用いた試査により適切な証拠を入手する方法で行われる。（中略）その際、例えば、反復継続的に発生する定型的な取引について、経営者が無作為にサンプルを抽出しているような場合には、監査人自らが同じ方法で別のサンプルを選択することは効率的でないため、統制上の要点として選択した内部統制ごとに、経営者が抽出したサンプルの妥当性の検討を行った上で、監査人自らが改めて当該サンプルをサンプルの全部又は一部として選択することができる。」（実施基準Ⅲ４（２）①ロ a）と示されています。

　外部の監査人が経営者の抽出したサンプルの全部又は一部を監査対象として用いることを一般にサンプル依拠といいます。サンプル依拠が全面的に実現できれば、監査の際の現場負担は大幅に軽減され、監査に要するコストが削減できると考えられます。簡潔にいえば、経営者が反復継続する取引の評価に必要な最大25件のサンプルを用意して評価のうえ監査を終えるのか、あるいは経営者が評価に用いた最大25件のサンプルの２倍の50件のサンプルを評価や監査のために準備しなければならないかの差であり、それに要するコスト、準備に要する時間そして監査の対象となった現場にもたらす心理的、身体的な負担感が大幅に異なります。

①サンプル依拠を実現する

　監査人が自身のサンプリング手法に固執するあまり、経営者の提案する他のサンプリング手法を認めず、サンプル依拠を実現できなかった会社があると聞いたことがあります。しかし他方で、経営者と外部監査人との間で同一のサンプリング手法を用いることに合意し、サンプル依拠を実現した会社も実際に数多くあります。サンプル依拠を実現させるための条件を以下に示します。

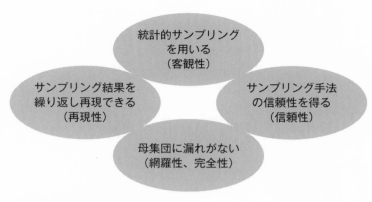

図 5.6　サンプル依拠を実現するための条件

●条件その１：統計的サンプリングを用いる（客観性）

　母集団から評価のためのサンプルを抽出するサンプリングには、統計的サンプリングと非統計的サンプリングがあることをすでに紹介しましたが、ここでは無作為抽出法に基づく統計的サンプリングを用います。非統計的サンプリングでは、抽出者の恣意性が入り込む余地があり、監査人からの信頼を得るという点で難点があります。無作為抽出により、母集団からサンプルを抽出する時は、作為性（故意性）が含まれる手順は一切踏まず、サンプルを抽出します。そのためサンプルが選ばれる確率は全て同じです。例えば、乱数（０から９までの数字が不規則かつ等確率に現れるように配列されたもの）を用いる乱数抽出法、母集団を構成する取引数を抽出する必要のあるサンプル数で除してサンプルの間隔を求め、等間隔ごとにサンプルを抽出する系統的抽出法、膨大な母集団から複数の段階を経て、サンプルを絞り込んで抽出する多段抽出法などを挙げることができます。

●条件その２：サンプリング結果を繰り返し再現できる（再現性）

　経営者がサンプリングの際に作為性を排除し、無作為に選んだといっても、その結果を繰り返し再現できなければ、第三者である外部の監査人に証明することはできません。経営者が無作為に選んだサンプルが妥当であるかどうかを監査人が判断するには、無作為に選んだサンプリングの結果が再現できる必要があります。誤解してはならないことは、無作為とは自由に、思いつきや気まぐれで選ぶという意味

とは異なり、選んでしまえばそれで終わりというわけではありません。全てのサンプルが同じ確率で選ばれ、その結果を繰り返し再現でき、監査人が妥当性を検証できなければ意味がありません。経営者であろうが監査人であろうが、誰が何度サンプリングをしても、抽出結果は同じになる必要があります。これをサンプリング結果の再現性といいます。

●条件その３：サンプリング手法の信頼性（信頼性）

　無作為抽出をするためにサンプリングソフトを自社のIT部門で開発し、それを用いることが考えられます。しかしそのソフトウェアを経営者と監査人が、共通して用いるためには、監査人がソフトウェアの信頼性を検証することが前提になります。システム上、無作為性が担保できるのか、サンプリングの結果が信頼に足るものか、それが確認できなければ、監査人は使用には同意しないものと考えられます。

　現実的にいえば、監査人の同意を得やすくするために、自社開発ではなく汎用性や定評の高いソフトウェアを使用したり、エクセルの乱数機能などを用いることを勧めます。

●条件その４：母集団に漏れがないこと（網羅性、完全性）

　評価や監査に不利にはたらくサンプルを、意図的に除外しておくことは認められません。サンプリングをする母集団が全ての取引を網羅しなければ、評価や監査をする意味がありません。例えば売掛金の残高をサンプリングの対象とする時、意図的にサンプルを除外していないことを証明するためには、母集団とした売掛金残高の総額は、その月の財務諸表上の売掛金残高と一致することを確かめる必要があります。あるいは、新規の顧客登録申請書がサンプリングの対象になるならば、母集団となる申請書の総件数が、実際の新規顧客登録申請書の件数と一致する必要があります。また、対象が請求書ならば、母集団とした請求書の総額が損益計算書に表示された売上高と一致することで、母集団の網羅性を証明することができます。サンプリングに当たり母集団は全て把握され、漏れがないということを示すことが大切になります。これをサンプリングの網羅性、完全性といいます。

　こうした４条件を全て満たすことで、監査人からサンプルの妥当性を得て、サンプル依拠に向けた検討が実現できると考えられます。サンプル依拠の効果は、評価

を効率化させ、これまでに要したコストや準備に要した時間を大幅に削減できます。さらに監査人が自らサンプルを抽出する手間を省くことになり、監査に要するコスト（監査人に支払う報酬）を圧縮することも期待できます。

②評価結果の依拠を実現させる

　実施基準によれば、「当該サンプルについて、経営者が行った評価結果についても、評価方法等の妥当性を検証し、経営者による作業結果の一部について検証した上で、経営者の評価に対する監査証拠として利用することができる。」（実施基準Ⅲ.4（2）①ロ a）とされ、監査人がサンプリング結果に依拠するだけではなく、抽出したサンプルについて経営者が行った評価結果についても、監査証拠として利用することができます。監査人が経営者の評価結果それ自体を自分の検証結果として、そのまま利用するわけではありませんが、監査証拠として採用されれば、有効性を得られる精度は高まり、監査効率が高まることが期待できます。そのためには、経営者によるこれまでの評価や有効性の実績を用いて、監査人の信頼を着実に積み重ねていくことが求められます。

　（金融庁 Q&A 問 19）【経営者の評価結果の利用】では、「監査人は、内部統制監査において、経営者の評価結果を何らかの形で利用することができるのか」と依拠に関して問われたのに対し、「監査人は、内部監査人等の作業を自己の検証そのものに代えて利用することはできないが、内部監査人等の能力及び独立性を検討し、（中略）経営者の評価に対する監査における監査証拠として利用することはできる。」と答えています。

　サンプルの依拠と同じように、信頼性の高い評価を積み重ねることで、評価結果の依拠を実現している会社が実際にあります。

現場における評価の工夫とコスト削減

　キーコントロールの絞り込み、サンプルの共有の他にも、実際の評価の現場では様々な工夫による効率化の事例を挙げることができます。効率化のためのキーワードは、グルーピングと共通化にあります。

①業務内容がほぼ同一の事業所を評価する（グルーピング）

　グループ会社によっては親会社や本社の管理の下、全国に事業を展開する事業所や支店があり、業務内容がほぼ同一であるということがあると思います。全ての事業所や支店が評価の対象となる重要な事業拠点の場合、毎期評価することは相当の負担となります。そこで全国の拠点をエリア別に分類し、エリアごとにエリア内の事業所や支店を毎年評価し、複数年で全ての拠点を評価することが可能です。ただしグループ内の事業所や支店は、本社の管理の下で統一的な規程や規則に服することから、全社的な内部統制が有効であることが前提になります。

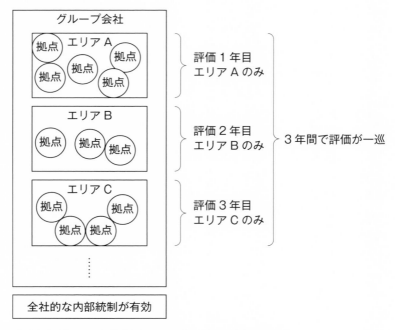

図 5.7　業務内容が同一の事業所を全国展開するグループ会社の評価

（事例集　事例3-6)【業務プロセスにおけるサンプリングの範囲】では3年間で全国の店舗を評価した事例が示され、実施基準では次のように示します。「例えば、複数の営業拠点や店舗を展開している場合において、（中略）全社的な内部統制が良好に運用されていると評価される場合には、（中略）個々の事業拠点の特性に応じていくつかのグループに分け、各グループの一部の営業拠点に運用状況の評価を実施して、その結果により全体の内部統制の運用状況を推定し、評価することができる。（中略）評価対象とする営業拠点等については、計画策定の際に、一定期間で全ての営業拠点を一巡する点に留意しつつ、（中略）効果的な選定方法について検討する。」（実施基準Ⅱ 3.（3）④ロ）

　エリア内の各拠点に、日に複数回にはたらくキーコントロールがある場合、一拠点当たり一律に25件のサンプルを抽出するのではなく、拠点の規模や内部統制担当者の交代の有無など質的な観点に注目して、抽出するサンプル件数に差を設けたケースも実際に認められています（事例集　事例3-6)。

②一部のプロセスが共通する異なった拠点を評価する（共通化）

　ある会社は全国に複数の拠点を持ち、各拠点の旅費計算のプロセスはキーコントロールの実施者こそ異なりますが、プロセスの流れが概ね共通しています。そして、旅費計算のデータは最終的に全て本社に吸い上げられて管理されています。ある拠点では旅費の算定結果を承認するキーコントロールの実施者は庶務課長であり、別の拠点では管理部長です。それぞれ異なる権限者がキーコントロールを実施することから、これまでは拠点ごと個別に旅費プロセスの評価を行ってきました。

　しかし、旅費のデータが本社管理ならば、拠点別に評価を実施しなくても本社が一括してサンプリングを実施すれば、抽出サンプル数を大幅に削減できます。1つの拠点当たりの評価に必要なサンプルが最大25件ならば、総サンプル数は25件に拠点の数を乗じた総数となります。しかし本社一括抽出ならば、最大25件で済ませることができます。たとえキーコントロールの実施者が拠点ごとに異なっていたとしても、評価手続で読み替えを実施すれば、評価は可能です。ただし全ての拠点から、サンプルが抽出されるように最低限度の抽出サンプル数をあらかじめ定めておくことが必要です。こうした手法は、国内に限らず異なる国ごとに展開するグループ傘下の事業拠点でも応用が可能です（次ページの図5.8を参照）。

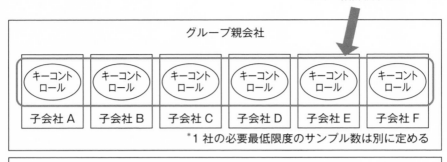

図 5.8　類似するキーコントロールを一括横断して評価する

③複数の部門で異なる製品を販売するプロセスを評価する（共通化）

　ある会社の工場では、4種類の主力製品を製造し、それぞれ異なる営業部門が販売を担当しています。対象顧客がそれぞれ異なる上、既存顧客へのルート販売や新規開拓による掘り起こしなど顧客へのアプローチも異なるために、同じ社内で用いる決裁伝票も異なっています。内部統制文書は4部門それぞれで作成していますが、全ての部門で、随時発行される請求書の承認をキーコントロールとして位置づけています。決裁伝票や承認権限者が異なるために、それぞれ各部門で最大25件のサンプルを抽出して評価をしてきました。

　こうした場合、整備状況評価は、4部門の業務手順や決裁伝票の種類が異なるため、各部門で行うのが適切になります。しかし運用状況評価の場合、決裁伝票や承認権限者が異なるとはいえ、キーコントロールの目的は同一と考えられます。したがって運用状況評価の際は、4部門の請求書データを一括する母集団の中から最大25件を抽出することで、評価の効率化を実現できます。これまでの評価に要した総サンプル数は、最大100件（25件／営業部門×4部門）から一挙に最大25件まで削減することができます。ただし、承認権限者が異なるために、評価手続を読み替えすること、あるいは1部門当たりの最低限度の抽出サンプル数をあらかじめ定めておく必要があることは、②と同じです（次ページの図5.9を参照）。

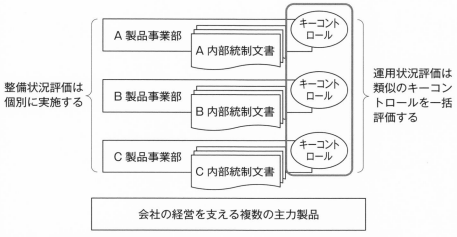

図 5.9　内部統制文書の内容は異なるが、キーコントロールが類似する場合の評価

実施基準を使って評価を効率化する

　改定された実施基準に基づき、整備・運用評価を一部効率化することが可能となりました。評価を地道に継続してきた会社にとっては、過去の評価結果に依拠できるため、評価作業の効率化を進めることができます。

①全社的な内部統制の運用状況評価を効率化

　全社的な内部統制の評価項目の運用状況の評価に関し、次の条件を満たす場合、前年度の運用状況の評価結果を継続して利用でき、一定の複数会計期間内に1度の頻度で運用状況評価を実施することが認められています。

　　・財務報告の信頼性に特に重要な影響を及ぼす評価項目以外の項目であること
　　・前年度の評価結果が有効で、かつ前年度の整備状況に重要な変更がないこと
　　・上記の検討結果について記録を残すこと（実施基準Ⅱ.3（2）①（注））

②業務プロセスに係る内部統制の整備状況評価を効率化

　キーコントロールに係る整備状況の評価は、原則として毎期実施する必要があります。ただし、次の条件を満たす場合は、前年度の整備状況の評価結果を継続して

利用でき、一定の複数会計期間内に 1 度の頻度で整備状況評価を実施することが認められます。

- ・全社的な内部統制の評価結果が有効であること
- ・財務報告の信頼性に特に重要な影響を及ぼす以外のキーコントロールであること
- ・前年度の評価結果が有効で、かつ前年度の整備状況と重要な変更がないこと
- ・上記の検討結果について記録を残すこと（実施基準Ⅱ.3（3）③（注））

③業務プロセスに係る内部統制の運用状況評価を効率化

　キーコントロールの運用状況の評価は、原則として毎期実施する必要があります。ただし、下記の条件を満たす場合は、前年度の運用評価の評価結果を継続して利用でき、一定の複数会計期間内に 1 度の頻度で運用状況評価を実施することが認められます。

- ・全社的な内部統制の評価結果が有効であること
- ・財務報告の信頼性に特に重要な影響を及ぼす以外のキーコントロールであること
- ・前年度の評価結果が有効で、かつ前年度の整備状況と重要な変更がないこと
- ・上記の検討結果について記録を残すこと（実施基準Ⅱ.3（3）④ロ（注 1）

④ IT 全般統制の運用状況評価を効率化

　下記の条件を満たす場合は、前年度の運用状況の評価結果を継続して利用でき、一定の複数会計期間内に 1 度の頻度で運用状況評価を実施することが認められます。

- ・財務報告の信頼性に特に重要な影響を及ぼす以外の評価項目であること
- ・前年度の評価結果が有効で、かつ前年度の整備状況と重要な変更がないこと
- ・上記の検討結果について記録を残すこと（実施基準Ⅱ.3（3）⑤ニ a（注））

⑤ IT 業務処理統制のうち自動化統制の評価は過年度の評価結果を利用できる

　IT を利用した内部統制の評価は、原則として毎期実施する必要があります。しかし、IT を利用して自動化された内部統制は、一度統制が設定されると変更やエラーが発生しない限り一貫して機能する性質があります。したがって、IT に係る業務処理統制のうち、IT を利用して自動化された内部統制の評価は、下記の条件を満たす場合、過年度の評価結果を継続して利用できます。

- ・関連する IT 全般統制の整備及び運用の状況が有効であること
- ・自動化された内部統制の過年度の運用の状況が有効であること
- ・過年度の評価の時点から内部統制が変更されていないこと
- ・障害・エラー等の不具合が発生していないこと
- ・上記の検討結果について記録を残すこと（実施基準Ⅱ.3（3）⑤ニ C）

⑥「財務報告の信頼性に特に重要な影響をもたらすもの以外」とは

　一定の複数会計期間に一度の頻度で評価が認められる評価項目やキーコントロールは、いずれも「財務報告の信頼性に特に重要な影響を及ぼすものを除く」とされています。

　そこで財務報告の信頼性に特に重要な影響をもたらす評価項目やキーコントロールとは具体的に何か、実はそれについてより詳しい説明が提供されていないのが現状です。

　（事例集 事例 4-3）【IT に係る業処理統制の評価】には、監査人と協議した結果過年度の評価結果を活用した事例が具体的に示されていますが、それは「財務報告の信頼性に特に重要な影響を及ぼすものを除く」に関わる直接の議論ではありません。（事例集）や（金融庁 Q&A）にも具体的な事例を見つけることができません。したがってこれらの実施基準の定めを用いるためには、必ず外部の監査人と入念な情報交換や協議を行った上で、適用の余地のある評価項目やキーコントロールを特定していく調整が必要となります。

7. 内部統制の評価の現場は変わるのか

　内部統制の導入や評価に取り組む世界中の企業が、様々な対応や工夫を余儀なくされています。それでは、緊急の状況の中で培われた新たな評価の手法や工夫などは、これからも内部統制の評価の現場で定着していくのでしょうか。

　テレワークという言葉自体は、私たちはこれまでに耳にする機会はありました。そして、テレビ電話や電話会議なども実際に用いてはいました。しかし、危機的な状況に直面さえしなければ、オンライン会議をはじめとした遠隔による情報交換技術が、短期間にこれほど身近となり、しかも必須に感じられたことはなかったと考えられます。

IT を用いた利便性の高い評価アプローチ

　危機に向き合い、思案のうえに取り入れた新たな内部統制の評価アプローチが、これまで培ってきた伝統的な評価手法や手続に、取って代わることはありません。取って代わるのではなく、むしろ利便性の非常に高い評価のアプローチが、これまでの伝統的な評価手法や手続に、新しく加わったと考えるべきであると思います。

　IT（情報技術）を駆使した利便性の高い評価のアプローチは、内部統制の評価の現場をドラスティックに変えてしまったことに違いありません。実際に現場に赴き、現実に実際の帳票や文書を手にして評価や監査を行うという、これまでの伝統的な評価や監査の手法を否定するつもりはありません、しかしながら、異なる国の経営者、監査人や関係者が国境を隔てて、自宅にいながらオンラインで評価や監査を完結させたことは、これまでの常識を完全に覆してしまう驚くべきことであると思います。

表5.7　新しい時代の内部統制のアプローチによるメリット

新しい時代の内部統制のアプローチによる利点の一部	直接に対面しなくとも、評価の資料や情報を遠隔で自由にやり取り、共有できるようになった
	映像をライブ送信することで、複数人が遠隔で評価を実施できるようになった
	必ずしも移動をする必要がなく、業務の効率化の向上を推進した
	移動に伴う旅費・交通費等の大幅コスト削減に効果を上げた
	テレワークによる評価ができるため、オフィスの賃料の削減に貢献した
	オンライン会議を前提に評価スケジュールを効率的に設計できるようになった
	評価者がテクノロジーや機器を駆使することで、ITスキルが向上した
	評価のため文書や証憑の電子化と体系的な整理が促進された
これまでの伝統的な評価・監査手法 （実際に現場に赴き、実際のエビデンスを手にしてリアルに評価を行う）	

内部統制の新しい評価のアプローチの定着

　オンライン会議やファイル共有のプラットフォーム技術（共有サーバーやシェアポイントなど）は評価の効率性を高め、旅費やオフィス賃料の削減などコストダウンに驚くほど高い効果を上げました。紛争地域、突然の戒厳令の発布、テロの発生や火山噴火による空港閉鎖などでその国へ入国が困難となった場合でも、リモートによる情報交換や映像の撮影技術は、きっとこれからも十分にその効果を発揮してくれるにちがいありません。

　しかし、他方でエビデンスや情報を交換、共有するだけで内部統制の評価が終わるわけではありません。評価には、直接の観察が必要です。実際にどのようにコントロールを運用しているのか、現場の状況を詳しく観察し見落としているリスクはないのか、プロセスオーナーや担当者と自由に意見交換できることが大切です。

　例えば、ビデオリンクがこうした観察による情報提供の機能を十分に果たしているか、漏れなく情報を把握できるかという点では疑問が残ります。不十分な点は新たな評価情報を入手して補完することが求められます。また共有するエビデンスや情報が加工されたり、意図的に一部が隠ぺいされることも起こり得ます。リモートであるがゆえに改ざんや情報の隠ぺいにも備える対応をしなければなりません。

　遠隔による内部統制の新しいアプローチは、評価の新たな可能性を開きましたが、もちろんそれだけでは十分に機能しません。これまでの伝統的な手法とあいまって、今後の評価の担い手として成果が期待されるべきであると考えます。

最後に内部統制の新しい評価アプローチが評価の現場でどのように活躍したのか、そしてその活躍ぶりのなかにある、これからの課題を整理しておきたいと思います。

表 5.8　内部統制の具体的な評価対象や状況と評価アプローチ

内部統制の評価対象	具体的な評価の内容	評価に用いる手段	技術的な課題等
環境	・オフィス、工場や倉庫の雰囲気、照度、騒音、臭い	・現地訪問以外に把握困難	・現地訪問以外に把握は困難
プロセスオーナー	・評価の実施計画 ・統制の責任者の意見 ・不備改善の対応策	・オンライン会議 ・電話会議 ・電子メールによる補完	・会話が途絶える ・画像が突然静止する
統制	・業務処理の様子 ・キーコントロールを実施する様子 ・統制の再実施の様子	・ビデオによる撮影 ・スマホの動画撮影 ・静止画撮影	・画像枠により全体を一度に観察できない ・全ての状況をくまなく観察できない ・不鮮明な映像により判断に窮する
エビデンス	・帳票、証憑や文書 ・システム画面の写し ・再実施による統制結果	・原本電子化 (PDF) ・電子メールによる情報交換 ・共有サーバーの活用	・エビデンスの入手に時間を要する ・不都合なエビデンスが隠される ・文書の改ざん
設備	・有形固定資産の状況 ・サーバーの管理状態 ・金庫や金銭等の保管状態	・ビデオによる撮影 ・スマホの動画撮影 ・静止画撮影	・観察対象の映像が隠される ・意図的に撮影箇所を限定される

第 **6** 章

内部統制における
不正な行為

アクセスキー **v**

（小文字のブイ）

1. 財務報告の信頼性に対する脅威

　財務報告の信頼性を求める内部統制報告制度の中で、不正や法令違反の事実は、開示すべき重要な不備に発展することがあります。内部統制の有効性に直接大きなインパクトをもたらし、内部統制報告書において、報告される不正や法令違反の事実は、常に財務報告の信頼性に対する大きな脅威です。

不備や法令違反に備える

　内部統制報告制度は、不正の摘発を本来の目的とするものではありません。しかし「（中略）内部統制監査の実施において不正又は法令に違反する重大な事実を発見した場合には、経営者、取締役会及び監査役等に報告して（中略）、内部統制の有効性に及ぼす影響の程度について評価しなければならない。」（実施基準Ⅲ.4（4））と述べて、不正または法令違反を重大な事実として位置づけ、内部統制の有効性に及ぼす影響の程度について検討することを求めています。

不正に関するリスクを評価する

　全社的な内部統制の基本的要素であるリスクの評価と対応の中で、17番目に参考例として挙げられる評価項目は、次のように問うています。「経営者は、不正に関するリスクを検討する際に、単に不正に関する表面的な事実だけでなく、不正を犯させるに至る動機、原因、背景等を踏まえ、適切にリスクを評価し、対応しているか。」内部統制の有効性に及ぼす影響を評価するためには、不正の事実の背後にある根本的な原因分析をする必要があります。

不正のトライアングルを学ぶ

　今から半世紀ほど前のことです。どんな条件が整えば、不正が起きやすくなるかを研究した犯罪学者がいました。塀の向こう側の刑務所を訪ね歩き、横領の罪で服役する受刑者にインタビューを重ねた結果、不正が起きやすくなる要因をつきとめたといわれています。彼によれば、その条件は3つ。それが、いま私たちが常識のように語っている「不正のトライアングル」といわれるもので、不正を語る時には欠かせない重要なツールです。なぜなら不正が起きやすくなる条件さえ分かれば、

前もって有効な予防策が展開できるからです。

①不正のトライアングル

　第1章で、不正が起こりやすくなる3つの条件の概要を紹介しました。3条件とは、動機・プレッシャー、機会そして正当化です。中でも、内部統制は不正の機会に対して、直接かつ効果的なはたらきをします。不正の発生を許す環境や不十分な仕組みをコントロールによって是正し、不正が起きる機会そのものを直接に排除することができるからです。そもそも、不正を企む者に着手の機会が与えられなければ、不正が現実になることはなく、正当化さえ論ずる必要もありません。

● 動機・プレッシャー
　　不正を起こそうとする動機や動機を導くプレッシャー
● 機会
　　不正を行おうとすれば、いつでも着手できる環境
● 正当化
　　不正者が自己を正当化すること

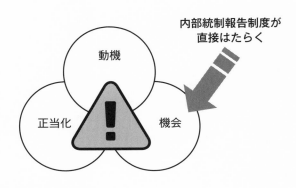

図 6.1　不正が起こりやすくなる条件

②不正のトライアングルを用いて不正リスクを評価する

　営業部門で管理する製品単価表を用いた利益操作の事例を、不正のトライアングルを用いて分析します。分析によって、不正の原因、対策および内部統制の有効性に及ぼす影響の度合いを評価することができます。

● 不正の動機の形成

　第三四半期も終わりの年末、自動車部品加工を行う会社の営業担当者は、売上予算の未達に悩んでいた。いっそ製品単価を下げて販売すれば、顧客も飛びつき、営業マネージャーから予算未達の叱責をされずに済むと考えた

● 不正の機会

　誰もいなくなったオフィス。担当者は残業を装い、販売システムの製品単価一覧表に易々とアクセス。製品単価を安価に操作し、見積書を作成した

● 不正の正当化

　単価を安くしたといっても、先輩担当者に比べたらほんのわずか。先輩の他にも、同僚が売上必達に困った時、同じことをしてきたと聞いている。皆がしていることなのだから、自分がしたからといって、なぜ悪いのか。こうして営業担当者は、不当に安価な見積書をつくり、首尾よく顧客から受注。営業マネージャーからの叱責を逃れた。しかし不当に製品の販売単価が下げられ、売上の利幅が減少し、会社は社員の不正により損害を被った

　本事例で原因分析を行った結果、不正の原因は製品単価一覧表を変更するシステム上の権限を特定者に限定していなかったことにあることが分かります。今後の対策としては、製品単価一覧表を変更できるシステム上の権限者を、営業部門とは利害関係を持たない特定者に付与します。そして変更のためには、営業部門の権限者の承認が求められるように改善を施すことも忘れてはなりません。最後に、内部統制の有効性に及ぼす影響の度合いは大きいと判断できます。なぜならば、製品単価に含まれる粗利を直接操作するということは、会社の収益力に直接影響をもたらし、経営成績を左右することにつながります。そして不正リスクが財務報告の信頼性に及ぼす影響は、決して無視することができません。

動　機　　売上予算未達のプレッシャー

機　会　　価格表に自由にアクセスできる

正当化　　自分だけでなく、誰もがしていること

図 6.2　こうして不正は現実になる…

コラム

エイジングリストを有効に活用する

　売掛金の回収は事業の成果を現金に換える重要な業務の 1 つです。たとえ決算書の資産の部に多額の売掛金残高が計上されていても、回収されて現金に変わらなければ、経営上意味がありません。そして、売掛金の残高を継続的に管理していると、様々なことに気づくことができます。例えば、ある売掛金は、現金回収のタイミングが不定期、回収の額も毎回変動し、いつまでも残高が減少してゆかない。あるいは、ある顧客からの回収が適切に進んでいるにもかかわらず、売掛金の残高が回収額に等しく減少しないといったことに気づくことがあるかもしれません。

　前者のケースでは、架空の売上を計上し、売掛金の残高を残したままとなり、不正者が残高の解消に腐心しているかもしれません。返品や貸倒れなど架空の理由を仕立て上げ、なんとか不正の後始末をしてしまおうと、企んでいるとも考えられます。すぐに調査を開始する必要があるでしょう。

　後者のケースは、ラッピングを疑う必要があります。ラッピングとは、売掛金の消込担当者が顧客からの入金を着服した後、他の顧客の入金分を用いて、着服した顧客の売掛金を消し込む不正のことをいいます。売掛金

223

のたらい回しともいわれ、着服した分の売掛金は、他の顧客の入金を使って消し込むため、不正をはたらく間は、二重の売掛管理をしなければならなくなります。いってみれば売掛金の二重帳簿です。そして、新たに売掛金の入金がない限り、着服した分の売掛金を消し込むことができないため、顧客からの入金があったにもかかわらず、相応の売掛金の残高が減少せずに差異が発生することが起きます。顧客別の売掛金管理をきちんと継続していると、差異に見られるような不正の尻尾に気づくことができ、早期に捕まえることが可能になります。

売掛金管理に用いる資料は、売掛金年齢表やエイジングリストともいわれます。これらの資料をうまく利用しないまま、売掛金を管理するシステムなどの中に眠らせず、不正予防や早期発見の有能なツールにしましょう。

2. 善意や無知による不正に対抗する

私たちは、不正が故意や悪意に基づいて起こされることをよく知っています。しかしそれだけでなく、善意や無知が不正を引き起こす引き金になることは、あまりよく知られていません。内部統制の評価項目やキーコントロールの趣旨をあらかじめ理解し、思わぬ不正を招かぬようにすることが大切です。

善意や無知が不正を導くこともある

不正者は、不正を起こす動機に基づき悪事に手を染めた結果、罪の意識や後ろめたさを拭えずに、身勝手な正当化を試みるものと考えられます。しかし、不正な行為についてもう少し踏み込んで考えると、不正を起こす原因を招いた本人は会社の利益になると大真面目に考えて行ったのかもしれません。あるいは自分の行為がまさか不正につながるとは知らずに、行ったことであるのかもしれません。こうして善意や無知が不正を引き起こす原因となることがあります。

例えば、ある会社の責任者は、社内で思わぬ欠員が出たため、小口現金の精算と現金出納簿への記録を同じ担当者に任せました。これまで分担していた仕事を1つにまとめることで事務処理がより効率化し、会社に貢献したと自負さえしました。

責任者は善意であり、無知でした。

　さらに、顧客に商品や製品を納品した後の返品の要請に迅速に応えるために、営業担当者には顧客から直接返品を受け取るように指示をしました。顧客への納品と返品を同一人が担当することで、顧客の利便性に応え業務が効率化すると考えた結果です。責任者は、兼務を命じたことが人不足の解消につながるとさえ真面目に考えていました。

図6.3　不正の発生

内部統制の評価項目やキーコントロールが語ること

　小口現金の精算と記録の役割を兼務すれば、担当者は架空の領収書や私的に購入した領収書を使って、預かった小口現金から容易に出金することができます。さらにその通りに出金記録さえつけておけば現金の横領を隠ぺいすることも容易です。他方、営業担当者が納品に加え顧客からの返品引き取りも兼務した場合、顧客から返品された商品や製品を会社に持ち帰らず、横領するか横流しをして売却代金を着服することが容易になります。こうした事例から、不正は悪意に基づいて起きるだけでなく、善意や無知によっても導かれることを理解しておく必要があります。

　小口現金は制度の性格上、一度に横領する金額が少額です。しかし、横領によって手にする金額が小口であるために、不正者の罪悪感が麻痺しがちです。そのため、不正が長期に及んだ場合、被害金額が多額になる懸念があります。不正をはたらいた期間と企業の損害額は正比例の関係にあります。

　兼務による小口現金の不正支出は、内部統制報告書に実際の被害の報告例があります。ある会社の内部統制報告書によれば、小口現金の不正を開示した上で次のように原因の分析を試みています。「（中略）印紙を購入するという名目で小口現金から現金を出金し、購入せずにそれを領得したもの、購入後の印紙を持ち出して、換

金して代金を領得したもの（中略）等の手口で小口現金を利用した不正が行われていたことが判明いたしました。これらの事実を長きに亘って発見することができなかったのは、（中略）権限と責任が不明瞭であること（中略）不正の予防や早期発見、リスクマネジメントへの関心が薄いこと（中略）経理部担当者の人的資源が薄く、チェックが極めて甘かったことが根本的な原因であると考えられる。」

　内部統制の評価項目やキーコントロールの内容には、過去の様々な誤謬や不正の苦い経験に基づく予防策が織り込まれています。これらは、私たちに注意を喚起し、前もって過ちに陥らぬように警告を発しています。善意や無知のために、思わぬ不正を招き寄せることのないようにするために、内部統制の評価項目やキーコントロールに学ぶ意義は大きいと考えられます。

　内部統制の評価項目やキーコントールの趣旨を予め理解し、思わぬ不正を招かぬようにすることが大切です。

コラム

不正の予兆

　食品の卸売を営む会社の営業所では、働き方改革の一環として、今年から夏季休暇日を増やしました。そのため長くなった休暇を使い海外旅行を計画する若い社員たちが続出。営業所長もそんな社員の様子を見て、ご満悦です。

　しかし、中には出社しようと、休暇の振替を申し出る者もいます。繁忙期には週末や祝日も返上して仕事に打ち込む熱心な社員がいます。勤続年数は比較的長く、けして自分の仕事を他に任せない責任感の強さに、日頃から営業所長は全幅の信頼を置いていました。

　それでも皆が楽しんでいる時に、なぜ人気の減った会社に来て仕事をしたいのか、所長は怪訝に感じながらも、出社を認めました。夏休みを返上してまで、仕事に集中する若い社員を見て、もしみなさんが営業所長ならば、どう感じるでしょうか。仕事を人に任せず、週末や祝日も出社する生真面目な社員として高く評価するでしょうか。いやいや、よく考えてみる必要がありそうです。

　密かに不正をはたらく人は、発覚を恐れるあまり、自分の仕事を他の人

に任せることを極端に嫌います。休暇や出張の留守中に、見られて都合の悪い文書やファイルが人の眼に触れることも極力避けるにちがいありません。週末や祝日、夏季休暇さえ繰延べ、残業もいとわず、仕事に行かなければならないとしたら、そこには思いもかけない悪意が潜んでいるかもしれません。長期にわたり、休みをとらない従業員に対しては、休むことを奨励しつつ、一時的に他の従業員に業務を引継ぐことを求める仕組みをつくるのも一案です。

3. コンプライアンスを遵守する本当の意義

　開示すべき重要な不備に対する改善策や再発防止策として、コンプライアンスの遵守や教育、企業風土改革や従業員の意識改革を掲げる企業を数多く見かけます。再発防止のために、常にコンプライアンスの遵守が叫ばれています。ところで、そのコンプライアンスの遵守は何のために、そして誰のために叫ばれるのでしょうか。

再発防止の旗印はコンプライアンス

　内部統制報告書では開示すべき重要な不備に至った様々な原因が報告されます。親会社の子会社に対する限度を超えた営業優先のプレッシャーが原因であり、ある時は子会社の責任者による不正行為であり、またある時は経理部門による不適切な経理操作が原因として挙げられます。いずれの場合でも、最終的にはコンプライアンスの強化や徹底が叫ばれて報告書は終わります。

　こうした事例を数多く見ると、コンプライアンスは守られるべきルールというより、むしろ経営上の目的達成のために、皺寄せに遭い、お題目としてないがしろにされ続けてきたように映ります。それでいながら、ひとたび開示すべき重要な不備が検出されて、内部統制が有効でなくなった途端に、コンプライアンスの遵守が担ぎ出されます。コンプライアンスは都合のよい旗印となっているようにも感じられます。

誰のためのコンプライアンスか

　コンプライアンスは法令遵守と訳され、法令を守るだけに留まらず、企業が社会的存在として倫理的、道徳的に社会の要請に応えるというより広い趣旨も含んでいます。では、このコンプライアンスを遵守することにより、もたらされる効果とは一体何でしょうか。一般的にいえば、社会正義に沿うことによる企業価値の増大、会社の社会的信頼度の向上、株価や経営の安定などが挙げられます。会社はこうした効用を唱え、従業員にコンプライアンスの遵守を求めます。確かに、会社の発展と安定のためにコンプライアンスを遵守すべきことはよく分かります。しかし、従業員から見ると、コンプライアンスは会社が一方的に守ることを求める形式的なお題目として映っているのではないでしょうか。従業員にとってコンプライアンスとは、会社から頂いたタテマエであって、心理上やむなく守る他律的なルールとして位置づけられているようにも思えます。会社から一方的に与えられたルールであるとすれば、経営目的の達成のためには、コンプライアンスが容易にねじ曲げられ、皺寄せを受けたとしても何ら不思議はありません。

従業員のためのコンプライアンスとは

　コンプライアンスの遵守とは、会社の利益だけでなく、個人の立場や利益をも守っていることに気づくことが大切です。前述の事例で、小口現金の精算と記録を別々の担当者が管理することをルールとして徹底していれば、たとえ小口現金に関連して横領が起きたとしても、それぞれの担当者が猜疑の眼に晒されることはありません。なぜなら、相互けん制に基づくルールを適切に遵守しているからです。同じように納品と返品受領との分離が適切に遵守されていれば、たとえ納品や返品に関わる不正が起きても、ルールを適切に遵守する者が疑われるはずがありません。ルールを遵守する者を疑うのではなく、不正を予防できなかったルールや仕組みの欠陥の有無について再検討が施される必要があるでしょう。こうして考えてみると、適切にルールを遵守することは、従業員の利益と立場を守ることにつながっていることに気づきます。それが分かれば、コンプライアンスの遵守を求める内部統制報告制度が、決してお仕着せの制度でないことも理解できると思います。それどころか、個人の立場と利益を守るための大切な仕組みであるといっても言い過ぎではないと思います。

コンプライアンスの本来の意義とは

　コンプライアンスの遵守や教育、企業風土改革や従業員の意識改革を行うには、第一に従業員の立場と利益を守るという視点からスタートすることが大切です。開示すべき重要な不備を解消し、会社の利益のために従業員に遵守を求めるだけでは、再発防止を叶えることは困難です。依然として、コンプライアンスは経営上の目的達成のためにないがしろにされ、犠牲の対象となり続けるでしょう。コンプライアンスの遵守が、会社の利益だけでなく、従業員自身の立場と利益を守ることにつながることを全ての従業員に理解してもらうことができれば、コンプライアンスはおのずから主体的に守られるようになるはずです。内部統制報告書の開示すべき重要な不備から、本来のあるべき姿を学び直すように、身近な誤りや躓きからコンプライアンスのあるべき姿を伝えていくことを勧めます。

Q & A　キャリアをデザインする

[Q] 取引先との慣れ合いや癒着を防ぐ仕組みとしてローテーションが使われていますが、もともとそのようなけん制の意味として用いられてきたのですか。

[A] ジョブ・ローテーションは、特定の担当者が長くそのポストに留まることで、起きる弊害を防ぎます。それは、長く続いた終身雇用制度のなか、様々な業務を経験させて、人材を育成する仕組みとして用いられてきたキャリアデザインの手法でもありました。ジョブ・ローテーションを不正予防の観点に限らず、いくつか別の視点に基づき、捉え直すことにしましょう。

　①人口減少に伴う労働市場の矮小化

　　時代背景として考えるべきは、少子高齢化や人口減少です。総務省の国勢調査によれば、我が国の人口は、2005年をピークに毎年減少傾向をたどり、少子化と人口減少に歯止めがかからない状況が進行し、労働人口も同じように減少傾向をたどっています。労働市場が矮小化する中で、顧客のニーズに応えるために、社員は見識を広くして、いろいろなスキルを持つことが大切になってきます。様々な経験と知識を持つ社員を配置するには、ジョブ・ローテーションのはたらきを見直す必要があります。

②様々な働き方を求める社会的な価値観

　働き方改革により、会社の中での長時間労働は非常識となりました。1つの仕事にしがみつく姿勢は、はたして今の時代に通用するでしょうか。ジョブ・ローテーションは仕事の属人化を防止することにつながります。

③時代を超えて求められる本来の効果

　異動や業務分担の変更によって、社員の仕事に対するマンネリ化を防止できます。さらに仕事に新しい気づきや刺激をもたらす、新たな知識や経験を習得する、社内の人的ネットワークづくりができるなど積極的で建設的な面があることについて、考え直す時期です。

4. 内部統制報告制度に見る不正予防の仕組み

　内部統制報告制度は、様々なアプローチを用いて財務報告の信頼性を確保していますが、それは不正の予防に効果をもたらす仕組みでもあります。どのようなアプローチを用いて財務報告の信頼性を確保し、不正な行為を予防しているのか以下で具体的に考えます。

相互けん制を中心とした不正の予防

　不正予防の有効な対策として、明確な業務分担に基づく相互けん制が挙げられます。相互けん制がはたらく前提として、特定の者が長く同じポジションに留まらない、円滑な人事ローテーションが必要です。また、いったん定めた業務分担でも、いつの間にか業務に精通する特定の部門や担当者に業務が偏らないように、常に更新をすることが大切です。

①役割分担に基づく権限と責任の明確化

　業務の適切な分担と、それに基づき権限と責任を明確にすることは、全社的な内部統制の参考例として挙げられた評価項目の中に何度も登場します。基本的要素の統制環境や統制活動では、次のように述べられています。

・評価番号 7 番目:「経営者は、企業内の個々の職能（生産、販売、情報、会計等）及び活動単位に対して、適切な役割分担を定めているか。」

・評価番号 10 番目:「責任の割当てと権限の委任がすべての従業員に対して明確になされているか。」

・評価番号 11 番目:「従業員等に対する権限と責任の委任は、無制限ではなく、適切な範囲に限定されているか。」

・評価番号 19 番目:「経営者は、信頼性のある財務報告の作成に関し、職務の分掌を明確化し、権限や職責を担当者に適切に分担させているか。」

　全社的な内部統制の統制環境では、適切な役割分担と範囲を明確に定め、従業員に割り当てることの必要性を示しています。また統制活動では、文書に基づき権限と責任を明確に定め、財務報告の信頼性の確保に当たるように求めています。こうした役割分担に基づく権限と責任の明確化を基礎にして、相互けん制のメカニズムが展開されます。

②安易な兼務を避けて相互けん制を用いる

　財務報告の信頼性を損なう不正や不適切な会計処理を起こす原因として、相互けん制による仕組みが欠ける点が挙げられます。相互けん制とは、お互いに独立した複数の個人が合理的な意思を持ち、会社の正当な利益のためにお互いの業務を確認し合うことによって、誤謬や不正を防ぐ仕組みのことをいいます。内部統制の代表的な仕組みの 1 つですが、設計に当たり、業務の効率性を踏まえ、財務報告に与えるリスクを個別に見極める必要があります。以下に身近な相互けん制の具体例を挙げますので、どこにリスクがあるのか見極め、相互けん制の仕組みに関する視点を確認してください。

表 6.1　身近なけん制を考える

項目分類	想定されるリスク	相互けん制により分離・分担すべき身近な業務	
収益	架空または誤った受注	受注の登録	受注内容の確認と承認
	貸倒リスクの増大	与信限度枠の申請や変更	与信限度枠の承認
	架空の顧客登録	顧客の登録申請	登録内容の確認と承認
	不当な値引	値引き申請	値引きの承認と処理
	顧客からの返品の詐取	返品の受領	返品の許可
	誤った消込み、横領	売掛金の消し込み	消込の確認
経理・財務	財務諸表の誤謬	経理仕訳の計上	経理仕訳の確認
	売掛金を用いた不正	貸倒損失計上	貸倒処理の承認
	資金の横領	小切手張の管理	小切手への署名
		金融機関の通帳保管	出金に用いる印鑑の管理
		銀行勘定調整表の作成	銀行勘定調整表の確認
		ネットバンキングによる支払情報登録	ネットバンキングによる支払命令
資産	固定資産の盗難	固定資産購入の承認	固定資産購入の経理処理
		固定資産の受入	固定資産購入の経理処理
	資産の横領	実地棚卸	棚卸に伴う経理処理
		スクラップの売却	売却に伴う経理処理
IT	情報漏えい・不正操作	アクセス権限の付与・変更・削除申請	承認と登録
	スーパーユーザーの安易な容認	スーパーユーザーの申請	承認と登録
	誤ったプログラムの適用	プログラム変更の申請	承認と変更

③特定の者が長く同じポジションに留まらない

　相互けん制の仕組みを有効に機能させるためには、特定の者が長く同じポジションに留まらないという前提があります。必要以上にそのポストに留まることで、業務の停滞や改善を妨げるばかりでなく、外部の取引先との癒着や慣れ合いをきたすおそれもあるからです。例えば、顧客から直接使用料などの金銭を徴収する部門、中立的な立場で業務を行う内部監査部門、購買部門の中でも取引先と直接調整を行う担当者などいずれも、顧客、取引先や社内各部門との慣れ合い、癒着を防ぐために定期的なローテーションを実施します。

④第三者の公平な立場による監視とけん制

　相互けん制の考え方は、社内だけに留まるだけではありません。社外の第三者を活用することもできます。ここで第三者とは、顧客や取引先を指します。例えば、自社の売掛金の残高に誤りがないかどうか顧客に確認を求めることは、正確な売掛金残高を把握することだけが目的ではありません。顧客による第三者の公平な眼を使って差異の有無を確認することができれば、架空の売掛金の計上や承認のない値引きの隠ぺいについて検討することにつながるかもしれません。

　商品や製品の出荷の際に、配送業者に受け渡しを証するための受領印やサインを求めることがあります。あるいは固定資産を販売し、その据え付けが完了したことを証するため、据え付け完了書などに顧客のサインをもらうこともあります。こうした行為は第三者の公平な立場を用いて、収益を適切に認識し、架空売上や売上の前倒しを防止する仕組みの1つにもなっています。

　さらに月次決算の際に、財務諸表に計上された現金預金や借入金の残高が正確であることを根拠付けるため、金融機関に残高証明書の発行を依頼することがあります。こうしたことも、第三者の公平な立場による、不正監視の一環として捉えることができると考えられます。

⑤特定の部門や人を頼り、業務を一任しない

　ビジネスの現場で相互けん制に基づく業務分担をきちんと整備しているかどうか質問をしてみると、必ずしも期待通りの回答が返ってこないことがあります。また、人事異動によって更新が途絶え、実際の運用上の分担が異なっていることもあります。相互けん制の重要性は理解しているものの、現場の効率性を重視するあまり、いつの間にか特定の者や部門に必要以上に権限が集中し、長きにわたり業務を一任してしまうことが起きます。こうした状況が長く続くと、周囲もそれに慣れ、けん制の空洞化につながります。仕組みの運用を疎かにしないように、常に注意を払うことが大切になります。

多くの人の眼を通じ、異常を早期に察知する

　複数人による会議やミーティングを設けることで、異常を早期に察知することができます。例えば、売掛金の回収状況に関して関係者が定期的に会議を持つことが

あります。関係者はみな売掛金の推移と回収状況に着目しています。複数人による注意の眼が、売掛金の回収を巡り、売掛金残高の異常の有無を確認する役割を果たします。

　同じように、経営陣が業績の趨勢について会議やミーティングを定期的に持って検証を施すことがあります。予算と実績の対比、前月対比、前年同期の比較、経営指標による分析の視点から、異常値を早期に察知しようと、複数の人の眼による管理を実践しています。

　この他にも様々な組織や部門のレベルで行われる、複数人の会合や打ち合わせでは、多くの人の眼によるチェックを期待することができます。

立場や権限に応じた業務の禁止

　それぞれの人が持つ権限や立場によって、必ずしも他に行うことが適切でない業務があります。例えば、次のような業務がそれに当たります。

●給与の振込担当者

　給与の振込担当者は、従業員の振込口座情報の登録、修正及び削除に関わることはできません。もし関われば、退職従業員や架空従業員の口座を用いて不正な振込を行うことができるからです。

●商品／製品の出荷担当者

　商品／製品の出荷担当記者は、請求書の発行業務に関わることはできません。もし関われば、出荷に伴う請求金額を、顧客と結託して不正に操作する機会を得ることになるからです。

●支払処理担当者

　インターネットバンキングを使って支払処理を行う担当者は、取引先の口座情報の登録、修正及び削除に関わることはできません。もし関われば、不正に支払金額を特定の個人口座に振り込むことができるからです。

● 営業担当者

　営業担当者が、商品や製品等の販売価格一覧表のデータの登録、修正及び削除をすることはできません。もし関われば、価格一覧の価格を不当に操作することができるからです。

● 実地棚卸の仕訳に関わる担当者

　本章の「棚卸資産を適切に管理する」で後述しますが、経理部門で実地棚卸の仕訳をする担当者が実地棚卸の場で、商品や製品を数えることはできません。もし関われば、商品や製品を詐取した後、仕訳を操作して隠ぺいをすることができるからです。

IT（情報技術）を活用した不正の予防

　社内の不正なデータ操作や社外への会社情報の漏えいを防ぐためにIT（情報技術）統制は欠かせません。それに加えIT（情報技術）とコラボレーションするマニュアル統制といわれる人の手を介した統制の重要性にも眼を向けておく必要があります。

①業務に不必要な情報には安易にアクセスできない

　誰もが自由に、業務とは無関係な会社情報にアクセスすることは、重要な会社情報の漏えいや不正なデータ操作を許すことにつながります。そのため、従業員のシステムに対するアクセス権限が適切に付与されることが求められます。アクセス権限一覧表を設け、各人が取り組むべき業務に必要な最低限度の情報にアクセスできるようにします。たとえ経営者であっても、業務と無関係な社員の個人情報に自由にアクセスすることはできません。

　業務の性格を踏まえたアクセス制限の在り方を考える一方で、誰にアクセス権限を付与するかという問題があることを意識することも大切です。例えば価格の値引きを行うためにシステムにアクセスできる者は、業務上値引きに利害関係を持たない特定の担当者に限定することが必要になります。

②ITシステムと人の手によるコラボレーション

　遠隔による情報交換のために、IT（情報技術）は欠くことのできないツールです。

またシステムのはたらきによって内部統制上の判断誤りをなくし効率化を図ることもできます。しかし、他方で人の判断力やフォローなくして、システムを適切に活用することはできないということも認識しておく必要があります。

　例えば異なったシステム間においてデータを転送する際に、システムの運用に加えて、人の手による対応を並立させる場合があります。具体的には、業務に関わるデータが異なるシステム間で自動転送された後、破損せず、漏れなく転送されたことをマニュアルによって検証する作業です。これは IT（情報技術）とマニュアル相互のコラボレーションであり、財務報告の信頼性を担保するためのキーコントロールに相当します。

③退職者の ID やパスワードの管理

　退職者の ID やパスワードをいつまでもシステムに残しておくことは、不正に用いられて情報漏えいに結びつく可能性があります。いったん退職した者が、システムに残されたままになっている ID やパスワードを使ってシステムに侵入し、競合他社に重要な情報を渡すことも考えられます。人事部門は IT 部門と密接に連携して、退職者の ID やパスワードを速やかに削除する必要があります。また在宅勤務が長くなった従業員が退職する際には、パソコンを速やかに回収し、パソコンの中に残された社内情報の漏えいに注意を払うべきです。

購買の三権分立（発注、検収、支払）に留意する

　発注、検収そして支払の３つのはたらきの分離と相互のけん制は、購買の三権分立（発注、検収、支払）とも呼称されます。誤謬に限らず不正に対するけん制をはたらかせる重要な仕組みとしても位置づけることができます。

　不正予防のアプローチをまとめると、次ページの図 6.4 のようになります。

- ☑ 役割分担に基づく権限と責任の明確化
- ☑ 安易な兼務を避けて相互けん制を用いる
- ☑ 特定の者が長く同じポジションに留まらない
- ☑ 第三者の公平な立場や監視を用い、誤謬や不正をけん制する
- ☑ 特定の部門や人をやみくもに信頼せず、業務を一任しない
- ☑ 多くの人の眼を通じ、異常を早期に察知する
- ☑ 立場や権限に応じた業務の禁止
- ☑ 業務に不必要な情報には安易にアクセスできない
- ☑ IT システムと人の手によるコラボレーション
- ☑ 購買の三権分立（発注、検収、支払）に留意する
- ☑ 棚卸資産を適切に管理する

図 6.4　内部統制に組み込まれた不正のけん制

棚卸資産を適切に管理する

　内部統制報告書に開示された重要な不備の中には、不正な棚卸資産の水増しや在庫の操作が報告されています。すでに第 4 章「4. 業務プロセスに係る内部統制のあるべき姿を学び直す　棚卸資産勘定につながる業務プロセス」で実地棚卸に関わる論点の概要を整理しました。しかし、筆者が実地棚卸の現場で、特に気づいたことや運用上の注意を喚起するため、あらためて留意点を補足確認しておきたいと思います。

①相互けん制によるカウントを実施する

　実地棚卸は、2 人 1 組で実施することが原則です。一方が在庫のカウントを行い、もう一方は記録を行います。1 人で実施すると、カウントと記録の両方に忙しくなって、誤る可能性があります。また商品や製品を詐取して記録を意図的に改ざんすることも考えられます。しかし 2 人 1 組であれば、分業によって記録の正確性が保たれる他、相互けん制によって在庫の不正な持ち出しを防ぐことができます。実地棚卸は、宝飾・貴金属店でも定期的に行われます。2 人 1 組のルールを守らないと、不正な持ち出しにより多額の損害を被ることにもなりかねません。

②特定部門だけに実地棚卸を任せない

　実地棚卸は、商品や製品の流れを止めることになるため、なるべく早く効率的に済ませたいと考えるのが通常です。そのため、普段から保管場所に詳しい倉庫部門に実地棚卸を一任し、効率的かつ短時間で棚卸を終え、入出庫への支障を最小限度に抑えようと考える場合があります。しかし、倉庫部門への棚卸の一任は、不正リスクを高める可能性があります。例えば、部門内による共謀によって、棚卸資産が横領され、記録シートをねつ造して不正を隠ぺいすることが起きかねません。実地棚卸は、倉庫部門を中心にするにしても、他の複数の部門の協力によってけん制機能をはたらかせ、進めることが好ましいと考えられます。日頃から倉庫に関係のない部門にとっては、業務を理解するよい機会ともなります。

③経理部門の担当者は実地棚卸のカウントをしない

　経理部門の担当者が、実地棚卸のカウントに加わることは不適切です。実地棚卸をすると、商品や製品を詐取した後、仕訳を通じて在庫の数量を操作し不正の隠ぺいを図ることができる立場にいるからです。記録シートの事前準備、実地棚卸の結果の取りまとめ、差異ある場合の分析の実施については、積極的に実地棚卸に関わるべきですが、実地棚卸のカウントに加わることは好ましいことではありません。

④その他留意事項（破損などによる返品）

　実地棚卸に関係して、輸送中の破損などによって返品された商品や製品の保管場所については注意をしてほしいと思います。倉庫の隅に破損などによる返品商品や製品が積み上げられ、放置されている現場を見かけることがあります。それらの中には修理待ちのものもあれば、売却などによる廃棄予定のものもあります。返品とはいえ、経済的価値のある資産は売却の対象です。倉庫の隅ではなく、適切な保管場所に格納するなどの対応を施しましょう。管理が行き届かないと、不正に持ち出され横流しされることが懸念されます。

ブラインドカウントを実施する

　ブラインドカウントを行うことで、より正確な実地棚卸が実施できます。ブラインドカウントとは、実地棚卸を行う際に用いる記録シートに、帳簿上の在庫数量を

記載せずに実地棚卸を行う方法です。

①一斉棚卸と循環棚卸

　実地棚卸の中でも、業務をいったん止めて一斉かつ集中的に棚卸を行う方式は一斉棚卸といわれます。一斉棚卸は、短時間かつ短期間で終了するものの、業務が一時的にも中断することで、入出荷に差し障りが起きることが難点の１つです。この難点を避けるため、業務を止めることなく実地棚卸を行う方法が循環棚卸（サイクルカウント）です。

　陳列場所、保管場所、商品や製品の種類別に実地棚卸の対象を分類し、それぞれ部分的に順次、実地棚卸を行うものです。細かい部品などを扱う会社では１年をかけて、段階的に行います。身近なところでいえば、コンビニエンスストアも行っています。一斉棚卸に比べ、業務に支障が生ずることが少ないことが特徴です。

②棚卸の記録方法

　一斉棚卸にせよ、循環棚卸にせよ、商品や製品を数えて記録シートに記録する点に変わりはありません。そこで、記録シートの様式や設計に注目します。記録シートには、商品や製品ごとに実際に数えた数量を記載する欄があります。その実数量を記載するとなりの欄を見ると、帳簿上の数量があらかじめ書き込まれているもの見かけることがあります。

　帳簿上の数量を記録シートに前もって記載しておけば、実地棚卸の結果が判明した後、実数量と帳簿上の差異の有無が瞬時に分かり、きっと便利なのだと思います。しかし困ったことも起きます。

●在庫の不正な持ち出し

　実地棚卸の実施者が、数えた数量が帳簿上の数量よりも多いと分かった時、実際の数量を帳簿上の数量と同じに記載して、差分を倉庫から密かに持ち出すことができます。棚卸の対象が部品など比較的小さいものである場合は、なおさら目立たず倉庫から持ち出すことができます。

● カウントが疎かとなる

　実地棚卸の実施者の心理からすると、帳簿上の数量が前もって分かるなら、カウントに緊張感がなくなり不正確になりがちです。それどころか、カウントすらせずに帳簿上の数量を、実際の数量として記載する手抜きさえも起きる懸念があります。

③ブラインドカウントの実施

　実地棚卸の目的は、倉庫にある実際の商品や製品の実数を正確に数えることです。従って棚卸の実施者は帳簿上の数量を知る必要がありません。商品または製品の種類を特定する規格や仕様情報と、実在庫を記入する欄があれば実地棚卸は実施可能であり、帳簿との差異の把握は経理部門の仕事です。正確な棚卸と棚卸に伴う不正を防止するために、記録シートには、帳簿上の数量を予め記載せず、ブラインド（目隠し）にして実地棚卸を行うことが妥当な方法です。卸資産管理に係る留意点は、次の通りです。

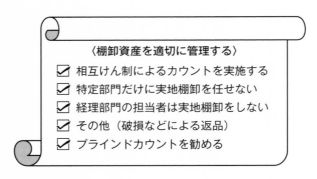

〈棚卸資産を適切に管理する〉
☑ 相互けん制によるカウントを実施する
☑ 特定部門だけに実地棚卸を任せない
☑ 経理部門の担当者は実地棚卸をしない
☑ その他（破損などによる返品）
☑ ブラインドカウントを勧める

図 6.5　卸資産管理に係る留意点

Q&A 第三者倉庫を活用する

［Q］自社の製品や商品を第三者の倉庫に保管し、実地棚卸を委託する会社があります。委託先からは、在庫の状況について定期的な報告を受けることができるので、とても便利に映りますが、注意すべき点はありますか。

［A］自社の商品や製品を保管し、入出庫から棚卸まで一括管理をしてくれ

るのですから、第三者倉庫は有難い存在かもしれません。しかし第三者の
倉庫に在庫の保管委託をして、一定の保管料や手数料を支払えば、それで
安心というわけにはいきません。第三者倉庫は自社のものばかりでなく、
他社のものも預かっており、管理されているとはいえいろいろな関係者が
出入りするところです。第三者倉庫の取扱いを巡り、ある倉庫の責任者は
次のように語っています。

委託先の外部倉庫に商品を預けてもう何年にもなります。しかし、
このところ数年間、棚卸をするたび、実際の商品有高が帳簿と比べ
少ないことがたびたびある。これまで、当社の担当が定期的に委託
先の倉庫に赴き、委託倉庫の担当者と一緒に実地棚卸をしていると
思っていました。ところが先日倉庫主任を呼んで訊ねたところ、委
託先の倉庫に赴き、当社で棚卸を直接実施したのは、委託契約締結
後の一度だけ、たった一度だけだそうです。その後は委託先が出し
てくる在庫証明書にすっかり頼っている。

　しかし、倉庫主任は委託倉庫の専門会社が棚卸をしているのだか
ら、客観的だと言い張る。それならば、当社の実在庫が帳簿よりも
少ない時、委託先で原因をしっかりと調査してくれるのか、それと
も当社の担当がやっているのかと聞けばどちらもしてない。つまり
実地棚卸による損失が出ても、こちらが黙って損失負担したまま、
委託先の在庫証明を鵜呑みにしていることになる。いったん第三者
に在庫保管のリスクを移転したとはいえ、そのままリスクを放置し
ておいてよいはずもなく、このままにはできない。

　第三者に預けている在庫とはいえ、あらゆるリスクから切り離されてい
るわけではありません。自社倉庫とは異なり、自由な出入りが制限されま
すが、実地棚卸はできるだけ自社で行うことを勧めます。仮に実地棚卸を
委託するにせよ、必ず立ち会いをして棚卸を管理する姿勢を示しておくこ
とが大切です。棚卸を第三者に任せたまま、送られてくる実地棚卸の報告
数値を鵜呑みにすることは避けなければなりません。

5. 内部統制報告制度の限界を考える

　あらゆる仕組みに限界や制約があるのと同じように、内部統制報告制度も決して万能ではありません。実施基準によれば「内部統制の限界とは、適切に整備され、運用されている内部統制であっても、内部統制が本来有する制約のため有効に機能しなくなることがあり、内部統制の目的を常に完全に達成するものとはならない場合があることをいう。」（実施基準Ⅰ.3）と述べ、内部統制の限界を具体的に次のように挙げています。

　内部統制は、次のような固有の限界を有するため、その目的の達成にとって絶対的なものではないが、（中略）その目的を合理的な範囲で達成しようとするものである。

(1) 内部統制は、判断の誤り、不注意、複数の担当者による共謀によって有効に機能しなくなる場合がある。

(2) 内部統制は、当初想定していなかった組織内外の環境の変化や非定型的な取引等には、必ずしも対応しない場合がある。

(3) 内部統制の整備及び運用に際しては、費用と便益との比較衡量が求められる。

(4) 経営者が不当な目的の為に内部統制を無視ないし無効ならしめることがある。

(実施基準Ⅰ.3)

判断誤り、不注意および共謀

　判断の誤りや不注意によって、内部統制が十分にその効果を発揮できないこともあり得ます。しかし、相互けん制をはじめとする内部統制の整備をする中で、相当程度に低減ができるものと考えられます。たとえ複数の担当者による共謀により相互けん制が適切にはたらかなくなることがあっても、次に挙げる心理的要因や方法により対抗することができ、限界を補完するはたらきをもたらします。

①共謀による発覚可能性が抑止となる

　複数人による共謀は、単独による不正に比べ、不正の手がかりが判明する可能性が高くなるため、着手には心理的な敷居や抑止がはたらきます。さらに共謀が長期間に及べば、いつ他の共謀者から通報されるかもしれないという心理的な猜疑心が互いにはたらき、企みが露見する可能性も高くなります。

②内部監査や監督機能によるけん制効果

　定期的に実施される内部統制評価に加え、内部監査やモニタリングが実施されることで、共謀を謀ろうとする者に対し高いけん制効果をもたらします。

　実際に、内部監査やモニタリングによって、不正が露見することがあります。不正を発見する頻度は、外部の監査人よりも高い確率であるといわれています。

③教育研修による意識改善

　経営者による定期的なコンプライアンス遵守のためのメッセージ発信、コンプライアンスの研修や社内研修などの教育訓練が意識改革をもたらし、共謀に対する予防に効果を上げることが考えられます。

　こうした内部統制の仕組みがもたらす複合的な効果が発揮され制度の限界を補うはたらきをします。「内部統制は、（中略）その目的の達成にとって絶対的なものではないが、各基本的要素が有機的に結びつき、一体となって機能することで、その目的を合理的な範囲で達成しようとするものである。」（実施基準Ⅰ.3）内部統制の各基本的要素の結びつきによる、一体的な機能性を考えると、容易に限界を論じてしまうことは、かえって仕組みの適正なはたらきを阻害することにもなりかねないと考えられます。

想定しない組織内外の環境変化と非定型的取引

　事業の展開には、常に予想をしていない環境の変化や非定型な取引が伴います。将来に起こり得る全ての変化に内部統制が備えることは事実上不可能です。例えば実施基準では、次のように、限界を補完する対応について述べています。

　「（中略）例えば、当初想定していなかった環境の変化や非定型的な取引の発生し

やすいプロセスに重点的に知識・経験を有する者を配置するなど、的確に内部統制を整備することによって、当初想定していなかった環境の変化や非定型的な取引に対する対応の範囲は相当程度、拡げることができる。」（実施基準Ⅰ.3）

　実施基準が求める適切な人材の配置に加え、想定外の環境変化や非定型の取引が発生した時には、所定の対応をとる旨あらかじめ定めて、注意を喚起することも忘れてはならないと思います。例えば、本書の雛型の決算・財務報告プロセスの評価項目 No.29 では、定めのない非定型、不規則な事態が発生することを想定した対応を設計しています。

費用と便益との比較衡量

　企業が持つ経営資源は、無尽蔵ではありません。そのため、あらゆるリスクに対抗するためにコスト負担することは困難です。リスクが現実となる可能性や頻度、実際に起きた場合の実害や実損の範囲を考え、優先順位をつけて社内の経営資源を割り振ることが必要となります。実施基準によれば、「内部統制は、組織の経営判断において、費用と便益との比較衡量の下で整備及び運用される。組織は、ある内部統制の手続を導入又は維持することの可否を決定する際に、そのための費用と、その手続によるリスクへの対応を図ることから得られる便益とを比較検討する。」（実施基準Ⅰ.3）と述べられ、内部統制には、リスクに対応することで費やすコストと、見返りとして得られるベネフィットを見極めることが求められています。

経営者が内部統制を無視、無効ならしめる

　本来ならば内部統制を整備、運用すべき責務を負う経営者が、内部統制を自ら無視、無効にしてしまう。こうした経営者による内部統制の蹂躙に対しどのような対応ができるのでしょうか。

①全社的又は業務プロセスレベルによる内部統制の抑止力

　実施基準によれば、「（中略）経営者が、組織内に適切な全社的又は業務プロセスレベルに係る内部統制を構築していれば、複数の者が当該事実に関与することから、経営者によるこうした行為の実行は相当程度、困難なものになり、結果として、経営者自らの行動にも相応の抑止的な効果をもたらすことが期待できる。」（実施基準

Ⅰ.3）と述べています。様々な手続と複数の者の監視の眼に晒されることで、経営者単独では不正の着手と隠ぺいは困難であると判断し、抑止がはたらくと考えられます。では、経営者が持つ権限を濫用して、従業員に共謀をもちかけたとしたら、どのように対応すべきでしょうか。

②内部通報制度の活用

　内部統制を構築、評価することが求められる経営者が、その使命を放棄して内部統制を無視、あるいは蹂躙する事例は、残念ながら珍しいことではありません。内部統制報告書では、本社の経営陣だけでなく子会社の社長をつとめる者が、自らあるいは周囲と共謀して不正に手を染める事例を見かけます。こうした不正の実態を見聞きしたり、不正の誘いを受けた場合、有効な対応策の１つとして内部通報制度の活用が考えられます。

　内部通報制度の運用を巡って、様々な事件が取り上げられてきました。経営者が従業員に対して内部通報制度を利用した場合に解雇をすることをほのめかした事例、海外で内部通報制度を現地の言語に翻訳せず従業員に意図的に周知させない事例、社内の不祥事を内部通報したものと疑い通報者に対してパワハラをはたらき休職に追い込んだ事例などがあります。こうした事例にみる経営層の心理状態を読み取る限り、内部通報制度は不正をはたらいた経営層にとっては大きな脅威であり、内部統制の無視や蹂躙行為に対して有効にはたらく手段であると考えられます。

コラム

有形固定資産の実地棚卸

　有形固定資産は、台帳に記載され、資産にプレートなどを貼り付けて管理をする会社が多いと考えられます。そして、有形固定資産を適切に保管するため、実地棚卸が定期的に行われていると思います。固定資産を管理する台帳に基づき、実際に存在する有形固定資産と突き合わせをするのが一般的な実地棚卸です。台帳に登録がある資産が特定できなければ、原因をつきとめます。主な原因として他社への貸出し、見本市への陳列、移管、廃棄、さもなければ不正な持ち出しや不正売却もあり得ます。台帳を起点に実際の資産を確認するアプローチを順進と呼ぶとすれば、その反対のア

プローチもあります。実際に存在する有形固定資産が、台帳に記載されているかどうか確かめる逆のアプローチ、これを逆進と呼ぶことができます。

　逆進のアプローチを使うと、有形固定資産があるにもかかわらず、台帳に登録がないケースに遭遇することがあります。有形固定資産は予算に基づき購入し、特別な手続を経るため台帳から漏れることは、通常は考えにくいことです。にもかかわらず、資産が実際にあるということは、正しい手続を逃れて購入したか、盗品か、個人的な所有物かということになります。台帳から外れた資産は、順進による棚卸から逃れて幽霊資産となり、不正に売却されても誰も気づかないことになります。

　台帳から実際へ、実際から台帳へと双方向の確認をすることは、資産の棚卸に留まらず不正の予防に有効にはたらきます。棚卸の現場の状況をリモートによって確認する場合、順進ではビデオ撮影の他、固定資産台帳、資産の写真や貼り付けのプレートを電子データで受け取ることで可能となります。しかし逆進は、現場を観察して実際に歩くことが前提となるため、リモートによって実施することは困難といわざるを得ません。オフィス、工場などの生産設備の中を撮影してもらうにしても、視界には一定の限界が伴うことになります。

付 録

内部統制文書
の雛型

ここでは、本書で紹介する内部統制文書の雛型の一部を掲載しています。
これら雛型の全ては、Web サイトからダウンロードできます。詳しく
は、vi ページの「会員特典データのご案内」をご覧ください。

（表I）全社的な内部統制【統制環境】（チェックリスト方式）

内部統制報告制度の評価項目			自社の内部統制（事例）		評価範囲
全社的な内部統制を構成する要素	評価項目	全社的な内部統制の評価項目	自社の統制活動（評価項目事例）	評価に用いる証憑（事例）	評価拠点
1 統制環境 統制環境とは、組織の気風を決定し、組織内の全ての者の統制に対する意識に影響を与えるとともに、他の基本的要素の基礎をなし、リスクの評価と対応、統制活動、情報と伝達、モニタリング及びITへの対応に影響を及ぼす基盤をいう。	1	経営者は、信頼性のある財務報告に係る内部統制の役割を含め、財務報告の基本方針を明確に示しているか。	財務報告の信頼性に影響を及ぼすリスクとそれを低減する管理活動を行うため、会社の会計方針や手続きを示す会社規程、業務分掌や分担を示す職務権限基準を整備しています。いずれも社内研修などで周知を図っています。	1. 会社規程 2. 職務権限基準 3. 社内イントラネットに掲載された各種規程や基準（イントラネットの画面など） 4. 社内研修資料	親会社 / 子会社 / 孫会社
	2	適切な経営理念や倫理規程に基づき、社内の制度が設計・運用され、原則を逸脱した行動が発見された場合には、適切に是正が行われるようになっているか。	経営理念や行動規範を示す倫理規程を整備して、社員に配布してます。倫理規程に違反した場合の処分は、社員就業規則に定めており、倫理規程や社員の就業規則については定期的な社内研修で周知を図っています。	1. 倫理規程 2. 社員就業規則 3. 社内研修資料	親会社 / 子会社 / 孫会社
	11	従業員等に対する権限と責任の委任は、無制限ではなく、適切な範囲に限定されているか。	*1. 統制環境の評価番号.7 の評価結果を参照。	*1. 統制環境における評価番号 .7 の評価結果を参照。	親会社 / 子会社 / 孫会社
	12	経営者は、従業員等に職務の遂行に必要となる手段や訓練等を提供し、従業員等の能力を引き出すことを支援しているか。	*1. 統制環境 ″評価番号.9 の評価結果を参照。	*1. 統制環境における評価番号 .9 の評価結果を参照。	親会社 / 子会社 / 孫会社
	13	従業員等の勤務評価は、公平で適切なものとなっているか。	人事評価マニュアルに沿って、従業員は定期的に上司・上長と面接し、成果、昇進・昇格、昇給などについて話し合う機会が保証され、公平な勤務評価が実施されている。	1. 人事評価マニュアル 2. 面接による人事評価記録	親会社 / 子会社 / 孫会社

内部統制の評価手続（事例）	整備状況評価				運用状況評価				ロールフォワード		
評価手続（事例）	評価結果	評価日	評価者	備考	評価結果	評価日	評価者	備考	テスト結果	テスト日	評価者
（整備） 1. 会社規程や職務権限基準が整備されていることを確認する。 2. 会社規程には、会計方針やその手続が示され、職務権限基準には、業務分掌や分担が示されていることを確認する。 （運用） 3. 無作為に担当者を複数人選び、会社規程や職務権限基準を知っているかどうか質問し、それらがどこにあり、どのように入手できるのか所在を訊ね、周知の度合いを確認する。 4. 社内研修の資料を閲覧し、会社規程や職務権限基準が研修の対象として扱われ、グループガバナンスの構築に努めていることを確認する。	有効／ 非有効				有効／ 非有効				有効／ 非有効		
（整備） 1. 倫理規程や社員就業規則が整備されていることを確認する。 2. 倫理規程には、会社の経営理念や行動規範が示され、社員就業規則には、違反した場合の処分が定められていることを確認する。 （運用） 3. 無作為に担当者を複数人選び、倫理規程を携帯していることを確認											
*1. 統制環境における評価番号.7の評価結果を参照。											
*1. 統制環境 " 評価番号 .9 の評価結果を参照。											
（整備） 1. 人事評価マニュアルが整備されていることを確認する。 2. 人事評価マニュアルによって、従業員が定期的に上司、上長と面接し、成果、昇進・昇格、昇給などについて話し合う制度が保証されていることを確認する。 （運用） 3. 無作為に複数人を選び、従業員が、定期的に上司、上長と面接し、成果、昇進・昇格、昇給などについて話し合っていることを確認する。 4. 上司、上長が全ての従業員と面談し、成果、昇進・昇格、昇給について話し合った記録があることを確認する。											

1. 全社的な観点で評価すべき決算準備、連結処理及び開示事項にかかるプロセス

サブプロセス	評価区分	評価項目	想定されるリスク	自社の統制活動（評価項目事例）	評価手続（事例）
財務諸表作成の準備	グループ会計方針・連結決算準備	1	グループ全体の会計方針や連結決算に関わる業務の手順が適切に整備されていない。	グループ全体の会計方針が経理規程に定められ、連結決算のための業務手順がマニュアルにまとめられている。これらは、イントラネットを通じ、関係者が常に参照できるようになっている。	（整備）1. 経理規程、連結決算マニュアルを閲覧し、グループ全体の会計方針が示され、連結決算のための手順がマニュアルに示されていることを確認する。 （運用）2. 経理部門の担当者を無作為に複数人選び、グループ会計方針や連結決算マニュアルの内容について質問し、会計方針やマニュアルの習熟の度合いを確かめる。 3. 同じ担当者に対して、グループ会計方針や連結決算マニュアルの所在について訊ね、実際にイントラネットで照会することができるかどうかを確認する。
			連結決算にかかる業務の分掌が明確に定められておらず、連結決算業務が混乱し、正確な連結財務諸表の作成に支障をきたす。	連結決算にかかる窓口を始め、相互けん制に基づく業務の分掌が適切に配分されている。	（整備）1. 連結決算業務分担表を閲覧し、連結業務による情報収集の窓口が定められ、適切に連結決算に関する業務が分担されていることを確認する。
複雑な会計処理が必要な取引を行っている事業又は業務	リース契約締結に伴う現在価値の算定	28	リース契約締結に際して、リース資産、リース負債及び利子率が適切に見積もられていない。	リース資産、リース負債は適切な割引率に従って適切に算定され、記録されている。	3. 現在価値算定のための割引率が、適切に算定されているかどうか計算の過程を検証する。 4. リース資産、リース負債及び利子率がリース期間や適切な割引率によって全て正しく算定、把握されているかどうか確認する。 5. リースにかかる仕訳が適切に財務諸表に反映されていることを確認する。
非定型・不規則な取引など虚偽記載が発生するリスクが高いものとして、特に留意すべき業務	予め定めのない非定型、不規則な事態に対する対応	29	規程、規則やマニュアルに定めのない例外的な事項について対応する手続きが確立されていない。	あらかじめ定めのない例外的な取引（合併、買収、事業統合など）の実施と処理については、経理規程の定めに従い、適切な権限者の指示に従って処理すべきことが定められている。あるいは、想定不能で内部統制の限界に相当する事項については、経営者の個別の判断に委ねられる。	（整備）1. 経理規程を閲覧し、本規程に定めのない例外的な取り扱いにかかる事項に関しては、経理部門長の指示に従う旨の定めがあることを確認する。 2. 職務権限規程を参照し、想定不能で内部統制の限界に相当する事項については、経営者の個別の判断に委ねられていることを確認する。 （運用）3. あらかじめ定めのない例外的な取引（合併、買収、事業統合など）や内部統制の限界に相当する事態に関わる記録を参照し、経理規程の定めに従い、あるいは経営者による個別の判断によって、必要な対応がされていることを確認する。

評価に用いる証憑（事例）	統制頻度	評価範囲	整備状況評価				運用状況評価				ロールフォワード		
			評価結果	評価日	評価者	備考	評価結果	評価日	評価者	備考	テスト結果	テスト日	テスト者
1. 経理規程 2. 連結決算マニュアル 3. イントラネット上の掲載画面	―	親会社／子会社／孫会社											
1. 連結決算業務分担表	―	親会社／子会社／孫会社											
1. 経理規程 2. 総勘定元帳 3. 割引率にかかる計算根拠 4. リース契約にかかる仕訳 5. 財務諸表	随時												
1. 経理規程 2. 職務権限規程 3. 例外的取引または内部統制の限界に関わる事態の記録	随時	親会社／子会社／孫会社											

サブプロセス	想定される リスク	アサーション						業務手順（事例） ☆はコントロールを★はキーコントロールを示す。	評価に用いる 証憑 （事例）
		実在性	網羅性	権利と義務の帰属	評価の妥当性	期間配分の適切性	表示の妥当性		
1	新規顧客の登録、変更及び削除	架空の新規顧客が登録されたり、既存の顧客の情報が改ざんされることで、架空取引に用いられる。	X	X					1. 営業担当者は、新規顧客の収益性や成長性に着目し、取引を行うかどうか営業課長と相談する。 2. 営業担当者は、決算書など新規顧客登録に必要な書類を収集し、新規顧客登録（変更）申請書を作成する。 3. ☆営業課長は、新規顧客登録（変更）申請書を精査し、顧客の収益性や成長性を踏まえ申請書を承認する。 4. ☆信用取引を担当する課長は、新規顧客の実績を精査し、信用取引額の枠を決めて、申請書に記載する。 5. ☆経営者は、新規顧客の経緯、実績、収益性や成長性など総合的な見地から新規顧客との取引を検討したうえで、申請書を承認する。 6. 新規顧客を登録できる権限はシステム上、限られており、権限のある担当者は、新規顧客登録（変更）申請書に基づき、顧客管理システムに新規顧客を登録する。 7. ★営業課長は、顧客管理システムから新規顧客の登録情報を呼び出し、登録内容が新規顧客登録（変更）申請書と一致していることを確認し、申請書の余白に新たに押印する。 8. いったん登録した顧客情報の変更や削除には、新規顧客登録（変更）申請書に、経営者の承認が必要となる。	1. 新規顧客登録の規則またはマニュアル 2. 新規顧客登録（変更）申請書 3. 顧客登録に必要な関係資料 4. システム権限一覧表 5. 顧客管理システム登録画面
14	売掛金の実在性の確認	売上、売掛金の計上を誤るか、架空の売上、売掛金が計上されている。	X			X	X		3. 経理部門の権限者は売掛金の残高を書面に記載して顧客に照会し、残高に誤りがないことを確認して回答するよう依頼する。 4. 照会の結果、売掛金の残高に該当がないか、残高に差異がある場合、経理部門の権限者は経理部門の担当者に原因の調査を指示する。 5. ★経理部門の権限者は調査の結果やその後の対応について結果報告書にまとめ、売掛金回収会議で報告し、必要な対応を実施している。	3. 売掛金回収会議の議事録
15	売上の趨勢管理	売上、売掛金の誤謬や不正の予兆を早期に発見できない。	X	X	X	X	X	X	1. ☆経営層は月次の売上高や売掛金のデータについて定期的に検証を行う。 2. ☆定期的な検証は、予算と実績の対比、前月対比、前年同期の比較、経営指標による分析を行い、異常値の有無を確認する。 3. ★経営層は、1ケ月に1度の頻度で、実績会議を開催し、売上高や売掛金の実績に基づき、懸案事項について意見交換をしている。	1. 実績会議議事録または趣旨メモ 2. 売上・売掛金分析資料

統制頻度	統制の主体	統制のタイプ	整備状況評価（事例）	整備状況評価結果	運用状況評価（事例）	運用状況評価結果	ロールフォワード	ロールフォワード結果
随時	営業課長	マニュアル統制	新規顧客の登録、変更および削除に用いた実際の帳票、証憑または文書を無作為に1件抽出し、以下の評価手続を適用する。 1. 新規に顧客を選定、登録、変更および削除する具体的な手続が規則やマニュアルで定められていることを確認する。 2. 全てのコントロールを含む業務手続の開始から終了までの流れに従い、実際の帳票、証憑や文書と内部統制の手続を比較し、お互いに一致しているかどうか確認する。 3. 内部統制の実際の仕組みが、リスクを低減する設計になっているかどうか確認する。	評価結果シート参照	評価期間に発生した新規顧客登録（変更）申請書を無作為に最大25件抽出し、以下の評価手続きを適用する。 4. 新規顧客登録（変更）申請書を参照し、登録、変更及び削除について経営者が承認していることを確認する。 5. システム権限一覧表を参照して、新規顧客を登録、変更および削除する権限がシステム上、特定者に限られていることを確認する。 6. 顧客管理システムから顧客情報を呼び出し、登録内容が新規顧客登録（変更）申請書と一致していることを確認する。なお、削除の場合は、システムに該当データがないことを確認する。 7. 新規顧客登録（変更）申請書を参照し、顧客管理システムの登録内容と新規顧客登録（変更）申請書の一致を確認したことを示す営業課長の押印があることを確認する。	評価結果シート参照	外部監査人との話し合いに従った手続を実施する。	評価結果シート参照
四半期	経理部門権限者	マニュアル統制	3. 内部統制の実際の仕組みが、リスクを低減する設計になっているかどうか確認する。		6. 売掛金回収会議の議事録を参照し、売掛金回収会議で売掛金残高照会結果が報告書によって報告されていることを確認する。 7. 売掛金回収会議において必要と認められた調査や対応が実施されているかどうか、経理部門の権限者に質問して確認する。			
月次	実績会議	マニュアル統制	売上、売掛金の趨勢管理に用いた実際の帳票、証憑または文書を無作為に1件抽出し、以下の評価手続を適用する。 1. 全てのコントロールを含む業務手続の開始から終了までの流れに従い、実際の帳票、証憑や文書と内部統制の手続を比較し、お互いに一致しているかどうか確認する。 2. 内部統制の実際の仕組みが、リスクを低減する設計になっているかどうか確認する。		評価期間に発生した実績会議の議事録または趣旨メモ、売上・売掛金分析資料を無作為に2件抽出し、以下の評価手続きを適用する。 3. 実績会議の議事録趣旨メモ及び売上・売掛金分析資料を参照し、経営層が定期的に売上高や売掛金の経営実績について、意見交換をしていることを確認する。 4. 経営数値に異常な点がある場合は、適時経理部門に照会し、調査に基づく早期の対応をしているかどうか確認する。			

サブプロセス	評価項目	想定されるリスクと内部統制活動（事例）		評価手続（事例）
		想定されるリスク	自社の統制活動（評価項目事例）	
システム開発管理	1	重要なシステムの開発にあたり、プロジェクト計画書が適切な権限者による承認を経ずに行われる。	IT にかかる開発計画規程には、開発範囲、要件、予算や開発の責任部署、レビューや承認の権限が定められ、重要なシステムを開発する際には、適切なプロジェクト計画書が策定され、定められた権限者が承認をしている。	（整備）プロジェクト計画書を無作為に 1 件抽出したうえ、IT 開発計画規程を閲覧して下記の評価手続を適用する。 1. 重要なシステム開発について、開発範囲、要件、予算や開発の責任部署、レビューや承認の権限が定められていることを確認する。 2. 重要なシステムの開発にあたり、必ずプロジェクト計画書が策定されていることを確認する。 （運用）プロジェクト計画書を無作為に最大 25 件抽出し、下記の評価手続を適用する。 3. プロジェクト計画書に基づくシステムの開発に際しては、IT 開発計画規程に定めた権限者が適切に承認していることを確認する。
	2	システムに用いられるプログラムを変更する手続きが、定められた手続や手順に従わず行われる。	システムに用いられるプログラムを変更する手続きは、あらかじめ定められた IT にかかる開発計画規程に従って行われ、権限者がシステム変更計画を承認することが求められる。	（整備）システム変更計画書を無作為に 1 件選び、IT 開発計画規程を閲覧して下記の評価手続を適用する。 1. システムに用いられるプログラムを変更する手続きが、IT 開発計画規程に定められ、権限者による承認が
業務委託先管理	16	〜〜者〜〜安〜業務〜〜切〜正されておらず、提供されるサービスの品質にばらつきが起きる。	〜〜を任〜〜第〜者〜〜す合、業務の内容は契約によって、明確に定められたうえ、提供するサービスは定期的に精査される。	〜約書を無作為に 1 件抽出し、以下の評価手続を適用する。 1. システム業務の外部委託をする場合は、委託の対象となる業務の内容が委託業務契約書に明確に定められ、受託者によって提供されるサービス品質が定期的に精査されることが定められていることを確認する。 2. 業務分掌を参照し、業務委託契約書は、権限者によって承認される必要があることを確認する。 （運用）システムにかかる業務委託契約書を無作為に最大 25 件抽出し、以下の評価手続を適用する。 3. 業務委託契約書に、正当に定められた権限者の承認があることを確認する。 4. 業務を委託された受託者の権限は、契約によって定められた業務の範囲に限定されていることを確認する。 （運用）受託先から毎月提出されるサービス報告書を無作為に 2 件抽出し、以下の評価手続を適用する。 5. サービス報告書を参照し、受託者が提供するサービスの品質が、定期的に委託者によって精査されていることを確認する。 6. サービスの品質に改善が求められる場合は、受託者に対して委託者が改善を求めていることを確認する。

内部統制評価手続（事例）			整備状況評価				運用状況評価				ロールフォワード		
評価に用いる証憑（事例）	統制頻度	評価範囲	評価結果	評価日	評価者	備考	評価結果	評価日	評価者	備考	テスト結果	テスト日	テスト者
1.IT 開発計画規程 2. プロジェクト計画書	随時		有効 / 非有効				有効 / 非有効				有効 / 非有効		
1.IT 開発計画規程 2. システム変更計画書	随時												
〜業務委託〜契約書 2. 契約承認にかかる業務分掌 3. 受託者が作成したサービス報告書 4. 委託先に改善を求める打ち合わせ資料	随時 / 月次												

（表Ⅴ）整備状況評価シート

整備状況評価結果シート			
プロセス名称	売上・売掛金プロセス		
サブプロセス名称	顧客からの受注		
評価結果	有効 / 非有効		
整備状況評価手続		エビデンスの有無と評価	エビデンス番号
評価手続 4-1		◯ / ×	4-1
評価手続 4-2	評価手続 4-2-1	◯ / ×	4-2-1
	評価手続 4-2-2	◯ / ×	4-2-2
	評価手続 4-2-3	◯ / ×	4-2-3
	評価手続 4-2-4	◯ / ×	4-2-4
	評価手続 4-2-5	◯ / ×	4-2-5
	―	―	―
	―	―	―
	―	―	―
	―	―	―
	―	―	―
評価手続 4-3		◯ / ×	4-3
評価日			
評価者名 （部門、氏名）			
備考			

（表Ⅴ）

運用状況評価結果シート		
プロセス名称	売上・売掛金プロセス	
サブプロセス名称	顧客からの受注	
評価結果	有効 / 非有効	
キーコントロール番号	業務手順2、業務手順3	
統制頻度	随時	
運用状況評価手続	エビデンスの有無と評価	エビデンス番号
評価手続4-4	○ / ×	4-4
評価手続4-5	○ / ×	4-5
評価手続4-6	○ / ×	4-6
評価手続4-7	○ / ×	4-7
評価手続4-8	○ / ×	4-8
―	―	―
―	―	―
―	―	―
―	―	―
―	―	―
―	―	―
評価日		
評価者名 （部門、氏名）		
備考		

(表V)

ロールフォワード手続結果シート	
プロセス名称	売上・売掛金プロセス
サブプロセス名称	顧客からの受注
評価結果	有効 / 非有効
キーコントロール番号	業務手順2、業務手順3

ロールフォワード手続	評価に与える影響
運用状況評価の結果に変更を及ぼす状況の有無について口頭で確認する。	運用状況評価の結果に及ぼす変更は認められない。

評価日	
評価者名(部門、氏名)	
備考	

（表Ⅵ）サンプリング記録

サンプリング記録シート			
プロセス名称	売上・売掛金プロセス		
サブプロセス名称	顧客からの受注		
キーコントロール番号	業務手順2、業務手順3		
統制頻度	随時		
サンプリング実施者	* キーコントロールに直接利害関係を持つ同じ部門の担当者は除きます。		
サンプリングの種類	統計的サンプリング		
サンプリングの手法	サンプリングソフト		
サンプリングの網羅性の検証	母集団の総件数は、評価期間中に受注システムに登録された受注件数と一致しており、サンプリングの対象を全て網羅している。		
サンプリング結果を繰り返し再現できる再現番号やランダムシートなど	xxyyzz		
サンプリング結果		**サンプルの有効性の有無**	**備考**
番号 .1	受注番号 xyz	×	受注が取り消されたため、番号 26 のサンプルを使います。
番号 .2	受注番号	○	
番号 .3	受注番号	○	
番号 .4	受注番号	○	
番号 .5	受注番号	○	
番号 .6	受注番号	○	
番号 .7	受注番号	×	受注が取り消されたため、番号 27 のサンプルを使います。
番号 .8	受注番号	○	
番号 .9	受注番号	○	
番号 .10	受注番号	○	
番号 .11	受注番号	○	
番号 .12	受注番号	○	
番号 .13	受注番号	○	
番号 .14	受注番号	○	
番号 .15	受注番号	○	
番号 .16	受注番号	○	
番号 .17	受注番号	○	
番号 .18	受注番号	○	
番号 .19	受注番号	×	受注が取り消されたため、番号 28 のサンプルを使います。
番号 .20	受注番号	○	
番号 .21	受注番号	○	
番号 .22	受注番号	○	
番号 .23	受注番号	○	
番号 .24	受注番号	○	
番号 .25	受注番号	○	
番号 .26	受注番号	○	番号 .1 に代わり評価サンプル
番号 .27	受注番号	○	番号 .7 に代わり評価サンプル
番号 .28	受注番号	○	番号 .19 に代わり評価サンプル
番号 .29	受注番号	-	
番号 .30	受注番号	-	
備考			

索引

アルファベット

IT（情報技術）統制・・・・・・・・・・・・・・048,169,199
　の不備・・・・・・・・・・・・・・・・・・・・・・・・・・・・120
　への対応・・・・・・・・・・・・・・・・・・・・・・・042,181
IT 基盤・・・・・・・・・・・・・・・・・・・・・・・・・・・・065
IT 業務処理統制・・・・・・・・・・・・・・048,065,089
　の不備・・・・・・・・・・・・・・・・・・・・・・・・・・・・121
IT 全般統制・・・・・・・・・・・・・・048,066,089,199
　の不備・・・・・・・・・・・・・・・・・・・・・・・・・・・・120

あ

アサーション・・・・・・・・・・・・・・・・・・・・・・・・190

い

一斉棚卸・・・・・・・・・・・・・・・・・・・・・・・・・・・239
逸脱率・・・・・・・・・・・・・・・・・・・・・・・・・・・・・118

う

ウイルスメール対策・・・・・・・・・・・・・・・・・・200
ウォークスルー・・・・・・・・・・・・・・・・・・・・・・085
売上・売掛金プロセス・・・・・・・・・・・・・・・・194
売上の前倒し計上・・・・・・・・・・・・・・・・・・・155
運用状況評価・・・・・・・・・・・・052,075,092,099
運用上の不備・・・・・・・・・・・・・・・・・・・・・・・108

え

エイジングリスト・・・・・・・・・・・・・・・・・・・・223
閲覧・・・・・・・・・・・・・・・・・・・・・・・・・・・・78,79
エビデンス管理・・・・・・・・・・・・・・・・・・・・・177

お

押印漏れの不備・・・・・・・・・・・・・・・・・・・・・116
オンライン会議のプラットフォーム・・・・・・・199

か

外国公務員贈賄防止指針・・・・・・・・・・・・・128
開示すべき重要な不備・・・・・・・018,019,110,123
架空売上・・・・・・・・・・・・・・・・・・・・・・・・・・154
架空取引・・・・・・・・・・・・・・・・・・・・・・・・・・155
カットオフテスト・・・・・・・・・・・・・・・158,159
簡易な運用状況評価・・・・・・・・・・・・・・・・・105
観察・・・・・・・・・・・・・・・・・・・・・・・・・・・・・078
完全性・・・・・・・・・・・・・・・・・・・・・・・・・・・・208
関連会社・・・・・・・・・・・・・・・・・・・・・067,068

き

キーコントロール・・・・・・・・020,021,023,119,204
機会・・・・・・・・・・・・・・・・・・・・・・・・・24,221
期間配分の適切性・・・・・・・・・・・・・・・・・・191

客観性・・・・・・・・・・・・・・・・・・・・・・・・・・・・207
業務委託・・・・・・・・・・・・・・・・・・・・・069,188
業務プロセスに係る内部統制・・・・045,098,189,194
　の不備・・・・・・・・・・・・・・・・・・・・・・・・・・・112
共有サーバー・・・・・・・・・・・・・・・・・・・・・・150
許容逸脱率・・・・・・・・・・・・・・・・・・・・・・・・118
記録と保管・・・・・・・・・・・・・・・・・・・・・・・・090
金額的重要性・・・・・・・・・・・・・・・・・110,113
金融商品取引法・・・・・・・・・・・・・・・・・・・032

く

クラウド・・・・・・・・・・・・・・・・・・・・・・・・・・150
グループガバナンスの構築・・・・・・・・・・・・137

け

決算・財務報告プロセス・・・・・・・・・148,183,186
　の運用状況評価・・・・・・・・・・・・・・・・・・・097
　の不備・・・・・・・・・・・・・・・・・・・・・・・・・・・111
兼務の禁止・・・・・・・・・・・・・・・・・・・・・・・196
権利と義務の帰属・・・・・・・・・・・・・・・・・・191

こ

購買の三権分立・・・・・・・・・・・・・・・・・・・236
子会社・・・・・・・・・・・・・・・・・・・・・・・・・・・067
顧客の実在性・・・・・・・・・・・・・・・・・・・・・195
誤謬・・・・・・・・・・・・・・・・・・・・・・・・・・・・・149
固有の業務プロセス・・・・・・・・・・・・・・・・・187
コンプライアンス・・・・・・・・・・・・・・・136,227

さ

サーバー管理・・・・・・・・・・・・・・・・・・・・・199
在外子会社・・・・・・・・・・・・・・・・・・・・・・・067
再カウント・・・・・・・・・・・・・・・・・・・・・・・・163
再現性・・・・・・・・・・・・・・・・・・・・・・・・・・・207
在宅勤務・・・・・・・・・・・・・・・・・・・・・・・・・200
財務報告の信頼性・・・・・・・・・・・・・・・・・031
サンプリング・・・・・・・・・・・・・・・・・070,117
　リスク・・・・・・・・・・・・・・・・・・・・・・・・・・・118
サンプル依拠・・・・・・・・・・・・・・・・・・・・・206

し

仕入・買掛金プロセス・・・・・・・・・・・・・・・195
事業拠点・・・・・・・・・・・・・・・・・・・・・・・・・057
実在性・・・・・・・・・・・・・・・・・・・・・・・・・・・191
質的重要性・・・・・・・・・・・・・・・・・・・・・・・113
質的な重要性・・・・・・・・・・・・・・・・・・・・・111
重要な事業拠点・・・・・・・・・・・・059,062,063
受託会社・・・・・・・・・・・・・・・・・・・・・・・・・070
循環棚卸・・・・・・・・・・・・・・・・・・・・・・・・・239
上場子会社・・・・・・・・・・・・・・・・・・・・・・・067
信用水準・・・・・・・・・・・・・・・・・・・・・・・・・118
信頼性・・・・・・・・・・・・・・・・・・・・・・・・・・・208

す

スプレッドシート・・・・・・・・・・・・・・・・・・ 187

せ

正当化・・・・・・・・・・・・・・・・・・・・・・・024,221
整備状況評価・・・・・・・・・052,074,075,077
整備上の不備・・・・・・・・・・・・・・・・・・・・・ 107
全社的な観点で評価すべきプロセス・・・・・・・・ 186
全社的な内部統制・・・・・・・・・・・・・・・038,175
　の運用状況評価・・・・・・・・・・・・・・・・・・ 096
　の評価・・・・・・・・・・・・・・・・・・・・・・・ 081
　の不備・・・・・・・・・・・・・・・・・・・108,109
専門家・・・・・・・・・・・・・・・・・・・・・・・・・ 051
　の評価・・・・・・・・・・・・・・・・・・・・・・・ 077

そ

相互けん制・・・・・・・・・・・・・・・・・230,231,237

た

第三者倉庫・・・・・・・・・・・・・・・・・・・・・・ 240
第三者に委託した業務・・・・・・・・・・・・・・・ 095
タイムスタンプ・・・・・・・・・・・・・・・・・・・ 150
棚卸資産プロセス・・・・・・・・・・・・・・・・・・ 197

て

データ連携・・・・・・・・・・・・・・・・・・・・・・ 168
テレワーク・・・・・・・・・・・・・・・・・・・・・・ 200
電子承認システム・・・・・・・・・・・・・・・・・・ 150

と

動機・・・・・・・・・・・・・・・・・・・・・・・024,221
統計的サンプリング・・・・・・・・・・117,206,207
統制活動・・・・・・・・・・・・・・・・・・・・040,179
統制環境・・・・・・・・・・・・・・・・・・・・039,179
統制上の要点・・・・・・・・・・・・・・・・・・・・ 084
統制のタイプ・・・・・・・・・・・・・・・・・・・・ 192
独立的評価・・・・・・・・・・・・・・・・・・・・・・ 041
トップダウン型のリスクアプローチ・・・・・・・・ 053
トレードオフ・・・・・・・・・・・・・・・・・・・・ 161

な

内部通報制度・・・・・・・・・・・・・138,139,180,245
内部統制・・・・・・・・・・・・・・・・・・・・・・・ 030
　の重要な変更・・・・・・・・・・・・・・・・・・・ 099
　の効率化・・・・・・・・・・・・・・・・・・・・・ 057
内部統制報告書・・・・・・・・・・・・・・・・・・・ 126
内部統制報告制度の限界・・・・・・・・・・・・・・ 242

に

日常的モニタリング・・・・・・・・・・・・・・・・・ 041
日常反復継続する統制・・・・・・・・・・・・・・・ 117

は

パスワード・・・・・・・・・・・・・・・・・・・・・・ 200
発注と検収の兼務の禁止・・・・・・・・・・・・・・ 196

ひ

非定型な事態・・・・・・・・・・・・・・・・・・・・ 188
非統計的サンプリング・・・・・・・・・・・・・・・ 117
評価結果の依拠・・・・・・・・・・・・・・・・・・・ 209
評価体制の工夫・・・・・・・・・・・・・・・・・・・ 076
評価の工夫とコスト削減・・・・・・・・・・・・・・ 210
評価の妥当性・・・・・・・・・・・・・・・・・・・・ 191
評価範囲・・・・・・・・・・・・・・・・・055,058,065
評価を効率化・・・・・・・・・・・・・・・・・・・・ 204
評価を分割する・・・・・・・・・・・・・・・・・・・ 101
表示の妥当性・・・・・・・・・・・・・・・・・・・・ 191

ふ

不規則な事態・・・・・・・・・・・・・・・・・・・・ 188
不正・・・・・・・・・・・・・・・・・・・・・・・・・ 024
　のトライアングル・・・・・・・・・・・・・・・・ 220
　予防・・・・・・・・・・・・・・・・・・・・・・・ 026
　を含む不適切な会計処理・・・・・・・・・・・・・ 149
不備・・・・・・・・・・・・・012,013,018,098,123
不備改善・・・・・・・・・・・・・・・・・・・122,115
不備指摘・・・・・・・・・・・・・・・・・・・・・・ 169
不備全般・・・・・・・・・・・・・・・・・・・・・・ 122
不備の影響が及ぶ範囲・・・・・・・・・・・・・・・ 112
不備の影響が発生する可能性・・・・・・・・・・・・ 112
不備の解消・・・・・・・・・・・・・・・・・・・・・ 111
不備の報告・・・・・・・・・・・・・・・・・・・・・ 122
ブラインドカウント・・・・・・・・・・・・・・238,240
プレッシャー・・・・・・・・・・・・・・・024,140,221

み

密告・・・・・・・・・・・・・・・・・・・・・・・・・ 139

も

網羅性・・・・・・・・・・・・・・・・・・・・・・・・ 191
網羅性・・・・・・・・・・・・・・・・・・・・・・・・ 208
モニタリング・・・・・・・・・・・・・・・040,137,181

よ

予想逸脱率・・・・・・・・・・・・・・・・・・・・・・ 118

り

利益相反・・・・・・・・・・・・・・・・・・・・・・・ 079
リスク・・・・・・・・・・・・・・・・・・・・・・・・ 020
　の評価と対応・・・・・・・・・・・・・・・・・039,179

ろ

ロールフォワード手続・・・・・・・・・・・・・・075,103

おわりに

1. 読者のみなさまへ

　様々な動機をもって本書を手にし、最後までお読みくださった読者の皆様に心から感謝を申し上げます。現場に赴き、対面してリアルの帳票や文書を手にして、内部統制を構築する、あるいは評価するというこれまでの伝統的な手法が、かなわなくなったことに対して、当惑している方が多くいます。しかし、他方で内部統制報告制度がすでに 10 年の節目を迎え、新しい時代を迎えたと考えることもできます。非対面・非接触を逆手にとり、これまでの内部統制文書を新しくする、従来の評価のアプローチを考えなおすには、むしろふさわしい時期であるとも考えられます。読者のみなさまにとって本書が新しい内部統制の時代を切り開くためのヒントとなれば、深甚の喜びに堪えません。

2. ご尽力くださった出版社のみなさまへ

　本書の執筆には企画の段階から書籍編集部の佐藤善昭氏に、たいへんお世話になりました。氏が以前に内部統報告制度に関わる著書の編集に深く関わっておられたことは筆者にとり、本当に幸いなことでした。企画から出版まで、制度に関する的確な認識と深い造詣に基づく指導や貴重なアドバイスを賜りましたことに、御礼の言葉もありません。また本書のニーズについてご理解を下さいました営業に携わる皆様、丹念で緻密な校閲をご担当いただきました方々、

そして表紙のデザインやタイトルに熱意とこだわりを以て取り組んでくださった方々、全ての皆様に心からの感謝を申し上げます。

2021 年 6 月

打田昌行

著者紹介

打田 昌行 （うちだ まさゆき）

米国公認会計士、公認内部監査人。

コンサルティングファーム、IT企業を経て、株式会社日立製作所グループ傘下の内部統制部門に10年以上所属。海外拠点を中心に、グループ内外の上場企業に内部統制報告制度を導入、実績を上げる。地道なインタビューと緻密な文書づくりにとどまらず、監査結果を巡り現地監査人との折衝や調整にも対応する。内部統制、コンプライアンス、会社の仕組みづくりや不正予防をテーマに社内教育研修講師をつとめる。また、同テーマに関する、社団法人 日本内部監査協会における論文の執筆・発表、各専門誌における連載記事の執筆等を行う。

参考文献

「実践J-SOX対応」翔泳社　森雅俊他著
「これだけは知っておきたい内部統制の考え方と実務」日本経済新聞出版　八田進二著
「内部統制の法的責任に関する研究」日本公認会計士協会出版局　鳥飼重和監修、町田祥弘編著
「COSO内部統制ガイダンス」同文舘出版　日本内部監査協会他監訳
「地方自治体の内部統制」中央経済社　石川恵子著
「中小上場会社の内部統制」同文舘出版　中村元彦編著
「IFRS®基準」中央経済社　企業会計基準委員会監修翻訳
「なぜ企業不祥事は、なくならないのか」日本経済新聞出版　國廣正、五味祐子著
「セグリゲーションのすすめ」中央経済社　根本俊一、西澤拓哉著
「企業不正対応の実務Q&A」同文舘出版　八田進二監修、日本公認不正検査士協会編
「会計監査用語解説集」　日本公認会計士協会広報委員会
「先進企業から学ぶ事業リスクマネジメント　実践テキスト」　経済産業省
「月刊監査研究」内部監査協会

装　丁　　結城亨（SelfScript）
DTP　　株式会社明昌堂

令和時代の内部統制とリスクコントロール
リモート環境に対応したローコストなアプローチ

2021年6月9日　初版 第1刷発行

著　　　者　　打田 昌行
発　行　人　　佐々木 幹夫
発　行　所　　株式会社 翔泳社（https://www.shoeisha.co.jp）
印　　　刷　　昭和情報プロセス株式会社
製　　　本　　株式会社 国宝社